思想政治教育与实践创新研究

张瑾瑜 任 婷 郜 馨◎著

线装书局

图书在版编目（CIP）数据

思想政治教育与实践创新研究 / 张瑾瑜，任婷，郜馨著. -- 北京：线装书局，2024.4
ISBN 978-7-5120-6085-2

Ⅰ. ①思… Ⅱ. ①张… ②任… ③郜… Ⅲ. ①思想政治教育－研究－中国 Ⅳ. ①D64

中国国家版本馆CIP数据核字(2024)第080433号

思想政治教育与实践创新研究
SIXIANG ZHENGZHI JIAOYU YU SHIJIAN CHUANGXIN YANJIU

作　　者：	张瑾瑜　任　婷　郜　馨
责任编辑：	曹胜利
出版发行：	线装书局
地　　址：	北京市丰台区方庄日月天地大厦B座17层（100078）
电　　话：	010-58077126（发行部）010-58076938（总编室）
网　　址：	www.zgxzsj.com
经　　销：	新华书店
印　　制：	廊坊市广阳区九洲印刷厂
开　　本：	710mm×1000mm　1/16
印　　张：	13.25
字　　数：	210千字
版　　次：	2024年4月第1版第1次印刷
定　　价：	88.00元

前　言

学生是祖国的未来，是民族的希望。学生思想政治教育能否成功，关系到人才能否健康成长、中国特色社会主义建设事业的成败。我国的高等教育正处在深刻的历史转变之中，主要表现为由注重规模扩张向注重质量提升转变，由世界人力资源大国向世界人力资源强国转变。重视和加强大学生思想政治教育，不断提高大学生思想政治教育的实效性，是不断改进和创新大学生思想政治教育的内容和形式的现实需要，是提升大学生思想政治教育素质水平、促进大学生健康成长成才的重要措施。

思想政治工作从根本上说是做人的工作，必须围绕学生、关照学生、服务学生，不断提高学生思想水平、政治觉悟、道德品质、文化素养，让学生成为德才兼备、全面发展的人才。大学生作为高校思想政治教育活动开展的主要对象，其思维方式和政治素养将直接影响国家和民族未来的发展，这就使得探索大学生思想政治教育的途径、加强大学生思想政治教育的针对性、提高大学生思想政治教育的有效性成为高校开展思想政治教育矢志不渝的追求。随着社会的快速进步，新时代大学生思想政治教育已经形成一系列行之有效的工作模式。但在社会转型期间，经济结构、文化形态、价值观念等因素的转变所造成的不确定性也为大学生思想政治教育带来了诸多新挑战，主要体现在对高校思想政治教育的队伍、载体、环境以及大学生自身的挑战等。因此，在机遇和挑战面前，我们应当更加细致地探寻大学生思想政治教育存在的问题及应对方法，从而有效化解复杂的社会环境所带来的种种困难。

本书主要研究思想政治教育与实践创新研究方面的问题，涉及丰富的思想政治教育知识。主要内容包括思想政治教育基础知识，思想政治教育的价值和目的，思想政治教育的原则、方法，思想政治教育的内容创新，思想政治教育工作实践途径，思想政治教育的发展趋势，思想政治教育未来发展创新路径等。本书是作者长期从事思想政治教育教学和实践的结晶，涉及面广，技术新，实用性强，使读者能理论结合实践，获得知识的同时掌握技能，理论与实践并重，并强调理论与实践相结合。本书兼具理论与实际应用价值，可供相关教育工作者参考和借鉴。

由于笔者水平有限，本书难免存在不妥甚至谬误之处，敬请广大学界同人与读者朋友批评指正。

张瑾瑜　任婷　郜馨
2024 年 3 月

目 录

第一章 思想政治教育概述 ... 001

第一节 思想政治教育的概念 ... 001

第二节 思想政治教育现状 ... 006

第三节 素质教育的生活方式与教育机制 ... 015

第四节 实用主义道德教育思想 ... 020

第五节 建立正确的学生观念 ... 025

第二章 思想政治教育的价值和目标 ... 029

第一节 思想政治教育的价值 ... 029

第二节 思想政治教育和目标 ... 042

第三章 思想政治教育的原则、方法及理念 ... 053

第一节 思想政治教育的原则 ... 053

第二节 思想政治教育的方法 ... 061

第三节 思想政治教育的理念 ... 072

第四章 思想政治教育的内容创新 ... 084

第一节 思想政治教育内容创新的目标 ... 084

第二节 思想政治教育内容创新的任务 ... 091

第三节 思想政治教育内容创新的策略 ... 097

第四节　思想政治课程教学创新 103

　　第五节　思想政治教育第二课堂探索 111

第五章　思想政治教育工作实践途径 122

　　第一节　校园文化建设中的思想政治教育 122

　　第二节　组织建设中的思想政治教育 130

　　第三节　社会实践活动中的思想政治教育 139

　　第四节　网络建设中的思想政治教育 146

　　第五节　职业生涯指导中的思想政治教育 153

　　第六节　日常管理中的思想政治教育 157

第六章　思想政治教育的发展趋势 160

　　第一节　思想政治教育的人本化趋势 160

　　第二节　思想政治教育的民主化趋势 164

　　第三节　思想政治教育的信息化趋势 169

　　第四节　思想政治教育的社会化趋势 172

　　第五节　思想政治教育的综合化趋势 178

第七章　思想政治教育的未来发展创新路径 182

　　第一节　强化思想政治教育师资建设 182

　　第二节　开展多样化的社会实践活动 185

　　第三节　拓宽思想政治教育载体渠道 189

　　第四节　创建"三全育人"新格局 194

　　第五节　完善思想政治教育评估机制 198

参考文献 202

第一章 思想政治教育概述

第一节 思想政治教育的概念

一、高校思想政治教育的概念

高校思想政治教育的概念，反映出高校思想政治教育实践活动的本质属性。这一本质属性具有相对稳定性，但也随着高校思想政治教育的社会环境以及任务、目标的变化而不断变化。前者体现为高校思想政治教育概念的继承性，后者体现为高校思想政治教育概念的创新性。

在《现代汉语词典》中，概念是指"一个概念所反映的事物的本质属性的总和，也就是概念的内容"。按照此定义，高校思想政治教育的概念，应是"高校思想政治教育"这一概念所反映的事物的本质属性的总和，即"高校思想政治教育"这一概念的内容。在实践中，高校思想政治教育主要是指高校思想政治工作者利用一定的思想观念、政治观点和道德规范，对大学生施加有目的、有计划、有组织的影响，使他们形成符合中国特色社会主义所需要的思想品德的教育实践活动。

在哲学中，事物的本质属性决定着事物的性质、面貌和发展变化。高校思想政治教育的本质属性也应该满足这个特性。高校思想政治教育的本质属性包括两个方面：第一，本质属性贯穿高校思想政治教育活动的始终，影响着其他属性；第二，本质属性影响着高校思想政治教育的变化发展。基于以上分析，我们把高校思想政治教育的本质属性归于政治性与科学性的统一。政治性表明高校思想政治教育的阶级属性。科学性是高校思想政治教育的实践属性，是高校思想政治教育得以发展的内在规定性。科学性就是指高校思想政治教育要反映客观事物的发展规律和历史发展趋势，代表生产力的发展方向，符合人民的根本利益。

因此，要想准确把握高校思想政治教育概念的实质，就必须坚持高校思想政治教育政治性与科学性在理论和实践上的有机统一，避免将焦点集中于一个方面。如果只重视政治性而忽略科学性，将高校思想政治教育变成空洞的说教，仅仅追踪热点或焦点问题，就没有系统的科学理论作指导；如果只强调科学性而忽视政治性，将思想政治理论课程变成了普通的专业课程，就模糊了高校思想政治教育的目的性和方向性。把握高校思想政治教育的政治性，就是在把握意识形态领域的主导权；把握高校思想政治教育的科学性，就是在把握当前学术研究领域的最新成果。

二、高校思想政治教育的作用

当今时代，科技进步日新月异，国际竞争日趋激烈。各国之间的经济、政治竞争，说到底是人才的竞争，也就是争夺具备思想道德素质、科学文化素质和健康素质全面发展的人才。谁拥有高素质的人才，谁拥有高水准的人民群众，谁就能在各项竞争中占据主动地位、先发制人，实现经济效益和社会效益的双丰收。因此，加强和改进高校思想政治教育，对不断造就大批具有创新能力的高素质人才，具有十分深远的现实意义和历史意义。

（一）加强和改进高校思想政治教育，有助于贯彻落实关于加强思想道德建设的号召

当代大学生思想政治教育工作的有效性，对我国公民思想道德建设的成败有直接的影响。公民的道德水平，体现着一个民族的基本素质，反映着一个社会的文明程度。加强和改进大学生思想政治教育，事关广大青年学生的健康成长，事关国家和民族的前途与命运，是一项基础工程、民心工程、希望工程和社会工程，具有重大的现实意义和深远的历史影响。

（二）加强和改进高校思想政治教育，有助于推进中国教育事业的全面发展

一个国家要想富强、民主、文明、和谐、美丽，就必须把教育事业放在优先位置，大力发展各级各类教育，深化教育改革，加快教育现代化，办好人民满意的教育。要想加强高校思想政治教育，就必须不断从实践中探索新的教育途径和方法，全面提高大学生的思想道德与法律意识，积极推进教育改革，加快实现教育现代化，促进中国教育水平的全面提升，整体达到一个质的飞跃。

（三）加强和改进高校思想政治教育，有助于促进大学生综合能力的全面发展

当今世界瞬息万变，在文化多样化的背景下，各种文化激烈碰撞，对高校大学生的价值判断、生活方式等都产生了深刻影响，这就需要加强高校大学生的思想政治教育。加强大学生思想政治教育，不仅有助于大学生明确自身所面临的机遇与挑战，成为国家、社会和人民需要的栋梁之材，而且有助于大学生树立正确的人生观、世界观和价值观，拥有健全的人格和高尚的道德，这对他们以后的全面发展将会产生至关重要的影响。因此，加强大学生的思想道德修养与法律意识，才能不断促进大学生德、智、体、美、劳综合能力的全面发展，最终将其培养成社会主义现代化建设所需要的有用之才。

（四）加强和改进高校思想政治教育，有助于实现中华民族的伟大复兴

大学生是最富有生机、最富有活力的一个庞大的社会群体，他们的思想觉悟和道德水准的高低，直接关系着国家和民族的前途命运。同时，他们的思想道德素质还具有重大的示范作用，会影响周围人的言行举止，对于全民思想道德素质的提高具有重要的推动意义。因此，要实现中华民族的伟大复兴，必须高度重视加强和改进高校思想政治教育，切实提高大学生的思想道德素质修养。

三、高校思想政治教育的任务

改革开放以来，大学生思想上的独立性、选择性、多变性与差异性都在增强。面对这些变化，一些高校在思想政治教育中往往只强调主流思想，强调灌输和威压，把学生放在了对立面，造成了学生的逆反心理和对抗情绪，与教育初衷背道而驰。随着社会群体对大学生主体地位的重视，高校思想政治教育应当转变观念，凸显思想政治教育的个体发展，倡导健康的个性教育。作为高校思想政治教育的出发点和最终归宿，教育任务主要体现在增进大学生的人际关系和谐、培育大学生的科学精神与人文精神、培养大学生的健康个性、促进大学生的全面协调发展、培养大学生的竞争意识与合作精神等方面。

（一）改进和加强大学生的人际关系和团队教育。随着社会分工的不断细化，团队协作的重要性愈发凸显

而高等教育体制中存在的一些问题，如后勤社会化、学分制的深化等，会降低大学生班级、寝室等基本团队的凝聚力。在这样的环境中，大学生的自我意识不断增强，团队协作意识日渐淡薄。所以，改进大学生的人际关系，加强大学生的团队教育，成为当前高校思想政治教育面临的重要任务。

团队教育强调的是团队协作与配合、团队与个体的共赢，而班级、寝室、社团、学生会等，是当前大学中存在的主要团队形式。为激励学生加入团队，为团队的发展贡献自己的力量，进而得以锻炼和成长，可适当进行物质、精神激励，如制定专门的团队评奖评优制度，设立优秀班集体、优秀寝室、优秀社团等奖项，并将其纳入学生奖励体系，以激发学生的责任感和荣誉感，增强学生的团队凝聚力和向心力，从而为学生实现与他人关系的和谐、实现团队的和谐发展奠定良好的基础。

（二）培育大学生的科学精神与人文精神

科学精神作为人类文明的崇高精神，表达的是一种敢于坚持科学思想的勇气和不断探求真理的意识，它具有丰富的概念和多方面的特征，具体表现为求实精神、实证精神、探索精神、理性精神、创新精神、怀疑精神、独立精神和原理精神。这些精神正是当代大学生个体发展所必需的，因此，也是高校思想政治教育所要倡导和弘扬的。

人文精神是人类文化生活的内在灵魂，是整个人类文化所体现的最根本的精神，也是现代教育的重要组成部分，是素质教育的根本。人文精神就是以人为最高目的、以人为最高价值、以人为最高意义的精神，它以人的自由和全面发展为终极目的，以追求真善美等崇高的价值理想为核心。加强人文精神教育，是高校思想政治教育的重要内容，也是大学生全面发展的需要，其在大学生的人格塑造、文明行为养成等方面起着重要作用。

需要注意的是，科学精神必须与人文精神相互融合，因为科学精神本身就是一种人生信仰和理想追求，折射出人文精神的概念与光彩。从某种意义上讲，科学精神也是一种人文精神，因为科学精神所展示的实事求是、自由、平等、宽容等理念，正是人文精神的基础所在。高校思想政治教育只有把科学精神教育和人文精神教育结合起来，才能真正培养出全面发展的人才。因此，当代高校在弘扬

人文精神时，必须准确把握科技与人文的关系，追求人文与科技的共同发展，使两者共同作用于大学生的思想政治教育中，这成为当代大学生全面发展必须重视的两个重要方面。

（三）培养大学生的健康个性

教育学界普遍认为，个性是在一定的生理与心理素质基础上，在一定历史条件下，通过教育对象自身的认识与实践，形成和发展起来的个体独特的身心结构及其表现。如果大学生个性各系统发展均衡、协调，而且都达到了较高的层次水平，知、情、意统一，自我调控能力较强，内心冲突较少，就能够较好地适应社会，并表现出良好的创造性，这种个性就是一种健康的个性。高校思想政治教育应该是一种健康个性教育，它应当着眼于发展大学生的心理品质，促使他们形成完整和健全的心理结构，即形成一种健康的个性。

高校思想政治教育强调主导思想的一元化，弘扬社会主义的思想道德和文化。这主要作用于大学生个性核心层次的主导方面，即个性倾向性中的理想、信念、价值观、人生观、世界观等方面。与此同时，高校思想政治教育不应否定人的心理的多样性，而应鼓励大学生形成具有个人特色的能力、性格类型和自我调控方式。由于每个人的生理条件不同，形成个性的基础不同；由于家庭环境、所受教育、个人经历不同，人的个性会存在多种不同的组合方式和发展水平，表现出个性的差异性。这些差异性是客观存在的，是任何人为因素都难以抹杀的。

（四）促进大学生的全面协调发展

目前，中国依然处于社会主义初级阶段，促进当代大学生全面、协调发展，正是高校思想政治教育个体发展概念的重要体现。

当前，影响大学生全面协调发展的因素较多，包括物质、技术、精神等方面的内容。在我国生产力取得长足发展，物质文化极大繁荣，大学各项基础设施建设不断壮大和完善的条件下，大学生精神方面的制约因素明显增多，主要表现在两个方面：一是缺乏理想信念，看重物质利益和金钱享受，漠视理想和道德。二是一些迷信、愚昧、庸俗的落后文化在社会上还广泛存在，对大学生精神世界有一定的负面影响。要想防止这些因素对大学生精神世界的腐蚀，必须发挥高校思想政治教育的作用，通过不同的教育途径和教学方法，提高大学生的思想道德素质，解决大学生成长中遇到的新问题、新倾向，不断促进大学生的全面与协调发展。

（五）培养大学生的竞争意识与合作精神

积极创设和优化竞争环境，加强高校思想政治教育，可以为大学生提供思想道德和社会心理基础以及方向保证，体现了高校思想政治教育的时代性、针对性、实效性和价值性。只有提高大学生的主体性地位，加强他们对竞争环境的鉴别力、选择力和改造力，才能有效地发挥高校思想政治教育的功能，为培养大学生的竞争意识与合作精神提供正确的导向。

为了培养大学生的竞争意识与合作精神，高校应采用渗透性、强化性和优化性的教育方式。所谓渗透性，就是把思想政治教育所倡导的社会主义意识形态、正确的价值观和发展观潜移默化地渗透到竞争环境中去，由显性教育转为隐性教育，寓教于环境，起到"润物细无声"的作用。所谓强化性，就是在制定竞争原则和规范时，制定竞争的基本道德要求，明确公平正义的原则，强调遵纪、守法、诚信、重德的规范，从而使思想政治教育在竞争环境中起引领作用。所谓优化性，就是对竞争环境中的不健康、不道德的行为和风气加以克服与净化，将优秀的精神文化、良好的道德风尚融合到竞争环境中。通过这种教育方式，来切实提高大学生的竞争意识与合作精神。

第二节　思想政治教育现状

近年来，各地高校坚持社会主义办学方向，以培养"四有"新人为宗旨，在育人中始终把德育放在首位，不断加大师资培训力度，逐步调整师资队伍学历结构，完善竞争激励机制和监督约束机制，加强教材管理，规范教学内容，着力培养合格社会新人，取得了很大进步。

一、德育工作者素质较高，思想积极向上

各地高校对德育工作始终坚持加强组织领导，完善队伍建设，加大教学和科研改革力度。首先，努力提高德育教师的学历结构，使师资配置有利于发挥德育工作的最大效能。其次，配齐配强专兼职辅导员和班主任队伍，充分发挥德育和管理相结合的优势，促进德育实效性的产生。最后，通过相应的培训中心等基地培训德育工作者，加强高校德育信息交流，以此来提高德育工作者的素质。

二、当前大学生的思想政治状况呈现持续、稳定、健康发展的态势

积极向上、务实进取是大学生价值观的主流倾向，多数人表示力求物质利益与精神追求的统一，个人与社会兼顾，奉献与社会索取保持平衡。校园出现了入党、入团热，微机、外语热，科研、辅修热，奉献意识、竞争意识、参与意识显著增强，青年志愿者活动和团支部活动比较活跃的新气象。但从整体上看，特别是与国外同等教育水平进行横向比较，仍然面临很多问题。下面从教师和学生两方面进行分析。

（一）教师的育人意识和素质问题

部分高校德育教师的表现欠佳。一是德育教师和其他德育工作者缺乏德育效益观念。具体表现为对德育效果的主导地位缺乏正确认识，德育的精神与物质相统一、现实与长远相统一、个体与群体相统一、显性与隐性相统一的德育效益观念还没完全形成。二是有些教师，特别是一些非德育教师，认为"教好"书就行，德育是德育教师的事，因而忽视对学生的思想品德的影响。三是个别德育教师对教育理论指导缺乏深刻理解，对社会上一些现象的认识带有片面性，因此其德育教育很难有说服力，更谈不上有好的教育效果。

（二）目前大学生中存在的思想问题

在大学生中的思想问题，目前主要表现有：一是理论信念趋向淡漠，仍有相当一部分学生在一些重大理论问题上存在模糊、混乱甚至错误的认识，所以仍需要坚持不懈地加强社会主义理想信念教育。二是部分学生比较强调自我价值的实现，学习动机、择业动机和入党动机具有一定程度的功利色彩。三是相当部分大学生心理压力大，心理健康问题比较突出，特别是女生，更感到竞争激烈和就业难。近几年来，学生中的非正常死亡明显增加，其中多数与心理疾病有关。

所以，高校的德育教育工作还很严峻，有很多工作需要做。从系统论的观点看，德育工作是一个多维度、多层次、多因素的系统工作。因此，作为高校德育教育不能拘泥于某一角度去孤立地观察和分析问题。随着市场经济的发展，我们必须把握和研究与学校德育工作有关的一切方面和一切联系，并对其进行多维度、多方面、多变量的系统考察。只有打破单维的德育工作模式，建立多维、系统、立体、有层次、全方位的德育工作模式，才能使德育工作有创新，才能使德育工作见实效。

三、高校大学生思想政治教育的思考

当经济转轨、社会转型、多元文化交融碰撞之际，大学生的理性迷茫，较集中地体现在道德观、价值观的辨识与选择上。怎样使高校的道德教育更切近当代大学生的思想实际，更符合教育规律，更富有实际成效，已成为高校德育教育必须认真思考的内容。

（一）新时期大学生道德教育必须确立现代化的德育指导思想

这个思想应体现以人为本的精神，即把人作为道德主体来培养，促进人的德性的健康发展。现代德育是主体性、发展性的德育，它以满足受教育者的需要，促进其个体道德的发展及道德人格的提升为宗旨，并强调道德认知、道德情感、道德行为的作用和地位。基于这样的理解，大学的德育目标应定位在培养具有现代思想道德素质的主体上来，弘扬人的主体地位，反对纯客体化的灌输。也就是说，在大学的德育过程中，教师与学生应建立一种合作互动关系。教师的主导性地位与学生的主体性地位必须得到同等重视与加强。

德育不应以"束缚人、约束人"为目的，恰恰相反，它应力求通过发展人的主体素质，提升人的主体性，实现对现时代的超越，完善人的个性品质。因此，它不仅应重视道德规范的掌握，还应注重发展学生的道德思维能力，培养其丰富而健康的道德情感，培植其果敢的道德勇气。主体性德育对个体的目标要求是：以积极的姿态适应社会，并具有自主性、独立性、主动性、创造性等"主体性道德素质"。作为道德实践活动的主体，应能在既有的社会规范基础上，经过自己的理性思维，独立地作出道德判断与道德选择，自主、自觉、理性地调节自己的道德行为，在生活实践中完善自身的品德，提升自己的人格。根据上述理解，新时期大学德育的模式选择，也必须充分体现主体性德育思想的实质与精要，毫不怀疑地确立学生在道德实践中的主体地位。其最大优点，是把着眼点放在学生毕生道德品行的和谐发展上，体现了可持续发展理论与思想在学生个体品德培养中的运用。总体来说，无论我们对大学德育作出怎样的目标定位与模式选择，德育的最终目标应该是：让大学生兼具普通公民所必备的基础文明和作为社会精英分子应有的高尚的道德情操和健全的道德人格。

（二）构建科学合理重点突出的德育内容体系

国外高校德育的内容选择主要根据两个原则：一是社会需求。其中包括个体社会化必需的道德规范，维护社会秩序正常运作的社会规范，确保国家得以生存和发展的国家利益，以及有助于占统治地位的政治集团发展的政治目标。二是人的自身发展的要求。借鉴国外高校德育经验，新时期大学生德育内容应当在传统与现实之间建立起有机联系；应当将社会需求与人自身发展的要求有机结合；应当使道德养成与个性塑造和谐统一；应当在民族价值观与人类普通的道德价值之间架起桥梁。这里不再深入具体探讨德育内容体系的建构问题，只突出强调大学道德教育不可忽视的几个重点。

1. 核心价值观教育

每一国家，每一民族，都有它自己的核心价值观与道德观。这是民族得以凝聚、延绵与发展的宝贵的精神资源。对青年学生进行核心价值观教育，有助于他们深刻了解本民族的历史与文化传统，并从优秀的文化传统中汲取营养。孟子说："富贵不能浮，贫贱不能移，威武不能屈，此之谓大丈夫。"说得最为具体生动。对"非"的东西，对"恶"的东西，必不能迁就妥协，虽牺牲性命，也在所不辞，这就叫作气节或者骨气。核心价值观往往具有很强的涵盖性和历史跨越性。其最高抽象，其实就是民族精神。民族精神，乃是德育之灵魂。大学德育倘若不能致力于培养民族精神，将是一种无法弥补的过失。美国人的核心价值观是个人主义。但美国的学校教育从来没有把个人主义超越于国家、民族之上。它首先教导青年学生做一个合格公民，"我是美国公民，我热爱这个国家"。然后通过美国的成就与西方文明史教育，培养青年学生的民族优秀感与自豪感。它把爱国主义教育与个人主义的张扬有机地结合在一起。

2. 培养青年学生健全的道德人格

这也是大学德育的核心内容之一。应当把道德人格培养与个性塑造结合起来，把传统人格与现代人格教育结合起来。中国传统文化的"代表人格"，其实也就是儒家人格。由于儒家文化本身是一种伦理型文化，儒家人格也自然表现为道德化特征。从道德意义上规定并统摄人格，就成为儒家文化甚或整个传统文化构想并设计理想人格的基本范例。

儒家重仁义道德，它所设计倡导的自然就是道德型圣贤人格，这是理想人格的最高境界。儒家的理想道德人格，既有历史局限性的一面，又有历史超越性的一面，对此必须持正确的取舍态度。对其合理而有价值的成分，亦需赋予新的时代内容。总之，倾全力培育一代青年学生健全的道德人格，始终是大学德育的最紧要的任务。

3. 道德思维能力与道德行动能力

前者着眼于学生认知判断，自主选择能力的培养，后者则强调主体的道德实践把知、情、意、行统一于德育总体目标下，把思维型、活动型的内容教育置于比知识型、讲解型内容更突出的地位，这对于提高学生的道德自觉水平及道德行为自控能力更有意义。道德又是一种实践活动，坐而论道显然是不行的。因此，培养学生的道德行动能力与激情，激发其果敢的道德勇气，把"气节""骨气""人格正气"等高尚的字眼化解成学生的真实行为，应是大学德育题中应有之义。

（三）提高高校德育工作效果的方法

高校德育教育过程，就是以社会所要求的社会规范影响学生、启发学生自觉接受教育并转化为个人品德的过程。这一过程的基本特点是：以教师为主导，以学生为主体，以师生双方的努力程度为条件，互相作用，互相影响，共同完成教与学的两方面任务。常用的具体方法如下：

1. 明确教学目的

德育教学过程的第一步，就是激发学生的学习动机。动机是学生在学习活动中自觉、能动、积极的心理状态，是一个很有效能的因素。有动机的学习，其效果就好；无动机的学习，往往敷衍了事。因此，应对影响学习动机的需要因素给予足够的重视，特别是青年人自我提高的需要，更是他们学习活动的基本动力。并且不能只注意他们在课堂学习过程中的外部表现，要设法了解他们在进行这些活动时的心理状况、心理活动过程及活动方式，研究他们在德育课学习过程中发展智力与能力的心理规律，以便根据这些心理特点和规律，有效地培养他们的德育实践能力，发展智力。

2. 营造积极的课堂心理气氛，培养学生的学习兴趣

课堂教学是师生在课堂这一特定的环境中相互作用的过程，课堂心理气氛是课堂教学得以顺利进行的软环境。课堂心理气氛是指在课堂上教师与学生之间、学生与学生之间彼此交往，形成了某种占优势的态度和情绪状态。不同的课堂教学，心理气氛是不同的，甚至同一位教师面对不同班级的学生也会形成不同的心

理气氛。而学习兴趣是指一个人对学习的一种积极的认识倾向与情绪状态,即我们经常提到的"乐学"。教育应当是快乐的,快乐的情绪状态有利于学生的智慧活动。有兴趣的学习是发展智力的最好伙伴。

3. 利用设问激发与相机诱导相结合,进行启发式教学

设置疑问、以疑造势是创造课堂气氛的途径之一。提问具有激发作用,能触及学生心理,使学生产生疑惑之情、困惑之情,从而激发思想上的波澜。大学生正处于认识向前发展的急剧积累阶段,他们不仅对各种问题感兴趣,而且已经不满足接受某种现成的结论。开始进一步探讨结论的依据。他们喜欢独立思考、钻研问题,并愿在朋友间展开争论,寻求令人更为信服的答案。这一心理特征,是教师进行教学的有利条件,因为任何研究、探索,总是从提出疑问开始的。所以教师要善于设疑、解疑,并引导学生自己发现问题,积极思维,调动他们学习的内因,从而造成学生钻研和探索的课堂情势。

4. 必须重视社会文化环境对学生的影响

社会文化是社会经济和政治的反映。在改革开放,新旧体制转换、新旧思潮碰撞的时代里,各种文化思潮风起云涌,引起了大学生价值观、道德观、人生观的重大变化。这些观念对人的影响并不是强制性的,它是以一种习俗文化背景方式对人施加影响的,但其作用不可低估。

德育课教师还应密切注意社会文化环境对大学生的心理影响,加强思想政治教育。在德育教学中,帮助学生树立正确的人生观、世界观、价值观等,从而为其人生奠定一个坚实的基础。

5. 提倡素质教育,培养学生健全的人格

面对21世纪的知识经济时代,应逐步推行素质教育。大学要实行素质教育,就是要求学生做到:有坚定的政治立场和方向、正确的世界观和人生观,有高尚的道德品质和情操,有积极进取的观念和创新精神,有完整的知识结构、渊博的基础知识和扎实的专业知识,有获取新知识并把知识转化为能力的能力,有组织管理和协调能力,有健康的人格和稳定的心理素质,有较强的适应能力,善于驾驭人际关系。总之,要德、智、体全面协调进行教育,使学生懂得如何做人、如何做事和如何思维。

(四)以社会主义荣辱观构建大学生主流生活方式的意义

首先以"什么样的生活方式决定什么样的道德水准"为前提,通过大学生生活方式的调查得知大学生对社会主义荣辱观的看法。又有马克思所言"个人怎样表现自己的生活他们自己就是怎样",也就是知荣辱的生活方式可以表现他们自己的荣辱观,因此,建立生态的、科学的、可持续性的大学生生活方式也就树立了社会主义荣辱观。最终提出大学生主流生活方式含义:凡是具备了社会主义荣辱观的大学生生活方式就是大学生的主流生活方式。也就是指作为生活主体的大学生在社会主义荣辱观指导和作用下同大学生(以健康、文明、科学为理念,以环境生态、历史责任、实体创新、物质节约、团结合作等行为准则)的生活资料、生活环境(包括自然环境、社会环境)相结合所表现出的爱国主义、集体主义倾向和特征,是大学生求知欲望、归属感和自我关注的综合体现。构建生态的、科学的、可持续性的大学生主流生活方式能更好地贯彻落实社会主义荣辱观。大学生主流生活方式为社会主义荣辱观的实践提供了现实载体,而社会主义荣辱观又为大学生主流生活方式提供了行为指南和道德基准。二者相辅相成。

四、现阶段大学生"主流"生活方式存在的问题分析

复旦大学社会学教授于海认为,社会主义荣辱观具有较强的行为实践性,更容易贯彻落实。社会主义荣辱观教育确定了两个重点对象:一是领导干部;二是青少年。因为领导干部是人民的风向标,他们的所作所为直接影响党的形象。在领导干部中进行社会主义荣辱观教育,实际上是全面的教育。青少年的人生观、价值观处于可塑阶段,对青少年进行社会主义荣辱观教育,是祖国未来的保证。因此,社会主义荣辱观既照顾了全面,又保证了未来。上海大学社会学教授邓伟志认为,没有规矩不以成方圆,要"有条"才能"不紊","八荣八耻"规范了基本的道德行为,更容易让广大青年大学生通过实践环节进行贯彻执行,是青年大学生的行为和道德指南;他又认为在懂得光荣的同时更要"知耻","知耻者勇",只有懂得"知耻"才能获得无穷的力量。以下分析大学生生活方式中存在的诸多问题,在分析的基础上提出以社会主义荣辱观构建健康、文明、科学的大学生主流生活方式。

（一）考研生活方式与大学生心智发展分析

1. 急功近利的考研生活方式过于单一，将极大地延缓大学生的心智发展

当前，社会对大学生就业的学历要求越来越高，出现了大学生"毕业即失业"的现象。为了缓解就业压力，大学生积极投身考研，努力向高学位攀登，并有愈演愈烈之势。

许多大学生早早就立志考研，他们以"考研"为中心，对丰富多彩的课余文化生活和倡导全面发展的素质教育置之不理，纯粹的考研"分数"成了追逐的目标。这使得硕士研究生的综合素质严重下滑，以高考为指挥棒的应试教育推移到"考研"，高中时"两耳不闻窗外事"的生活模式延续到了大学，导致本科生和研究生的心智发展远远跟不上时代和社会发展的要求，学位虽然提高了，但是能力发展和综合素质却停滞不前。

2. 树立以报效祖国为动机的考研生活方式，成为综合素质强的祖国栋梁

单从这些大学生的行为动机上看，也许只是应对"就业难"的无奈选择，本身并没有什么错误，但是国家的发展和民族的振兴需要又红又专、德才兼备的社会主义合格建设者和可靠接班人。研究生及以上学历的人将是未来社会的中流砥柱，既要深入学习并领会社会主义荣辱观的精髓，又要养成身心健康、科学、文明的红色主流生活方式，真正成为栋梁之材。

（二）虚拟网络生活方式与大学生思维方式分析

1. 虚拟网络生活方式太过自由

侧重结果灌输，削弱了大学生逻辑思维能力的发展。新形势下大学生信仰缺失，逻辑思维能力弱化，缺乏生活理想，处于迷茫的生活状态，而网络的盛行给他们带来了另一个精彩纷呈的世界。网络似乎成了大学生活的重要组成部分，甚至是一种重要的生活方式，成为教育家眼中的"虚拟大学"，与"现实大学"并存。网络带给人们的不仅仅是交流的自由、信息的爆炸等便利，也带来了网恋成灾、网络游戏成瘾、人际交流缺陷，而最大的消极影响莫过于大学生逻辑思维能力的弱化。面对网络，少思多看的行为方式使大学生的思维呈现出浅表性、机械性、浮躁性等特点。人的思维是人脑对客观现实的间接和概括的反映，需要个体凭借已有的知识经验或其他事物的媒介，认识事物的本质，推知事物未来的发展。而大学生从网络获取信息的便捷导致信息获取量的急剧增长，直接影响大学生思维的发展和变化。网络以其超形象化、超综合性的特征使大学生习惯于放弃思考，停留于事物表面的思维方式，而主要依靠感知来认知世界。因而大学生普遍只关注事物的表象，而不去深究现象背后隐藏的深刻本质。这种只重结果、忽略过程思考的行为方式，是网络生活方式下大学生的行为特征。

2. 构建健康、文明、科学的网络生活方式，尽享人类文明成果

网络时代，我们必须在虚假与真实、接受与拒绝、直接与间接之间作出选择，以不断提高大学生日益贫乏的"思考能力"。目前我国正处在社会的转型期，人们通常只在乎事物的优势，而忽略它的劣势，因此认识比较片面，不够深刻。社会主义荣辱观让我们懂得既要发扬真善美，又要遏制假恶丑，两个方面都要抓，以更好地享用人类文明的成果。

3. 团学组织生活方式与素质教育的分析

（1）太过追逐功利的团学组织生活方式，使素质教育的深刻内涵无法得以体现

目前，校内团学组织的覆盖面广，呈现网络化发展的趋势，出现了越来越多横向联系的学生会组织、社团组织、社会实践活动组织、勤工助学组织、公寓管理组织以及青年志愿者组织，等等，形成跨校、跨系、跨学科的网络化组织结构，成为许多大学生积极向上、能力培养和锻炼的主要生活方式。然而，部分大学生年龄偏低，是非分辨能力较弱，人生观、道德观、价值观尚不成熟，对人生目的、人生态度、人生价值等问题缺乏真正的理解。因此，面对众多的学生组织，往往表现出盲目的心态，参加各种团学组织更多的是在关注其是否能加"德育分"，是否能当"学生官"，是否能拿"红证书"。受不良动机的驱使，一部分同学同时参加了2~3个学生组织，把本来可以锻炼自己能力的"舞台"当成了儿戏，来也自由，去也自由，把自己来大学时的理想、愿望以及使命全部抛在了脑后。不求付出只求索取、不重过程只重结果、不愿吃苦只图享受等作风严重损害了素质教育的有效实施。

（2）构建踏实肯干、吃苦耐劳的团学组织生活方式，培养创新精神

社会主义荣辱观再次说明了什么可以做，什么不可以做。以党团组织为主流生活方式下的大学生至少是先进青年的代表。在此过程中，必须淡化功利追逐、好逸恶劳、卑劣猖狂、虚荣示假等坏习性。只有这样，才能够真正打起素质教育大旗，实现"建设创新性国家，培养创新型人才"的伟大使命。

4. 大学生片面的社会参与活动与拜金主义倾向的分析

（1）社会参与活动受拜金主义影响，社会实践活动往往流于形式

新时期，大学生的社会参与意识是"就业贯穿大学教育始终"的思想产物。事实证明，越早接触社会或是参与社会活动的大学生，其社会化程度就越高，社会适应能力就越强。越早熟悉社会规则的大学生，也就表现出越强的生命力。许多校园佼佼者在毕业后并没有表现出预期的竞争优势，甚至水土不服，其重要原因就在于社会适应力不强。由此，许多大学生表现出极强的社会参与意识。然而，他们在初步接触社会后缺乏较强的分析和判断能力，认为社会参与的最终标准就是"能否赚到钱"，校园内传销、直销等活动层出不穷，套治不止。这些低层次的社会行为不仅影响了校园的正常教学秩序，还冲击了传统的校园文化，丑化了大学生的形象，导致拜金主义思想在校园盛行。

（2）倡导艰苦奋斗的社会实践活动，"身为天下人、当思天下事"

随着生产力的不断发展，人民的生活水平不断提高，随之而来的社会负面现象也必须引起我们的高度重视。比如，"一切向钱看"的拜金主义思想，"跑官""买官""卖官"等现象，为升官发财甚至不惜牺牲自己的尊严，一个女大学生居然不知羞耻地在网上叫卖自己的青春，等等，数不胜数。这种不知何为荣辱的行为让人寒心。复旦大学教授于海认为，社会主义荣辱观的提出提醒人们不要忘记：富裕了的社会不一定"体面"，金钱和道德从来都不是成正比发展，社会主义荣辱观说到底就是要建设一个不仅富裕而且"体面"的社会。因此，大学生"社会参与"为主流的生活方式必须摒弃只懂得享受社会成果却不想从事创造性劳动，只梦想一夜暴富却不想奋发图强，只攀比时尚与前卫却不理会实用与技术的消极思想。要以"身为天下人、当思天下事，大事莫过于解决民众之忧乐"为己任，弘扬"板凳须坐十年冷、文章不写一句空"的研究与实践精神，倡导"挑战杯"课外科技作品竞赛、创业计划竞赛、西部志愿者计划等活动所体现出来的艰苦奋斗精神。

第三节　素质教育的生活方式与教育机制

根据大学生主流生活方式定义，即作为生活主体的大学生在社会主义荣辱观指导和作用下同大学生（以健康、文明、科学为理念，以环境生态、历史责任、

实体创新、物质节约、团结合作等为准则）的生活资料、生活环境（包括自然环境、社会环境）相结合所表现出的爱国主义、集体主义倾向和特征，是大学生求知欲望、归属感和自我关注的综合体现的表述。

一、目前符合大学生主流生活方式定义的大学生生活方式

（一）数字生活方式

就是以客观数字为基准，对大学生生活方式进行量的规定，如大学生消费的标准、闲暇时间的合理统筹安排、第二课堂教育的基数规定等，就是将大学生素质教育进行量化，通过量的积累，达到质的改变，使培养"顶天立地有本事的人"不再是一句空话。只有这样才可以真正做到对大学生现有课余时间的把握，帮助大学生养成一定的习惯，然后再进行素质拓展。

（二）原创生活方式

就是以大学生原创作品为主，鼓励大学生在音乐、舞蹈、体育、DV设计、手工DIY编制等各个方面发挥聪明才智，以通过拍卖会或展销会方式荟萃师生之原创作品，拍卖所得除奖励给原创者外，余款存入学校的"原创基金"，以对一些重要原创项目及个人进行资助或重奖。

（三）语言生活方式

曾经有人说过，大学就是学语言。思想政治、汉语言文学等都是中国语言。计算机是我们的好伙伴，事实上从硬件组合到软件编程都有其固有的规律，被誉为计算机语言。英语、日语、德语、阿拉伯语事实上都是外语，是表达的工具。体育舞蹈、健美操、篮球、足球等体育项目实际上是肢体语言。当然还有书法语言、音乐语言、美术语言等各类语言。学习语言关键在于表达，即通过论文、演讲、辩论、小品、舞蹈、绘画、设计、主持、培训等具体形式，培养学生驾驭多类语言的能力，并以此渐入人文艺术之境。

（四）信息生活方式

就是以收集现实新信息为主，并关心时事政治，了解国家大事，洞察世界新事物，对各类新鲜事件具有浓厚兴趣，并且具备极强的敏感性，适合于新闻工作者。

（五）艺术生活方式

美学是人类必学之科，因为生活中拥有美才会有真善美以及假恶丑，才会有"荣辱观"。再则艺术的天堂是陶冶性情的佳境。艺术给世界以美丽，以艺术为生活方式的生活必定拥有美丽。

（六）博客生活方式

所谓博客生活方式，是指一种网络生活。就是给予你一定的网络版面，你可以根据自己的文学创作抒怀吟唱。它的意境来源是创造一种网络氛围，类似于现实生活中的"心情日记"。

（七）体育生活方式

所谓体育生活方式，是指在一定社会客观条件的制约下，社会中的个人、群体和全体成员为一定价值观所指导的满足多层次需要的全部体育活动的稳定形式和行为特征。作为大学校园，体育生活方式理念的提出无疑是一个必然，建设和谐校园的宏伟目标无疑又一次将体育生活方式推向了前沿。因为在培养合格建设者和可靠接班人的目标中明确指出，大学生们必须拥有强健的体魄、过硬的心理素质和特有的社会价值，也就是心理学中所言的生理自我、心理自我和社会自我。

（八）团队生活方式

通过各种别开生面的活动，增进学生与学生之间、学生与亲人之间、学生与老师之间的协作能力，会合作更容易取得成功，树立团队精神并直观感悟优势互补、强强联合的时代潮流。

（九）网络生活方式

网络生活方式是大学生日常生活中不可或缺的一部分。他们通过网络进行社交、购物、娱乐等活动，享受数字化带来的便捷和乐趣。同时，网络也是他们获取信息、拓宽视野的重要渠道。网络生活方式让大学生的生活更加丰富多彩。

二、大学生思想政治教育社会机制的概念提出及建设意义

思想政治教育机制，是指思想政治教育运行过程中各构成要素由于某种机理形成的因果联系和运转方式。它要研究思想政治教育过程中思想政治教育现象的各个侧面和层次的整体性的功能及其规律，包括其运行所依据的原理和原则、运行过程的状况即运行中各个部分之间的相互作用，以及与思想政治教育系统之外的其他系统之间的相互作用，等等。因此，它的立论重点并不在于一般地分析思想政治教育系统，而是力图通过对思想政治教育系统动态运行过程的考察，对多因素、多变量的思想政治教育运动作一种整体的、动态的刻画，从而达到实现思想政治教育运行的最优化控制的目的。思想政治教育机制是一个整体性课题，国内外对机制建设的研究有待加强。同时，任何思想政治教育都是在复杂的社会背景下的运作过程，在这一过程中，影响接受的社会因素有哪些，它们是如何影响接受的，作用和影响的方式又是怎样的，这些问题值得我们深度关注。从理论层面上看，思想政治教育的社会机制还不是一个十分成熟或得到清晰定义的概念，我们在使用"社会机制"这一名词时只是想借以描述某一对思想政治教育实际发生一定作用和影响的社会运行体制或内在机理。当前，国内外比较系统地进行大学生思想政治教育社会机制建设的研究尚少，有的只是整体提出了类似观点，没有明确完整的概念，还未进行全面深入的剖析和建构；有的只是介绍了某个社会机制的作用情况，或是零星地圈点了部分影响机制，并未形成系统建设的思路。

从诸学科领域所给出的定义和基本阐述中，我们把思想政治教育的社会机制尝试定义为：由多个社会结构部分或变量组成，一定方式对思想政治教育行为和现象产生相对运动或影响，并随时间发生变化的相互联动过程及其运行机体。从思想政治教育全过程来看，其不同阶段和环节都受到相关社会结构部分的影响和作用。所以，社会机制是贯穿思想政治教育始终、作用较为全面、具有举足轻重意义的重要影响因素，是思想政治教育诸多影响因素的抽象体现，是主客观因素的集中反映。当前，我国正处于"发展黄金期"和"矛盾凸显期"，不断增多的热点难点问题难免会给大学生的健康成长带来一定的负面影响。社会诸多结构部分没有从大学生的特殊性来正视其思想状况，没有针对性地促进与思想政治教育的联动过程及建立运行机体，各类社会结构部分或变量之间的随时间的作用顺序和效力也处于相对混乱状态。因此，加强和改进大学生思想政治教育，建立思想政治教育长效机制，是建设和谐社会的重要前提。

三、国外大学生思想政治教育的社会机制建设现状

诸多国家大学生思想政治教育非常重视个体与社会的关系，工作中突出体现了社会机制的建设，因而，也形成了不少较为成熟和完善的社会机制。这些机制突出坚持大学生个体价值与社会价值统一和实现的原则，对大学生这一即将步入社会并时刻与社会有这样那样接触的特殊群体产生了深刻的影响和促进作用，并且在很大程度上实现了学校、家庭等环节的思想政治教育功效。这些社会机制的作用集中体现在潜移默化的价值引导、成才意识培养、理想目标确立、感恩情怀建构等方面，很多内容恰恰都是思想政治教育至关重要却又缺乏实效抓手的工作目标。认识世界各国尤其是发达国家大学生思想政治教育中社会机制建设实践的优势、长处以及特色，有利于我们比较客观全面地认识自己国家现有水平和发展状况，从而不断增强向世界各国学习成功经验、有效方式方法的主动性和迫切性，以改进和优化我国大学生思想政治教育的社会机制及其体系。

四、国外实践对我国大学生思想政治教育社会机制建设的启示

国外在大学生思想政治教育社会机制建设中的实践有许多值得我们借鉴的经验和成果。其中，以下几个特点尤其需要我们研究和关注。

一是具有深厚的理论基础。无论是根据道德认知发展理论还是价值澄清理论建构的社会机制，大都以科学的调查研究和系列性的实验为依据，以哲学、心理学、教育学和社会学等学科为知识依托，通过大量的实证研究、实验、分析后制定具体措施的。这种深厚的理论基础使思想政治教育有了客观依据，使教育感到可信，更能引起共鸣和产生实际效果。二是具有较强的可操作性。建立在科学基础上的各种社会机制都不是空中楼阁，可望而不可即，而是呈现出较强的可操作性。各种社会机制的实施都能编制成易于操作的程序，或提供详尽的应用说明，这不仅便于教育工作者掌握，而且进一步扩大了应用领域。三是注重双向互动。不少社会机制的具体实施都避免说教和灌输，主张贴近生活，注重调动教育客体的内在因素。它们都不是把学生简单地看作接受某种现成答案的被动对象，而是鼓励学生以主体的身份去参与教育过程，通过给学生设立场景，角色进入，引导他们去体验，从而激发他们的积极性和创造性。四是具有层次性。国外德育的很多社会机制一方面是对不同层次的个体采用不同的教育主题；另一方面即使是同

一个教育主题，根据人的认识发展的不同阶段，其内容与形式亦是既相互连接又相互区别的。由浅入深、循序渐进的方法既符合教育对象的认知规律，也符合教育发展的规律。人的价值分为社会价值和自我价值，社会价值在于个人对社会所做的贡献，是人对社会的责任，是个人作为客体不可推卸的使命；自我价值则在于人的自我发展，表现为人的自我选择，自我超越，自我完善。"无论是人的社会价值还是自我价值的实现，都要求人的创造潜力的充分发挥，都是个人独立个性的展现，是人的自我实现和自我肯定。"马克思主义也认为，"人类的一切实践活动都在促进人的个性全面发展，发展人类自身，发展主体人，是人类一切实践活动的出发点和归宿"。社会价值与自我价值相结合的实现过程是真正的人的个性全面发展的过程。通过比较研究，我们发现，当前不少国家在思想政治教育社会机制建设实践上不谋而合地有个统一认识，即作为联系社会和个人之间的桥梁，同时又是德育主客观影响因素的抽象体现，社会机制的建设要做到既要立足社会的需求，同时也要关注个体实际，促进个体的全面发展。因此，这一思想特点值得我们深入研究并结合实际积极汲取。

第四节 实用主义道德教育思想

在杜威看来，道德的含义是宽泛的，是普遍地存在于人类的一切行为中的，是一个"大德育"的概念。

一、实用主义经验论的哲学基础

"经验"是杜威教育哲学中最重要的一个词，也是他的教育思想体系的核心。杜威认为，"经验"是人的有机体与环境相互作用的结果，是人的主动尝试行为与环境的反作用而形成的一种特殊的结合。行为与结果之间的连续不断的联系和结合就形成了"经验"。杜威认为"存在即被经验"，"经验"包含被动和主动两个因素，被动的因素是指"经受结果"，主动的因素是指"尝试"。这就把自然以及经验的对象和经验的过程一起包括到经验之中，把人（经验的主体）和环境（经验的客体）看成是同一过程的两个方面，学生是在"尝试"和"经受结果"中获得经验并学习的。没有"经验"就没有"学习"，这就是杜威的"从经验中学习"的思想。从实用主义经验论出发,杜威得出教育就是"经验的改造或改组",教育是"以经验为内容,通过经验,为了经验的目的"的结论。

二、道德教育的目标:培养民主主义社会的合格公民

杜威坚信教育是社会进步及社会改革的基本方法,学校是社会进步和改革的最基本和最有效的工具。认为社会的改造要依靠教育的改造,教育就是要训练学生在学校的小社会里用引导和训练的方式成为社会的成员,并使学生具备有效的自我指导的工具,使其符合民主主义社会对公民的要求。在杜威的《旧个人主义与新个人主义》中,杜威提出了新个人主义是具有社会责任心的个人主义,强调人与人之间的合作而不是无情的竞争,强调新个人主义代替旧个人主义,即道德教育要培养"重社会""理性"的新人,从而促进个人发展和社会改善。同时,杜威在关于理想的人的论述中,认为理想的人应"具有良好的道德品质,有合作意识,能处理好个人与社会的关系,有服务社会的精神"。因此,道德教育的主要任务就是协调个人与社会的关系,道德教育的目的就是培养民主主义社会的合格公民的品格。

三、道德教育是一个在生活中不断被经验改造和生长的过程

杜威认为"教育即生活","教育即生长","教育即经验的持续不断的改造"。首先,杜威认为教育是生活的过程,学校是社会生活的一种形式,"一切道德都是社会性的"。因此,杜威主张学校应是一个雏形的社会,学校应为学生参与社会生活创造种种条件,让学生在活动中不断改造自己已有的经验并获得新的经验,为未来社会更好地生活做准备。

其次,"社会进步有赖于个体的生长","道德问题是一个生长问题",是自我不断完善的过程。"生长",是指学生本能发展过程中的各个阶段,包括身体、智力和道德方面。因此,学校道德教育的目的就是通过组织保证学生道德发展的各种力量,使学生顺利成长。

最后,学校的道德教育是一个经验不断改造和生长的过程。"道德的过程就是经验不断从坏经验转变为好经验的过程"。因此,要在道德教育中注重培养学生的主动和被动经验,并注重已有的道德经验指导最终的道德行为。杜威对传统的道德教育强调由知到行,即通过对学生灌输一定的伦理道德知识,使学生照此

执行并形成习惯。杜威认为，道德教育的过程是学生养成道德观念的过程，人们必须区分道德的观念与关于道德的观念。所谓"道德的观念"即指导人的行为方向的观念，是已成为品格的一部分，因而是行为动机的一部分的那种状态。"关于道德的观念"则与实际行为无关，关于一般的道德知识、见解，"在性质上是不能自动地使这些观念变为好的品格或好的行为"，即学生"知道道德的观念"与"具备道德观念而从事有道德的行为"是两回事。因此，只有将道德"经验"彻底转化为"道德行为"，强调学生实际道德行为的"经验"在道德教育中所起的重要作用。

四、"三位一体"的道德教育途径与方法

学校道德教育"与学校的一切生活和精神有密切关系，学校里的一切设施都与道德教育有间接和直接的关系"，学校生活、教材和教法是学校相互联系的三大要素，三要素必须融于学校道德教育的整个过程。

（一）学校生活是德育的一种形式

杜威认为，教育的道德性和教育的社会性是相通的，道德教育应在社会性的情境中进行而不能只是停留于口头说教，"威胁着学校工作的巨大危险，是缺乏养成渗透一切的社会精神的条件；这是有效的道德训练的大敌"。杜威认为，"教育是生活的过程"，学校是社会生活的一种形式，学校生活也是生活的一种形式，学校生活要成为学生生活和社会生活的契合点，从而使道德教育既合乎学生需要亦合乎社会需要，使学校生活有益于学生道德教育的发展。他提出的"学校即社会"的观点就是要使学校生活成为一种经过选择的、净化的、理想的社会生活，使学校成为一个合乎学生发展的雏形社会。学校生活是杜威道德教育途径的重要因素之一。

（二）社会实践是德育的重要途径

杜威认为，道德教育应具备社会和心理两方面。社会方面包含社会性的情境、社会性的内容和社会性的目的，心理方面是指道德教育必须建立在学生本能冲动和道德认识、道德情感的基础上。社会方面的道德教育原理是关于道德教育的"目的和内容"方面，心理方面的道德教育原理是关于道德教育的"方法和精神"方面，前者决定应当做什么，后者决定应当如何做。传统的道德教育一方面忽视了

学生生活环境的社会性方面因素，导致学校道德教育脱离学生生活实际，把道德教育的重点放在了远离学生生活环境的未来社会；另一方面忽视了学生心理方面的因素，没有很好地引导学生主动地获取道德知识和观念，而是被动地接受空洞的道德教育，致使现在很多学生虽然具备了道德的知识却极度缺乏关于道德的观念，知行脱离。因此，道德教育要根据学生的天性，采用的任何方法要有助于吸引学生的学习主动性，要摈弃那种只重视单纯吸收和背诵的教学方法。

（三）道德教育应寓于各科教学之中

课程是学生实现其社会行为的工具，道德教育应寓于学习各科教学之中。杜威认为，道德是不能作为独立的学科来传授的，事实上道德教育在学校里无处不在、无时不在，仅仅将道德教育限定在学校活动的范围之内是不利于培养学生生气勃勃的社会精神的，因而也不会有道德教育价值。他认为，凡是一种课程，都要看作是一种能使学生实现社会行为的工具。因此必须将道德教育融合于各科教学之中，使道德教育无所不在，才能真正达到道德教育的目的。

五、杜威道德教育思想对我国高校德育工作的启示

（一）构建一元主导、多元并存的德育指导思想

俗话说："德育是个筐，什么都往里装。"目前德育概念过分泛化，包含了政治教育、思想教育、心理健康教育、世界观教育、法制教育和环境教育等意识形态领域。首先，过于泛化的德育概念导致了目前高校德育的失效。传统德育只重视传授和灌输价值观念而忽视将其内化为学生的内在思想意识并体现于道德实践，即缺乏客观有效的德育考核和评价制度，这种只重内容传授而不重效果的教育方法导致了德育的价值性工具的缺失，成为一种工具性价值。其次，应试教育严重削弱了大学生的理想信念教育。当代大学生的人生价值信仰由过去的一元取向走向多元化，甚至有些大学生还出现了价值信仰虚无的现象。因此，在高校德育构建一元主导、多元并存的德育指导思想势在必行。确立社会的主导价值观是社会稳定的需要，坚持马列主义、毛泽东思想、邓小平理论、"三个代表"重要思想、科学发展观、习近平新时代中国特色社会主义思想是高校德育的根本，不断深化爱国主义、社会主义和集体主义教育是高校德育的灵魂。高校德育必须坚持以马克思主义占领思想阵地，引导学生正确处理个人、集体和国家三者之间的

利益关系，在多元价值观中弘扬主旋律，占据主导地位。高校德育工作者也要激励学生在价值多元社会中寻求共同的价值观，以培养社会主义社会的合格公民为目标，既坚持社会主义意识形态的主导性，又承认教育对象思想观念的多样性。

（二）以生活为本，构建高校德育课程体系

生活是教育的基础和本源，"教育要通过生活才能发出力量而成为真正的教育；德育同样而且必须要通过生活发出力量才能成为真正的德育"。道德教育是生活世界的一部分，人们可以与社会生活隔离开来集中学习知识经验，却不能与社会生活相隔离去学习道德。道德是社会生活的规范和准则，真正的学习必须在社会生活中进行。

（三）以学生为本，培养"知行合一"的道德观念

首先，高校传统道德教育严重忽视了"关于道德的观念"和"道德的观念"是两个概念的事实。高校德育的教育模式以政治理论教学部门的课堂教育为主，由指导和规范学生的道德实践及日常生活行为的学生管理部门负责为辅，这样一种教育模式导致了德育理论教育和行为教育相脱离，理论教育难以在学生日常道德实践和行为中得到检验，即德育"知""行"难以统一的后果。其次，德育一方面强调要培养人、塑造道德人格；另一方面又把学生当作被动的接收器，强行将道德知识灌输给学生，凭借一场考试对学生的德育理论知识进行考核和评价，脱离了道德环境即实际生活，忽视了学生的主体性。没有意识到传统道德教育忽视教育过程中受教育者的主体性和能动性的发挥，忽视教育内容、方法与受教育者现实生活、道德需求的结合，难以引起受教育者的心灵共鸣，严重影响道德教育的实效性。因此，高校德育要以学生为本，构建新型的德育教学主体，根据大学生的现实生活需要，结合不同年级大学生的心理和生理特点，对大学生的集体生活、情感生活、交往生活、工作生活、学习生活、政治生活和经济生活等有针对性地设置课程内容，调动大学生的主观能动性，利用生活中的实际案例探究何为正确的道德观念和道德行为，同时将主流社会意识渗透其中，使大学生自觉形成正确的世界观、人生观和价值观。

第五节　建立正确的学生观念

一、每个人都有成功的需要

每个学生都渴望受到教师的表扬和同伴的认可,都希望自己在各方面比别人做得好,而且不断超越自己。根据马斯洛的需要层次理论可知,成功是自我价值实现的一种方式。它作为人最高层次的需要比其他低层次的需要具有更大的价值。"没有什么比成功更能增加满足的感觉,也没有什么东西比成功更能进一步鼓起追求成功的努力。"飞人乔丹就是凭着他在大学时期在关键时刻为自己的球队投进了至关重要的一个球而树立了他对自己的信心,以至于后来他在NBA打球时所向披靡。在一般情况下,进入独立学院学习的学生或是在中学阶段平时成绩一般,得不到教师重视和关心的;或是平时成绩优秀,但在高考中发挥不理想以"失败者"的心态走进高校校门的;又或是学习目标、学习动机不明确,学习风气不太好的。因此,独立学院的辅导员应该帮助学生成功,让学生尝试成功,消除他们的自卑和自弃,唤起他们的自尊和自信,逐步达到学生自己争取成功的境界。

二、学生是发展的主体

人类的每种智能都有其独特的发展顺序,在人生的不同时期开始生长成熟,而且这些智能并非是一个固定的、静态的实体,它们既可以被强化又可以被弱化。因此我们应该用发展的观点看待每一个学生。作为发展的人,也就意味着每一个学生都具有巨大的发展潜能,是可以获得成功的。

俗话说:十个手指不一般齐。学生之间存在着诸多差异。辅导员应该尊重学生能力上的限度和差异,要接受学生看待问题的方式方法,要容忍学生的非原则性错误,并看到错误背后隐含的合理因素。事实上,学生有自己对客观事物的独特理解方式。也许,这种理解在我们看来是不全面、不合理的,有的甚至是错误的,但是对学生自己来说却是有意义的,因为学生是在他现在思维发展水平上来理解事物的,是从他自己看问题的角度来看待事物的。

三、每个学生都可以成才

加德纳在多元智能理论中提出，人的智力是由功能不同、相对独立的不同智能组成，每个个体都在一定程度上拥有其中的多种智能。这些智能是独特的，一种智能不能由另一种智能来替代；它们对个人的成长和生活来说是必需的，不存在哪种智能最重要之说；它们也是相对独立的，某一方面弱并不意味着其他方面也弱。可见，个体的差异只是在于其所拥有某种智能的程度和组合不同，而且每个个体都可以在相应的环境中，运用自己的智能，做出显著成绩，取得成功。重要的是教育工作者，必须承认并开发各种各样的智能及智能组合，这样才会最大限度地开发学生的全部潜能，使学生取得成功。

四、营造追求成功的氛围

（一）激励学生追求成功

我们知道每个学生都有自己的优势智能领域，有自己的学习类型和方法，学校里不存在"差生"，全体学生都是可育之材。我们所关注的不再是一个学生有多聪明的问题，而是一个学生在哪些方面聪明的问题。因此，对辅导员来说，要善于发现、利用学生的特长，从学生的个性特征、实际情况出发，帮助学生取得各自的成功，将学生引入"成功—动力—新的成功"的良性循环过程中，使他们在人生的道路上一步一个脚印地稳步前进，达到希望的彼岸。

（二）在成功中培养学生的耐挫折能力

激励学生追求成功，并不意味着不允许学生出错。过于强调"正确性"的教育观念，不仅会使学生片面地追求正确性，也会导致学生探索欲望的丧失。俗话说：人非圣贤，孰能无过。学生在成长过程中不断出错是因为他们正在成长，正在尝试着如何做人做事。因此，即使学生说了不当的话，或是做了不对的事，如果不是原则性的错误，辅导员就不应该斥责他，而是应该同学生一起冷静、客观地分析出现错误的原因，晓之以理，动之以情，并对其进行正确的引导，让学生在不断的磨炼中明白什么是可以做的，什么是不应该做的，明辨是非，懂得为人之道，形成正确的价值观、人生观、世界观。

（三）客观公正地对待每个学生

由于人的审美倾向不同，往往容易形成不同的偏好。当然辅导员也不例外。虽然，这种现象完全可以理解，但是对辅导员来说，如果任其发展也许会预示着危险。当一个辅导员偏爱某位学生时，他会巧妙地为这个学生提供诸多便利，即使这位学生犯了错误，辅导员也自有办法大事化小小事化了。但是，其他学生往往比辅导员估计得敏感百倍，这样做不但有损辅导员在学生中的形象，而且辅导员对学生的期望也会引起多种心理效应：一是影响学生学习、工作的动力；二是辅导员可能会让学生从事不同的任务，从而使期望低的学生只能接触低水平的任务，无法获得进一步的提高；三是辅导员对学生的期望会影响学生的自我意向，而学生的自我意向一旦形成，就很难改变。

一名合格的辅导员必须要有客观公正对待每一个学生的态度。公正对于辅导员来说有特殊意义，它可以告诉学生是与非，它可以引导学生走向高尚而远离卑鄙。简言之，教师的公正有助于培养学生的健康人格，有助于培养真正的集体。

（四）实施鼓励性评价

以往的评价往往是用一把尺子从一个方面对所有的学生进行分等。在这种体系的支配下，一再失败的学生无法发现自己的优点和挖掘点，就失去了追求、失去了信心。辅导员对学生应该实行适应学生起点、鼓励学生进步的评价。与传统的总评价不同，鼓励性评价的主要目的是帮助学生学会评价，发现自己、发展自己。评价的主要方式是鼓励、表扬；评价标准宜粗不宜细，只要能反映学生大致的发展方向和趋势即可。

五、提供取得成功的途径

（一）实行学生干部轮换制

在学生时代，是否当过干部以及干部当得好不好对其将来的发展有着不可忽视的影响。学校是代表国家与社会对青少年进行教育的机构，其主要功能是传播社会规范与文化知识，而学生干部往往会更自觉地接受这些社会规范与文化知识。所以，他应社会需求的能力较强，成才率也比较高。可见，当学生被推选为一名干部时，学生实际上就获得了充分发挥自己某种潜能的机会。但由于缺乏面向全体学生的思想，大部分学生失去了这个宝贵的机会。而且在学生们的心目中，每个人在班里的地位是不同的。一般情况下，学生的班级地位与学生班干部职位、学习成绩是关的。试想在这种划分等级地位的心理下，学生的身心健康将受到怎样的伤害。因此，从面向全体学生的教育观出发，从更有利于学生成才的目的出发，实行学生班干轮换制度，让每个学生都有当干部的机会，无论对学生个人来说，还是对社会的进说都有诸多益处。

（二）帮助家长建立成功心理

对于三本院校的学生，社会上甚至是这些学生的家长在认识上还存在误区，使独立学院的学生较易产生一定的自卑和逆反，不利于学生今后的发展。教师和家长是学生发展的双翼，仅有学校对学生进行成功教育是远远不够的。因此，帮助家长建立成功心理是非常重要的。帮助家长建立成功心理除了要帮助家长认识到家长教育的意义以及家长的言行对学生个人心理和习惯的重要影响之外，还要通过学校的家长委员会、辅导员和家长的联系制度以及公开电话和信箱等途径让家长认识到自己孩子具有提高的潜力，确立帮助自己孩子提高的成功心理。

第二章 思想政治教育的价值和目标

第一节 思想政治教育的价值

一、高校思想政治教育价值概述

高校思想政治教育的价值，用传统的概念来表述，就是高校思想政治教育的意义、功能、地位和作用，"价值"是对"地位、作用"的理论抽象和哲学概括。在中国共产党的历史上，对高校思想政治教育的地位、作用有过许多经典的表述，如"生命线""中心环节""政治优势"等。一般来说，高校思想政治教育的"地位"，是指高校思想政治教育在社会结构和社会生活中所占的位置；高校思想政治教育的"价值"强调在社会发展和人的发展过程中，高校思想政治教育所起到的作用，即其存在的意义。从它们各自的界定来看，高校思想政治教育的价值、地位之间有着密切的联系，只有将高校思想政治教育的价值放到明确的位置，才能更好地发挥高校思想政治教育的作用。

显然，高校思想政治教育的价值问题，不是今天才出现的新问题。但事物是变化发展的，随着政治经济各方面条件的变化，新的历史条件下，时代主题也与原来的不同，这就出现了工作重心的转移和经济价值的凸现，一些人对高校思想政治教育的价值产生怀疑，轻视高校思想政治教育的倾向有所抬头。与此同时，就世界大的发展形势而言，世界政治经济格局发生了巨大的变化，经济全球化和科技革命迅猛发展；就国内形势而言，中国正在适应大的形势需要，正在进行社会主义制度的自我完善和发展，这将必然面临着高校思想政治教育的任务更加神圣和艰巨，从而也就面临更加严峻的挑战，因此，重新审视和研究高校思想政治教育的价值，具有十分重要的理论意义和现实意义。

（一）重新审视高校思想政治教育价值的背景

1. 重新认识高校思想政治教育的价值是时代提出的客观要求

在经济大发展的社会环境下，发展经济成为世界性的潮流，和平与发展成为时代的主题。在这样的时代背景下，我们党实现了工作重点的转移，确立了以经济建设为中心、坚持四项基本原则、坚持改革开放的基本路线。于是，经济成为世界和我国社会的主导因素，经济的地位、经济的价值在社会生活中空前凸现。

经济的价值凸现以后，还要不要讲政治？在党的工作重心转移到经济建设之后，如何认识高校思想政治教育的地位与作用，就成为人们普遍关心和有待进一步明确的问题。在这个历史性的转换过程中，自然会发生许多矛盾和曲折，人们的认识也不可能一下子到位。问题的复杂性还在于，我们不仅面临着因时代的转变而带来的价值观变化，而且还面临着我们对过去"左"的政治思想的清算和批判，面临着对"政治冲击一切""代替一切"的错误倾向的矫正。那种将政治凌驾于一切之上、与经济工作对立的做法，过分强调高校思想政治教育的作用，过高看待政治思想价值的倾向自然又会在这种清算和矫正过程中受到人们的重新审视。高校思想政治教育要从高高在上、自我中心转变为服从、服务于经济建设，为现代化服务。

新旧价值观的转换，不会也不可能一下子正确到位，不可避免地会出现许多矛盾。在重新认识高校思想政治教育价值的过程中，也出现了一些问题和偏差。这些矛盾和问题集中表现在以下几个方面。

（1）从高度集中的政治化管制、道德化约束向以经济为中心的相对比较自由的社会价值体系转变，在这个过程中，又出现了极端的经济物质价值观，使整个价值倾向由一个极端走向另一个极端。

（2）在否定错误政治、道德观念及高校思想政治教育的过程中，出现某些个体否定政治、道德以及高校思想政治教育本身价值的倾向，使价值取向产生缺失。

（3）从原来封闭的、计划经济制度影响下的高校思想政治教育及道德观念，向相对自由的、开放的、市场经济条件下的高校思想政治教育及道德观念转变，在这个过程中，缺乏一个能掌控全局的有力导向，从而出现了一些滞后的现象。

以上所说的这些矛盾多种多样，而且每个矛盾都有不同的表现形式，但无论是什么样的矛盾，归根结底就是该如何审视高校思想政治教育过程中所发挥的作用,也就是高校思想政治教育价值。事实上,没有一种社会的价值取向是单一的,否则就会使社会发展失衡并付出了惨重的代价。所以,人类社会在曲折的发展过程中,总是坚持不懈,试图寻找一种合理的张力来协调各方面的发展,使政治、经济、文化三者协调发展,互补互助,不相冲突。在人类社会的发展历程中,这个问题更加凸显,因而,现代社会在这个问题上只会显得更加敏锐和自觉。社会主义社会是高级的社会形态,是全面发展、全面进步的社会,因此,社会形态的客观要求就是物质文明、精神文明、政治文明三者之间的相互协调和高度发展。社会主义精神文明的根本任务以及最终目标和要求,客观上要求在全社会形成共同理想和精神支柱。这就进一步明确了我国高校思想政治教育的价值取向和定位,为解决思想道德领域的复杂矛盾提供了价值准则和明确的导向。

2. 充分认识高校思想政治教育的价值是回应挑战、增强综合国力的需要

我国的现代化建设是在对外开放的大背景下进行的,以积极的姿态走向世界,主动加入全球化进程是中国的理性选择,更重要的是,我们要在这一过程中坚持走自己的路,建设中国特色的社会主义,这无疑将使我们面临巨大的压力和挑战。从国内的情况来看,改革开放以来到今天,我国一直在审视走过的发展历程,总结以往的经验教训,对怎样发展实现什么样的发展进行了深刻的探讨和研究,紧跟时代的步伐,选择科学的发展。科学的发展必然和全球化进程有着千丝万缕的联系,全球化也正在迅速改变着我国的政治、经济和社会生活。这些客观存在必然在人的主观意识中反映出来。也就是说,这些都与思想意识紧密相连,必将在思想领域有所反映。如果忽视了全球化,忽视了全球化给大学生思想政治领域带来的影响,我们就会割裂思想政治与经济文化等的联系,将其放在一个孤立的位置,从而就会失去思想意识领域中的优势,也没有领导该领域的权力。全球化是一个日益加重的变化过程,伴随而来的是日益加重的综合国力的竞争和较量。而综合国力的竞争既包含国家硬实力的竞争,又包含国家软实力的竞争。国家软实力又涵盖了文化、意识形态等内容,这些内容的地位和作用也就越加凸显出来,它们是新的力量来源甚至是更重要的力量来源。归结为一点,就是国际竞争中,除了经济以外,文化和意识形态也是相当重要的竞争领域。经济落后会挨打,文化的衰竭、僵死,意识形态的动摇、分裂,则会使政治统治丧失合法性,不打自倒。因此,思想意识领域问题正越来越成为全局性的问题。

3. 正确认识高校思想政治教育的价值也是社会发展观变革的必然要求

社会发展是当代的一个世界性主题。按照社会学的定义,社会发展是一种积

极的社会变迁，是社会的一个过程。特定意义的社会发展则指社会的现代化。社会发展是一个富有时代特征的概念，它的含义与观念随着实际发展进程的深入，以及发展区域的不断扩大日趋丰富合理。特别是全球化进程在全球掀起了一股浪潮，它对世界现代化产生了前所未有的影响。各国在现代化发展的思想观念上逐渐发生了变化。

可以说，从以往单独的重视物质的、纯经济的因素到逐渐开始并加大力度重视精神、文化、环境等诸因素的和谐发展，从单一的经济增长到社会全面发展，从物的现代化到人的现代化，反映了时代的进步和人的自觉意识的增强。

（二）新时期高校思想政治教育的合理定位

传统高校思想政治教育，在我国社会主义革命和建设中曾经起过很大作用，这种作用是在特定历史条件下，为完成特定任务而发挥出来的。在相当长的时间里，"阶级斗争""政治运动"在我国社会中处于中心位置，"政治"可以冲击其他，"道德"高于一切。今天，在进行社会主义现代化建设的条件下，如果仍坚持推行"政治中心""道德至上"的价值观念，不可避免会产生两种结果：一种是政治中心、道德至上的取向，必然使经济、业务处于从属的甚至被忽略的地位，政治、道德价值的孤立凸现，也必定使其增强统领性、削弱服务性，而服务性的削弱又使其脱离服务对象——经济、业务，出现"两张皮"现象；另一种是政治中心、道德至上的取向，也必然使人们的实际利益得不到应有的关照而被忽视，与人们休戚相关的经济价值、业务价值并不会因为政治与道德价值的孤立凸现而长期退避。当人们感受不到脱离实际的抽象政治、道德的价值时，就会把它作为一种外在的东西，采取应付、逃避的态度，教育上的形式主义、教条主义也随之产生。这两种倾向的实质，仍是高校思想政治教育的价值问题。

因此，进入新的历史时期后，随着党的工作重心的转移，新的形势与任务不仅要求我们重新认识高校思想政治教育的价值，同时也要求高校思想政治教育（工作）正确而合理的定位。这一定位要放在当前我国经济转型的大背景之下。当前我国经济正处于深度变革时期。削减产能过剩行业在经济发展中的比重，辅助新兴产业的发展，已经成为我国当前经济发展的一个重要目标。实现这一目标的关键动力就是创新。高校思想政治教育要在坚持传统高校思想政治教育观念的基础上，把培养大学生创新意识作为高校思想政治教育价值的另外一个重要任务。因此，在新时期，高校思想政治教育的价值定位要放在大学生政治观念和创新观念的培养上。

（三）现代高校思想政治教育价值的内涵

高校思想政治教育从本质上来讲，是一种精神生产活动。所谓高校思想政治教育的价值，"是人和社会在高校思想政治教育实践即认识活动中建立起来的，以人的思想政治品德形成和发展规律为尺度的一种客观的主客体关系，是高校思想政治教育的存在及其性质是否与人的本性、目的和需要等相一致、相适合、相接近的关系。这种关系是高校思想政治教育在其教育活动和社会关系中合乎人的发展（尤其是思想品德的形成和发展）和人类社会进步（尤其是精神文明的进步）的目的而呈现出的一种肯定的意义关系"。简言之，现代高校思想政治教育的价值，是高校思想政治教育对人和社会生存、发展的"意义""益处"或"有用性"。从表现形式上看，它属于精神价值，但可以转化为物质价值。

二、高校思想政治教育价值的类型

划分或分解是逻辑学中明确事物外延的有效方法，能够帮助我们进一步认识事物的本质属性，高校思想政治教育价值内容丰富、形式多样，可以按照不同的标准和视角将之划分为不同的类型。

（一）按层次分类

1. 理想价值与现实价值

按价值的实现与否分，高校思想政治教育价值可分为理想价值与现实价值。理想价值是指将来有可能实现但目前尚未实现的价值。当前我国高校思想政治教育理想价值是在中国特色社会主义理论体系指导下，具有共产主义道德品质的广大人民群众在促进社会全面发展的同时实现自身的全面发展。

高校思想政治教育现实价值是指已经实现或正在实现的价值。高校思想政治教育对象思维观念的转变、心理困惑的消除、良好习惯的养成都是现实价值的外在表现。

高校思想政治教育的现实价值和理想价值相互联系、相互促进。现实价值是理想价值的实现基础，主体只有在现实价值实现后才具备获得理想价值的条件。理想价值是现实价值的目标指向，对现实价值具有激励、促进和引导作用。

2. 直接价值与间接价值

高校思想政治教育的价值有的是以直接的方式实现的，有的是以间接的方式实现的，从这个角度划分，高校思想政治教育价值可分为直接价值和间接价值。下面分开来介绍。

高校思想政治教育直接价值是指高校思想政治教育活动满足人的意志、观念、情感、信仰等精神因素需要，不需要中间环节而直接引起教育对象的思想变化。教育者将社会要求的政治思想、道德规范传递给教育对象，调动他们的工作创造性和劳动激情，促进他们思想道德素质的提高，使其精神状态发生积极改变，这都属于高校思想政治教育的直接价值。高校思想政治教育间接价值需要经过直接价值的转化才能够实现，指的是教育对象在高校思想政治教育的激发下，将精神动力转化为良好行为，以此促进社会的进步和发展。高校思想政治教育是作用于人脑的实践活动，因而，可以说，高校思想政治教育直接作用于人的思想，也就是精神世界，间接作用于人的行为，也就是物质世界。

物质世界和精神世界本身有着千丝万缕的联系，因而，高校思想政治教育的直接价值和间接价值也有着密切的联系。直接价值是间接价值的基础和起点，它为间接价值提供支撑，间接价值是直接价值的拓展和延伸。高校思想政治教育要在实现直接价值的基础上实现间接价值，在实现间接价值的过程中体现直接价值。

3. 长期价值与短期价值

按价值的持续时间分，高校思想政治教育价值可分为长期价值和短期价值。高校思想政治教育长期价值是指高校思想政治教育活动可以在较长时间内产生良好的教育效果，对人和社会的影响较为深远，比如马克思、恩格斯等革命导师的经典著作和奋斗精神，影响着许多人的一生，引起了世界格局的巨大改变，具有经久不衰的独特魅力。高校思想政治教育短期价值是指高校思想政治教育活动能够在一个较短的时间内取得成效，满足主体的需要。比如在关键时刻对主体进行高校思想政治教育，能够迅速调动起主体克服困难的勇气和完成任务的积极性，顺利完成既定目标。尤其是在处理突发性事件和群体性事件上，短期价值更不可小觑。

高校思想政治教育的长期价值和短期价值都非常重要，我们应当从短期价值着手，在其基础上进行持续性的教育和引导，力求实现长期价值；在长期价值的实现过程中，尽可能多地创造短期价值，在多次价值实现中强化高校思想政治教育效果，满足人和社会不同方面的需求。

4. 继承性价值与发展性价值

按价值的实现效果分，高校思想政治教育价值又可分为继承性价值和发展性价值。高校思想政治教育继承性价值是指高校思想政治教育活动使国家和社会的良性运行状态得以维持，保证人的思想道德品质不受干扰和破坏。在国际政治、经济势力相互博弈、东西方文化交融激荡的时代背景下，如何充分发挥高校思想政治教育的继承性价值，保持中华民族的传统美德和奋斗精神显得尤为重要。高校思想政治教育发展性价值是指高校思想政治教育推动社会向更高目标或更好状态迈进，推动人的思想道德水平不断提升，帮助人和社会取得创造性成果。通过高校思想政治教育，中国人民与时俱进、不断创新，确立起构建和谐社会的目标，树立了全面建设小康社会的信念，形成了奥运精神和抗震救灾精神，充分展现出高校思想政治教育的发展性价值。

继承性价值是发展性价值的来源，一定时期的发展性价值总是在继承性价值的基础上产生，并最终因时间的流逝成为另一个时代的继承性价值。发展性价值是继承性价值的延伸，高校思想政治教育只有不断寻求发展性价值，才能真正体现其"经济工作和其他一切工作的生命线"作用。

（二）按形态分类

1. 正面价值与负面价值

按价值的性质分，高校思想政治教育价值可分为正面价值和负面价值。高校思想政治教育正面价值是指高校思想政治教育活动较好地实现了国家和社会的高校思想政治教育目的，推动人的思想政治品德向更高层次发展。在我国，高校思想政治教育者按照党和国家的总体目标，根据教育对象的实际需求选择有针对性的内容和方法开展高校思想政治教育活动，大多都能取得正面价值。高校思想政治教育负面价值有两个层面。

（1）零价值。零价值即高校思想政治教育活动没有达到国家和社会的高校思想政治教育目的，对人的思想品德也没有任何改变。如果高校思想政治教育活动定位于应付领导和上级部门的检查，停留在"追潮流、走形式、搞过场"上，大量时间和精力只能白白浪费，零价值现象就会出现。

（2）负价值。负价值即高校思想政治教育活动妨碍了国家和社会的高校思想政治教育目标实现，甚至破坏了原有的高校思想政治教育成果。"文化大革命"期间的高校思想政治教育被异化为阶级斗争的工具，是典型的负价值。近年来，少数高校思想政治教育者欠缺理论水平和奉献精神，存在欺上瞒下、弄虚作假、投机取巧的行为，严重损害了高校思想政治教育的形象，其负价值显而易见。

2. 真实价值与虚假价值

按价值的真假分，高校思想政治教育价值可分为真实价值和虚假价值。可以这样理解，任何实践活动都不一定会取得预定的成果，对于高校思想政治教育而言，这个道理同样适用。高校思想政治教育真实价值就是指高校思想政治教育达到了预期的目的，高校思想政治教育的属性和功能方面实现了人和社会的需要。真实价值必须符合两个条件，一是教育对象具有接受高校思想政治教育的内在需要；二是高校思想政治教育对号入座，其属性正好能与所面对的教育对象的需要相契合，自身功能也得到充分发挥。高校思想政治教育虚假价值是指人和社会某种需要的满足，并非来自高校思想政治教育的自身属性和功能，而是从其他附加物中获得的。忽视主体尺度和客体属性的结合，顾此失彼，或二者全然不顾，就会导致高校思想政治教育真实价值的缺失。比如有的高校思想政治教育者一味迎合教育对象的口味，满足教育对象猎奇、搞笑、放松心情等需求，形成了轻松活跃的课堂气氛并获得教育对象的良好反馈，这种情况在判断价值有无时具有一定的迷惑性。实际上高校思想政治教育的理论品质掩盖而没有发挥其应有作用，无法触及和关注到教育对象内心的高校思想政治教育需要，从而产生了"故事代替理论、笑声代替思考"的高校思想政治教育虚假价值。

3. 目的性价值与工具性价值

按价值的取向分，高校思想政治教育价值可分为目的性价值和工具性价值。高校思想政治教育目的性价值是指高校思想政治教育引导人正确地认识自身发展诉求，充分发挥人的主体性、能动性和创造性，最终实现人的全面发展。高校思想政治教育工具性价值是指高校思想政治教育作为无产阶级统治的工具，培养出符合社会主义国家意志和社会要求的人，以此来维系社会生存、促进社会发展、实现社会有效管理。工具性价值与目的性价值在高校思想政治教育中内在统一、不可分割。单一追求目的性价值容易无限扩大人的主体属性，掉入"人本主义"的深渊，丧失社会主义教育的政治优势；极端强调工具性价值则会陷入以阶级斗争为纲的错误思维，将阶级统治作为教育的唯一功能，漠视人的主体性，背离高校思想政治教育的本质。

4.显性价值与隐性价值

按价值的表现方式分,高校思想政治教育价值可分为显性价值和隐性价值。高校思想政治教育的显性价值是指高校思想政治教育效果通过语言或行为向外界充分呈现,成为价值判断和评估的依据。通过高校思想政治教育,人们认识到自身的不足或错误,继而做出明确的语言或行为反馈,如工人们纷纷表示要在生产中提高责任意识、保证产品质量,学生们下定决心努力学习、争取最好成绩等。高校思想政治教育的隐性价值是指高校思想政治教育效果相对而言比较隐蔽,它并没有表现在表面,像显性价值一样,通过某种途径或载体表现出来,而是对其效果暂时无法妄下结论,处于无法评判或考量的隐蔽状态。比如一些高校思想政治教育对象在接受高校思想政治教育后,虽然在思想观念上有一定的效果和变化,但是却没有通过他的行为表现出来,也没有明确的教育效果的信息反馈。此时,人们就无法很快获知高校思想政治教育活动是否起到了有效的作用以及起到多大的作用,因而也就无法判定和衡量其价值。这种潜藏的价值状态就是高校思想政治教育的隐性价值。

(三)按群体分类

社会、集体和个体是现实世界中的不同实践主体,所有的实践活动都是由这三类主体完成的。社会活动的主体多种多样,高校思想政治教育作为一种客观的社会实践,其活动主体也具有多样性,从这个角度可以将高校思想政治教育价值划分为社会价值、集体价值和个体价值。

1.社会价值

高校思想政治教育的社会价值,是指高校思想政治教育以其属性和功能对社会主体需要的满足。

(1)政治价值。高校思想政治教育是阶级社会的产物,因而,在高校思想政治教育的各种各样的价值当中,政治价值居于首要地位,并起着导向作用,它决定着一个人的政治立场,折射出我国的社会主义性质,并引领人民走向社会主义的高级阶段。高校思想政治教育是作用于人脑的实践活动,它通过传播主流政治意识,使个体达成一致的政治认同,从而为政治统治的合法性提供辩护;同时,它对精神文化进行一定的约束,通过营造舆论氛围,以求赢得民心,继而引导政治行为,达到维护社会的政治稳定的最终目的;通过政治文化的传承、创新和变革,和谐政治关系;通过培养一代新人,造就政治人才,构建合理完善的政治机构，促进政治关系的再生产。总而言之，高校思想政治教育在维护当前政治、促进上层建筑发展的过程中，起着十分重要的作用。表现为：加强高校思想政治教育可以扩大政治认同，形成政治共识；维护政治稳定，平衡利益冲突；营造舆论氛围，进行社会动员；造就一代新人，促进政治发展。总之，高校思想政治教育正是通过培养人、造就人，提高人的素质，促进社会的政治发展。

（2）经济价值。高校思想政治教育的经济价值是指高校思想政治教育通过调动受教育者的积极性，促使其主动参与经济建设以促进经济发展的价值。

市场经济受价值规律的制约，因而，市场经济是自由的经济，如果没有了政府的宏观调控，缺乏必要的社会规范和道德监督与约束，那么就很容易出现市场秩序混乱不堪、不正当的经济竞争频繁发生，以至于出现经济垄断的极端局面，这就很难确保人类自然资源和生态环境的合理使用，最终导致经济发展停滞，高校思想政治教育对社会主义市场经济发展的促进作用在于以下方面。

第一，培养具有良好品德的经济建设人才。高校思想政治教育虽不传授经济领域的专业知识，但可以对经济建设人才进行经济道德、规范、法则等教育，指导他们开展符合国家和人民利益的经济建设行为，为社会主义经济发展提供人才保证。

第二，优化经济发展环境。高校思想政治教育和经济发展的关系上文已经有所阐述，由上文可以得出，高校思想政治教育关系到精神文明建设的同时，还关系着经济文化、经济伦理和经济思想，它引导人们进行合理的经济竞争，并提倡人们树立合理、科学的消费观，响应党的号召，为自然、社会、个人谋求全面、协调、可持续的发展，有助于形成有利于经济进步的认识环境、道德环境和社会心理环境，从而为人类更好地发展做出贡献。

（3）文化价值。高校思想政治教育的文化创造主要在于对教育事业的整体促进和对社会主义人才的培养。

第一，文化选择价值。高校思想政治教育的文化选择主要表现在两个方面，一是肯定选择价值；二是否定选择价值。肯定选择就是吸收、继承和弘扬与高校思想政治教育目的和方向一致的文化因素。否定选择就是排斥、抵制和摒弃与高校思想政治教育目的和方向相悖的文化因素。

第二，文化创造价值。高校思想政治教育帮助成才者选择成才目标、养成良好的思想政治品德、进行创造性思维的训练，培养具备创新精神和创造能力的社会主义建设人才。

（4）生态价值。高校思想政治教育的生态价值是由高校思想政治教育实践活动创造的，最终也要转化为现实的生态行为。高校思想政治教育从正反两个方面发挥作用。

第一，对良好生态行为的导向和强化。高校思想政治教育通过组织环保宣传活动，倡导正确的生活方式，鼓励公众全面参与生态环境建设并树立榜样，努力在全社会形成提倡节约、爱护生态环境的行为导向。

第二，对不良生态行为的辨别和纠正。高校思想政治教育提倡人与自然和谐共处的原则与方法，辨别各类行为是否有助于保持生态平衡，及时发现并纠正违背生态科学发展规律的错误行为，指导人们在实际生活中互相监督和自我约束。

第三，在高校思想政治教育中，引导人们树立科学的生态世界观，增强生态责任感，是高校思想政治教育生态价值的重要方面。

2. 集体价值

整个社会群体中，除了个体以外，群体占相当大的比重。所谓集体就是由多位成员组成的集合体，高校思想政治教育的集体价值是指高校思想政治教育活动对这个集合体的存在和发展需要的满足。集体价值的大小就是这个满足程度的大小。个体价值与集体价值的关系正如个体与集体的关系，个体价值凝聚成集体价值，并推动着集体价值更加优化。主要表现如下：

（1）强化集体认知。高校思想政治教育让每一位成员都充分认识到集体是连接个人与社会的重要纽带，是个体自我价值实现和全面发展的平台；认同集体价值观念和行为准则，认可其对成员的制约和影响；支持集体发展规划，确认集体目标的科学性和合理性。

（2）深化集体情感。集体情感是集体成员对集体态度的一种体验，不是理性的推导，而是日积月累形成的非理性结果，而高校思想政治教育的人性化优势能够使集体成员渴望成为集体中的一分子并以此为荣，在集体面临困难时不离不弃、共渡难关。

（3）坚定集体信念。高校思想政治教育能够维护集体成员的忠诚度、责任感和荣誉感，增强自信心和自豪感，鼓舞成员以高昂的斗志齐心协力地应对外来竞争，坚信集体目标一定会实现。

3. 个体价值

高校思想政治教育的个体价值，就是指高校思想政治教育对以个人为单位的个体需要的满足。具体说来，这个个体价值的内容包括个人利益能否实现、个体需要满足的程度等。高校思想政治教育往往被看成是统治阶级巩固统治的手段和方法,而个体价值让人们清楚地认识到高校思想政治教育不仅关乎遥远的上层建筑,而且关乎自身的实际利益。它不是一种外来的甚至强加于人的东西,而是与人自身的生存和发展息息相关。现代高校思想政治教育的个体价值具体表现在以下方面。

(1)决定个体政治方向。加强对个体的高校思想政治教育,提高个体的思想政治素质,把个体的思想和行为引向积极、健康的方向,有利于保证我们在日益激烈的国际竞争中保持优势,巩固我们在国际中的地位。就国内状况而言,它有利于我们继续坚持走社会主义道路,全面建设小康社会,加快推进社会主义现代化进程,并培育社会主义建设的接班人,完成中国梦的伟大复兴。高校思想政治教育通过先进理论的灌输教育,使个体形成科学的世界观、人生观、价值观,促进个体加快社会化,成为这个时代的要求,也是高校思想政治教育的必然逻辑。

(2)激发个体创造力。高校思想政治教育在培养、激发和增强人的能力尤其是创新能力方面发挥着重要作用。它通过运用多种手段,激发人的行为动机,启发人的思想觉悟,调动人的积极性、主动性和创造性,帮助价值主体形成和提高自己的创造力,并在此基础上促使个体价值的实现。

(3)促进个体人格完善。高校思想政治教育依据人的思想动机与行为的相关性,一方面通过普及科学知识,灌输科学理论,使受教育者不断明确自己的奋斗方向;另一方面坚持理论联系实际,加强社会实践活动,通过这种特殊的实践形式,使人们意识到思想政治教育的巨大作用,从而实现高校思想政治教育的价值和受教育者自身的价值。

三、研究高校思想政治教育价值的意义

一门学科只有经过详细的研究,总结前人的理论成果和实践经验,才能更好地为将来的具体实践作指导。高校思想政治教育这门学科也不例外。明确高校思想政治教育的价值是高校思想政治教育赖以立足的基础,直接影响着高校思想政治教育何去何从,是否能很好地发挥作用,且能否继续走下去。高校思想政治教育价值理论的研究,有着重大的理论意义和实践意义。

(一)丰富高校思想政治教育价值理论

20世纪80年代,高校思想政治教育理论和实际工作者开始了对高校思想政治教育价值理论的研究。经过四十多年的发展,高校思想政治教育价值研究取得了可喜成绩,除了大量的论文以外,许多学术专著都设立专章对价值问题进行论述,将思想政治教育价值研究引向深入。项久雨的《高校思想政治教育价值论》构建起高校思想政治教育价值理论的科学体系,成为系统研究高校思想政治教育价值的拓荒之作。当前,高校思想政治教育价值理论期待着新的突破。加强对高校思想政治教育价值的研究,是丰富和完善高校思想政治教育价值理论的必经之路。一方面,研究高校思想政治教育价值能够对原有理论体系和观点进行再次验证,根据客观实际的变化调整或修正不符合时代发展的内容,维护原有理论的真理性。另一方面,研究高校思想政治教育价值所产生的新理论补充到原有理论体系中去,能够给高校思想政治教育价值理论体系增添新的内容、提供新的方法、展现新的视角,保持高校思想政治教育价值理论的时代性和生命力。

(二)完善高校思想政治教育学科的理论体系

前人的高校思想政治教育活动经验为我们提供了不少研究资料。意识对物质的能动反作用告诉我们,正确的高校思想政治教育理论对指导实践有着重要的意义。高校思想政治教育价值理论是高校思想政治教育学的一个重要组成部分,它和实践部分共同构成了高校思想政治教育学这门学科。因此,研究高校思想政治教育理论对于推动高校思想政治教育学科的纵深发展具有重要意义。具体而言,表现在两个方面。

第一,研究高校思想政治教育价值,为全面研究高校思想政治教育这门学科做准备,使整个高校思想政治教育理论体系更加完善,也使研究人员对其他相关资料的研究有迹可循。继而推动该学科各方面理论的整体进步,从整体上间接完善学科理论体系,使高校思想政治教育形成一个相对全面、完整的整体。

第二,高校思想政治教育价值研究对高校思想政治教育学科理论体系的完善具有直接作用。高校思想政治教育价值理论的研究将高校思想政治教育的地位、作用进行逻辑抽象和理论升华,系统揭示高校思想政治教育活动对人和社会产生效应的特征、内容、实现机制等,为理论体系注入新的内容,填补原有空白。

（三）为高校思想政治教育实践提供理论支撑与理论指导

高校思想政治教育价值研究对实践的理论支撑体现在两个方面：第一，帮助人们正确认识高校思想政治教育的价值，为高校思想政治教育实践活动提供必要性和可行性证明。第二，提高人们参与高校思想政治教育活动的热情和兴趣，鼓励高校思想政治教育者和教育对象共同完成教育活动。实现教育者和受教育者共同进步。

高校思想政治教育价值研究从三个方面对实践进行理论指导，具体内容有：第一，指导教育者根据不同主体的价值需要进行价值选择，有效配置教育资源、建设教育环境、选择教育内容和方法，增加高校思想政治教育实践的针对性。第二，指导人们在高校思想政治教育价值创造和价值实现的各个环节中做出正确行为，即时发现并纠正不当行为，保证实践活动的方向不偏移。第三，指导人们合理运用价值评价原则、标准、方法，开展科学的高校思想政治教育价值评价。

第二节 思想政治教育和目标

高校思想政治教育目标探讨了"高校思想政治教育为了什么"这一学科本源性问题。目标的确立关系到内容的构建和方法的选择，还关系到一项活动是否有效的评估问题，高校思想政治教育目标也不例外。我国高校思想政治教育的目标对应高校思想政治教育的价值，主要指向两个方面，即社会目标和个人目标以及二者的统一性问题。在新时期，党的十八大报告对我国的高校思想政治教育目标做了更加详细明确的阐述，同时也针对当前高校思想政治教育的目标指向问题提出了新要求。

一、高校思想政治教育目标的类型

一般说来，目标是个集合概念，作为集合概念的高校思想政治教育的目标，指的是一个目标系统，这个系统之内的多层级子系统就是等级、大小俱不相同的目标类型。从本书前面各章对高校思想政治教育的本质、社会功能和历史使命等基本问题的论述看来，在诸多纷纭复杂的目标类型中，较为长期的社会目标和人格塑造目标，是影响其他各类目标的根本目标。科学地设计这两大根本目标，对于高校思想政治教育的成败，具有决定性意义。

（一）社会目标、群体目标与个体目标

社会目标、群体目标与个体目标，是依高校思想政治教育对象的人数多寡而划分出来的目标类型。

1. 社会目标

所谓社会目标，指的是在一个国家内全社会的高校思想政治教育所要达成的目标。任何目标的确立总会有一定的依据，而不是空穴来风。适应和满足当前的社会发展需要，是制定和确立高校思想政治教育目标的根本依据。高校思想政治教育的社会目标一般是远期目标，需要经过相当长的时间持续努力才能实现的高校思想政治教育目标。它贯穿于高校思想政治教育的全过程，反映的是社会发展的客观趋势和长远需要，是高校思想政治教育最终要达到的预想效果。其具有根本性、全局性和战略性，它对高校思想政治教育和人们的思想行为有着重要的战略指导作用。现代化建设新时期要求我们既要搞好物质文明的建设也要搞好精神文明的建设，强调物质文明建设和精神文明建设"两手抓，两手都要硬"。这个高度的社会主义精神文明，就是改革开放几十年来我国的高校思想政治教育不断追求的社会目标。

2. 群体目标

人是社会的人，它的存在主要是以群体的方式存在的，因而，高校思想政治教育的目标也是一个群体目标。群体目标，这里的群体主要是指具有相同或相似特征的个体所组成的社会团体，顾名思义，群体目标就是高校思想政治教育对这些团体所要达到的目标。群体是由个体而组成，这些个体往往在某些方面具有相同或相似的特点，如职业相似、收入相近、年龄相仿，或者性格爱好相投，有时候也可能是身体状况、居住地、家庭条件等的相同或相似，这些因素会将不同的个体归类成不同的社会群体。在这些不同的社会群体之间，在许多具体方面又有一定的不同。例如，这些社会群体的生存境遇、理想追求、现有社会地位、对社会的价值判断等，这些具体因素的不同必然会使这些不同的社会群体遭遇各不相同的思想道德和政治观念问题，因此，根据所针对的不同群体，明确高校思想政治教育的具体目标十分必要。

一个很鲜明的例子是，我们一直常抓不懈的职业道德教育、官员道德教育、医德医风教育、青少年道德教育、大学生的价值观教育、教育工作者的教育，等等，要想取得实效，就必须首先进行相应的高校思想政治教育群体目标的科学设

计。在向市场经济过渡的社会转型期,党和政府对农民、下岗工人、失业者、残疾人等社会弱势群体的特殊关照,无疑也要辅之以深入人心、温暖人心的思想政治工作。这种思想政治工作的实效性,同样依赖于对不同的群体目标的科学设计。

3. 个体目标

个体目标,顾名思义,高校思想政治教育对社会个体成员所要确立的目标,这个个体目标的实现过程,可以是大到学校、社会,小到家庭、家人对个体的长期培养教育,最终达到人格目标的实现;这个个体目标也可以锁定在特定时期、特定实际问题,通过高校思想政治教育的活动达到即时目标,以解决实际问题。总之,无论是随处可见,以至于有些雷同相似的人格目标还是各种各样具体的即时目标,由于它们都属于个体目标的范畴,所以和相对应的社会和群体目标相比,它们无疑具有强烈的个性化特征。因此,在确立个体目标时,要遵循马克思主义哲学科学方法的指导,做到所阐明的"具体情况具体分析""一把钥匙开一把锁",将理论和实际紧密结合。

世界是普遍联系的,任何事物都具有一定的联系。当然,对于社会目标、群体目标与个体目标而言,它们三者之间也具有紧密的联系。按照马克思主义哲学关于人的本质的理论、个人与社会关系的理论都有详细明确的阐述,按照马克思主义哲学的论述,我们可以得出,社会目标、群体目标和个体目标三者之间是相辅相成、相互转化的辩证统一关系。对于社会目标和个体目标两者而言,个体目标是社会目标的基础,同时,社会目标对个体目标具有指导作用。如果社会目标是个错误的目标,那么它将引领个体目标走向迷途,个体目标就会迷失方向,即使个体目标是正确的,那么也很难实现;同样,积少成多,集腋成裘,社会目标的实现离不开个体目标的积累。而没有一个个具体的个体目标的累积,社会目标则必然丧失根基、流于空谈,空泛而没有意义,同样难以实现。一旦个体目标和社会目标都没有实现,那么,这就意味着高校思想政治教育的失败。至于社会目标和群体目标、群体目标和个体目标的关系,也大体如此。

因此,要实现高校思想政治教育的最终目标,就要将社会目标、个体目标、群体目标结合起来,并正确认识它们之间的联系,这样才能摆正方向,正确发挥科学的高校思想政治教育的作用,促进社会的文明和进步。与此同时,要确立相应的群体目标和个体目标,推动各个社会群体文明水平的提高,增强个体教育对象的人格修养和全面发展能力。

（二）人格目标与即时目标

具体说来，人格目标与即时目标其实都属于个体目标的范畴，是根据对个体的高校思想政治教育所着眼问题的性质而作的分类。倘若教育者着眼于受教育者的人格培养、人格塑造，此时的高校思想政治教育目标可称为人格塑造目标或人格目标；倘若教育者着眼于帮助受教育者解决当下面临的实际问题而端正其思想认识、提高其思想水平等，此时的高校思想政治教育目标可称为即时目标。人格目标是高校思想政治教育的带有长期性、根本性和终极性的个体目标，而即时目标则是高校思想政治教育的带有迫切性、经常性和反复性的个体目标。人格目标对于即时目标具有指导性和目的性，而即时目标则是实现人格目标的基础和手段。如果说人格目标是结果的话，无数即时目标的累积则是获得这一结果的必经过程。因此，人格目标和即时目标是相辅相成、不可分离的辩证统一的关系，对其中任何一个目标的忽视，都必然导致高校思想政治教育的失效。人们很难设想，仅仅埋头于日常琐细思想问题的解决而忘记人格培养的大方向，或者仅仅热衷于高尚人格的说教而不解决具体问题的高校思想政治教育，会是成功的高校思想政治教育？

德国的著名教育家赫尔巴特曾经说过，人类的全部教育工作，可以用一个概念来表达：道德。在他看来，道德是人类的最高目的，因而也是教育的最高目的。因此，他认为，道德教育、人格塑造是全部教育的核心；培养具有完美德行的人，塑造人的真善美人格、公正品格和民主思想，是现代教育的最高目的。在中外现代教育史上，道德教育始终被置于中心位置，新中国的教育方针也一直要求受教育者德、智、体全面发展，成为德才兼备的有用人才。而真善美人格的塑造，则是道德教育，也是高校思想政治教育的最高目标。事实上，高校思想政治教育的一切个体目标，都要建立在个体的思想品德结构的基础之上，都要反映个体的思想品德和人格结构的发展需要。所以，在整个思想教育的目标体系中，个体的人格目标（它是社会目标得以完满实现的基础条件）必然处于核心地位；取消个体人格目标的高校思想政治教育，不是真正意义上的高校思想政治教育。

所谓人格，通俗地说，就是人之为人的"资格""格调"，是人之区别于非人的根本特质，例如人的权利、人的尊严、人的理性、人的情操、人的道德感、人的进取心，等等，都属于人格的范畴。说一个人丧失了人格或人格低下，无非是说他失去了人的尊严，或者在权利意识、道德感等方面有所欠缺。中国优秀的传统道德，"要求人做一个有尊严的人、高贵的人、昂首挺立的人。不可过分卑屈，自轻自贱，不可带着奴性贱性。这样的人格自然不会拍马溜须、阿谀奉迎。这样的人格庄重、矜持、尊贵、威严。宁可失之自傲，也不失之自卑"。"富贵不能淫，贫贱不能移，威武不能屈"，两千多年前孟子的这句话之所以成为千古流传的人生箴言，之所以至今仍是中国人的人格目标，不就是因为它真切地反映了中华民族的人格追求吗？

以上所说，大体上属于中国传统伦理学所特别强调的"道德人格"范畴。现代西方的人格理论认为，人格是自我、本我、超我的统一，是性格、气质、能力的总汇，是社会角色、身份和主体的同构。因此，对于现代的人格概念，除了伦理学这一研究角度之外，人们还从心理学、法学、社会学、人类学等学科角度去研究分析，关注人的心理人格、法律人格的健全。所谓心理人格，侧重于对人的生存、发展的心理需要和精神活动的描述，强调每个人对个体本质的自我实现；而法律人格，则把人置于法律关系中去理解，强调个体人作为法定的权利义务之行为主体的公民身份。总之，人格概念所描述的是现实的有特色的个体人经由社会化所获得的、具有内在统一性和相对稳定性的特质结构，是人的思想品德、心理状态和社会行为的综合反映。如前所述，个体人格（包括道德人格、心理人格和法律人格等）的提升和完善，是高校思想政治教育一切个体目标的核心。

根据道德成长的一般规律，任何人的人格完善都是个独特的渐进过程，不可能一蹴而就。对于处于不同的身心发展阶段的人来说，其人格需求是不同的。所以，对人格目标的设计也应当因人、因时、因地制宜，从每个人的思想实际出发，绝不能搞千人一面的"高大全"人格模式。当人格目标太理想化时，就成了遥不可及的天上星星，受教育者会认为"反正我也做不到"，因而干脆放弃追求。当然，人格目标也不可以太现实化而缺乏理想，这样就成了脚边的玫瑰，人们无须努力追求便唾手可得，因而也不会加以珍惜。切实可行的人格目标，应当把理想和现实恰当地统一起来，使受教育者"跳一跳，够得着"，如此不断地提升目标，最终会使受教育者趋于人格完善。科学设计的人格目标如何才能一步步地实现？这就要靠一个个即时目标的累积。人们在日常的生活、学习、工作中，"心想事成""万事如意"的境况几乎是绝无仅有的例外，而遭遇困难与挫折却是常态。思想政治工作者的任务，就是要主动地、热情地关心身处困境的人，为他们创造从思想到物质的条件，帮助他们克服困难、战胜挫折、昂首前进。每一个旨在解放思想和实际问题的即时目标的实现，必定会加强人格目标教育的说服力和诱导力，带来受教育者道德和人格的提升，或者至少为人格提升创造条件。实践表明，人们正是在实现一个个高校思想政治教育之即时目标的过程中，不断地趋近于以至最终实现高校思想政治教育的人格目标，从而促进自身的全面发展和社会进步。

二、当代中国高校思想政治教育的目标

（一）当代思想政治工作目标的内涵

进入 21 世纪，思想政治工作面临着一个全新的环境。国际上，和平与发展成为时代主题，世界格局由两极世界转向多极世界，再加上经济全球化浪潮的影响，世界政治、经济、文化格局，包括意识形态领域等方面都发生了重大变化；国内，我国正处于一个社会转型期，经济体制正由传统的计划经济转向社会主义市场经济体制，党的工作以经济建设为中心。新时期加强和改进思想政治工作，就是为了更好地统一全党全国人民的思想，培养"有理想、有道德、有文化、有纪律"的社会主义新人，调动广大人民群众的积极性，进行以经济建设为中心的社会主义建设事业。

这一时期思想政治工作目标的内涵，是依据社会的发展需要和人的发展需求确立的。它以客观条件为依据，受客观条件的制约和检验，是科学的、明确的。

1. 反映了时代要求和中心任务的需要

当代高校思想政治教育工作的最终目标是为社会主义建设事业服务的，它紧跟时代步伐，反映了我们党和国家奋斗目标的时代要求，反映了党在新时期的中心任务的需要。就我党的最终奋斗目标，是要达到并实现共产主义，从社会主义的初级阶段走向社会主义高级阶段。马克思主义社会经济学对共产主义制度的阐述和构想是，共产主义社会的实现不是一蹴而就的，它和任何新生事物一样，都要经历一个从萌生、发展、成熟到最后终结的曲折过程，这个过程对于共产主义社会而言，是一个漫长的历史发展过程，它不是一下子就走向成熟的，中间会经历许多历史阶段，每个历史阶段的发展目标不同，因而任务、特征、难易程度和历程等也不同。我国对于共产主义的理解和实践有着鲜明的中国特色，在每一个发展阶段，我国的社会经济、政治、文化的发展水平不同，党和政府会根据这些具体的现实情况的不同，确定出每个时期的中心任务。根据目前我国各个方面的发展情况，可以明确我国当前并将在未来的很长时间内都处于社会主义初级阶段，这个大前提，决定了我国建设社会主义现代化，最终实现共产主义要先踏实走过

这个社会主义初级阶段，而不能逾越这个历史阶段。在这个初级阶段中，党提出了相应的基本路线与纲领，即把我国建设成为富强、民主、文明的社会主义现代化国家的奋斗目标。为了和社会主义初级阶段的国情相适应，思想政治工作的总体任务和具体任务就要有一个明确的定位，不仅应努力提高人们对社会发展规律的科学认识、激发人们为实现远大理想而奋斗的热情、毅力和斗志，还应围绕现阶段党和国家的中心任务，坚持科学发展观，怀有中国梦，在坚持人民群众是实践的主体，是历史的创造者的基础上，发挥人民群众的能动作用，引导并带领群众既要搞好物质文明建设又要搞好精神文明建设，在谋求经济发展的同时还要达到人的精神文化和其他素质（包括道德素质、思想文化素质、心理素质等）的提高，真正起到宣传群众、动员群众、组织群众的作用，使思想政治的最终成果达到从群众中来到群众中去，真正做到帮助群众，依靠群众，帮助广大人民群众达成共识、共同投身于建设有中国特色社会主义的事业，满足党和国家事业的需要。反之，如果我们不能让群众积极地加入到建设队伍中来，不能让群众理解、支持党的政策，把思想政治工作搞成形式主义的说教，甚至说假话、空话、大话，导致了群众严重的抵触情绪，不信任党、不理解党领导的事业、不能与党和政府同心同德为共同的事业而奋斗，就表明我们的工作出了大问题，必须进一步加强与改进。

2. 它反映了工作对象的思想政治品德现状和发展的需要

高校思想政治教育工作的最终目的是为了社会主义建设事业服务的，因此，它的首要目的是提高人们的思想觉悟和认识水平。使理论能够结合实际，用到现实的生活中来，用马克思列宁主义、毛泽东思想、中国特色社会主义理论体系武装人们的头脑，提高人们的思想道德素质，从而加强人们认识世界、改造世界的能力。高校思想政治教育工作的展开涉及传播者和工作者两个具体的对象，思想政治工作其实质就是思想政治的授收过程，因此，思想政治工作目标和高校思想政治教育工作对象的客观状况有着很密切的联系。工作对象的客观状况具体包括三个方面：一是工作对象自身的思想政治品德现状；二是工作对象思想政治品德的形成、发展和变化规律；三是工作对象把思想政治品德"外化"为实践、知行统一、行为践履的客观状况。所以在实际工作中，我们必须对工作对象及广大人民群众的思想状况作详细考察，既要认识到一些不良的思想行为，如极端个人主义、拜金主义在相当范围内的泛滥，又要认识到人民群众有高度的自我教育和改造能力，可以通过细致到位的思想政治工作克服这些不良思想倾向的影响，这样才能科学地把握现阶段思想政治工作目标的内涵要求。反之，如果对工作对象的思想实际了解不深、掌握不多，甚至一无所知，对工作对象的思想行为发展趋势不能准确地把握预测，那就好像农民不懂庄稼、医生不懂病人、教师不懂学生一般，便会出现思想政治工作者把工作内容强加于对象，使工作陷入唯心主义泥潭的局面。其实，这种现象在实际工作中并不少见，有些思想政治工作者，不仔细研究工作对象客观状况，不以改造工作对象的思想行为为己任，在他们的工作中，不针对工作对象的思想状况，体现不出工作对象的个性特征，当然也实现不了提高工作对象认识水平的目标要求。我们加强和改进思想政治工作，就必须认识到思想政治工作目标反映的这一要求，从而摈弃那种空对空的工作方式。

总之，思想政治工作的目标是依据并顺应社会发展的客观要求提出的，是为完成认识世界和改造世界从而推动社会发展的历史使命提出的，它反映了客观世界发展的本质规律。科学的思想政治工作目标，面向着客观世界、依赖于客观世界，客观世界规定了目标的内容和性质。目标所体现的党和国家的奋斗目标、工作对象的思想状况、历史实践的需要，都要受到社会客观条件的制约。我们只有根据目标所反映的客观要求加强和改进思想政治工作，才能使工作紧跟形势，体现出时代特色，适应需要，推动社会发展。

（二）当代政治思想教育目标的内容

1. 政治目标

政治目标就是当代高校思想政治教育在政治素质方面的目标。思想政治工作首先应帮助人们具备基本的政治要求，即用爱国主义思想教育工作对象，使其成为一个忠诚的爱国主义者。其次应使人们努力学习马克思列宁主义、毛泽东思想、邓小平理论、"三个代表"重要思想、科学发展观、习近平新时代中国特色社会主义思想。确立民族的精神支柱，教育学会用科学的思想政治观念武装头脑，正确认识人类社会历史发展的客观规律，把握中国特色社会主义奋斗的方向和目标。最后还不应忽视帮助人们树立社会主义民主法制观念，使广大人民群众都能知法、懂法、守法，并学会运用法律武器保护自己的合法权益，维护社会的稳定。

2. 思想道德目标

思想政治教育在思想道德方面也有着重要作用。要使人们在继承传统美德的基础上，发扬社会主义道德，树立以为人民服务为核心的、集体主义为原则的道德观，从而能正确处理个人、集体、国家之间的利益关系，当个人利益与集体利益、国家利益发生矛盾时，自觉地以个人利益服从集体利益、国家利益，从而使良好的社会公德、职业道德和家庭美德在全社会得到进一步的弘扬。

3. 观念能力目标

思想政治工作应进一步解放人们的思想，克服旧观念的束缚，帮助人们树立适应社会主义市场经济发展的竞争、自主、平等、创新、开拓等新观念；培养人们的观察能力、分析能力、辨别能力、创新能力等，特别应帮助广大人民群众能自觉识别、抵制封建主义、资本主义腐朽思想、迷信思想的侵蚀，树立科学观念；新时期思想政治工作还应注意人们的心理健康问题，帮助人们加强在激烈竞争的环境中的心理承受力和心理调适能力，使之具备良好的心理品质，培养自尊、自爱、自律、自强的优良品质；最后，我们还应注重工作对象的善恶观念和审美能力的提高，帮助人们树立正确、健康的审美观，提高人们辨别美丑、创造美的能力。

三、明确当代高校思想政治教育目标的意义

（一）方向性意义

目标，就是方向。高校思想政治教育目标，就是培养学生在思想、政治、道德素质上应该达到的规格，明确要培养具有什么样的政治思想和道德素质的人。高校思想政治教育目标就是高校思想政治教育者和受教育者都应努力的方向。高校思想政治教育目标，对教育者而言，是实际工作的指标；对受教育者而言，是思想素质和道德水平所应达到的程度。如果高校思想政治教育工作脱离目标，就不仅会造成大量人力、物力、财力的浪费，而且会导致工作结果完全朝背离我们所需要的方向发展，甚至从反面阻碍我们的事业发展，阻碍工作对象思想品德的提高，阻碍全社会良好风气的形成，带来严重的危害和损失。

（二）推动性意义

明确当代高校思想政治教育目标能够推动高校思想政治教育活动的展开。高校思想政治教育的目标是高校思想政治教育活动开展的预期结果，让教育主体和教育客体看到了教育的结果及其价值所在，从而产生为实现这一结果的强大动力。在社会实践活动中，人们总是为一定的目标而努力。目标也因此具有激励人们积极开展实践活动的作用。高校思想政治教育目标对于教育者和受教育者都具有激

励作用。对教育者而言，目标达成表明其工作有效，因而得到社会的褒奖和肯定，从而激励教育者继续努力。对于受教育者，目标达成意味着其思想素质和道德水平达到社会的要求，其成为社会需要的人，得到社会的认同和接纳，从而激发受教育者更主动地接受高校思想政治教育。因此，在高校思想政治教育活动中，科学、具体和可行的目标可以提高教育者和受教育者两个方面的积极性，发挥他们积极参加高校思想政治教育的主动性。

（三）检验性意义

效果检验是高校思想政治教育的重要环节。要保证检验的客观性，就必须依赖一个统一的客观标准，这个标准就是高校思想政治教育目标。因为，高校思想政治教育目标包含对教育者、受教育者、教育内容等方面的具体要求和规定，反映了党和政府对高校思想政治教育的总体要求。所以，依据高校思想政治教育目标对教育者进行评价则更具客观性和公正性。

（四）应变性意义

在中国共产党的创立时期，需要大力宣传马克思列宁主义，对工人等人民群众进行启蒙教育，于是就开办工人夜校、工人俱乐部以及出版马列主义刊物等；到了抗日战争时期，思想政治工作目标产生了变化，要求彻底清算王明路线、统一全党全军思想，于是便进行了整风运动，为我党树立了理论联系实际、密切联系群众、批评与自我批评三大优良作风，使党的思想政治工作理论和实践都有一个很大的发展。而目前，我国正处于改革开放深入的时代，亟待思想政治工作来保证社会主义事业的顺利进行。

我们以目标为导向，紧紧围绕目标的时代要求，根据目标来改进内容、形式、方法，就可以实现现阶段思想政治工作对时代形势的高度应变性，抓住机遇，创造良好的精神条件和思想文化氛围，真正承担起保证社会主义建设事业顺利进行的重任。

（五）有效性意义

思想政治工作实现的程度检验了工作的有效和无效。通过检查思想政治工作的结果是否与预期的目标方向相一致，我们可以判断工作是有效或无效的。如果工作的结果偏离了预期目标的方向，甚至与目标背道而驰——目标要解决工作对象的思想问题，可是经过工作以后，对象的思想包袱反而更加沉重了；目标需要我们引导工作对象的积极性和创造性，可经过工作以后对象反而更加消沉了，甚至对工作根本失去信心了，那样的工作是无效的，甚至是负效的，没有起到任何作用，反而耗费了时间和精力，或者引起了工作对象的反感，产生了副作用、反作用。所以，我们改进思想政治工作，提高工作的有效性，首先就要彻底除去这种无效、有害的工作方式。

第三章　思想政治教育的原则、方法及理念

第一节　思想政治教育的原则

大学生思想政治教育原则，是在大学生思想政治教育的实践中形成的，贯穿于大学生思想政治教育全过程，是开展大学生思想政治教育活动必须遵循的具体指导思想和基本要求。新时期大学生思想政治教育只有在实践中坚持思想政治教育原则，才能不断提高大学生思想政治教育的针对性和实效性。

一、大学生思想政治教育的基本原则

（一）方向性及则

方向性原则是指大学生思想政治教育的全部活动要始终与社会发展的要求相一致，坚持正确的政治方向不动摇。当前，方向性原则主要体现为大学生思想政治教育要旗帜鲜明地坚持社会主义和共产主义方向，坚持党的基本路线，要与中国共产党的纲领与宗旨相一致。坚持方向性原则对大学生思想政治教育活动具有非常重要的意义。首先，只有坚持这一原则，才能保持无产阶级思想政治教育的本质特色。其次，只有坚持方向性原则才能统一人们的思想与行动，充分发挥思想政治教育的作用。最后，坚持方向性原则是实现思想政治教育价值的根本要求。思想政治教育价值的实现与否，必须以教育目的的实现程度和方向性原则的贯彻程度来衡量。

要在大学生思想政治教育过程中坚持社会主义方向，首先，必须始终坚持以马列主义、毛泽东思想和中国特色社会主义理论体系作为思想政治教育的指导思想。其次，提高贯彻思想政治教育方向性原则的自觉性。要使大学生思想政治教

育工作者认识到，坚持思想政治教育的共产主义方向，是有效开展大学生思想政治教育活动的根本保证，因而在实际工作中要自觉运用这一原则，将其精神贯穿在具体的思想政治教育活动中，同时，也要帮助大学生认识到，坚持正确的政治方向，有利于个人的全面发展，有利于政治与业务的统一，有利于红与专的统一、德与才的统一，从而坚持向共产主义方向前进。最后，贯彻方向性原则必须讲究科学性。要很好地贯彻方向性原则，就必须将坚定的原则性与方法的灵活性结合起来，努力使大学生思想政治教育自然地渗透到社会生活的方方面面，从而潜移默化地影响人。要努力探寻方向性原则与思想政治教育具体目标之间的契合点，并以方向性原则统摄各种具体目标，使共产主义方向成为大学生思想政治教育的灵魂。

（二）求实原则

求实原则，它体现了一种科学的工作态度，思想政治教育是一项实实在在的转变人的思想的工作，因而任何华而不实和不切实际的做法都难以取得良好的教育效果。大学生思想政治教育的一个重要特点就是具有针对性，要做到这一点，教育者必须遵循实事求是的原则，教育者在进行思想政治教育的过程中，必须从社会发展的现实和受教育者的思想实际出发，运用马克思主义的基本理论去解释分析社会问题和受教育者的思想问题，并从中寻找出解决问题的基本规律，来指导大学生思想政治教育的活动。求实原则，是指大学生思想政治教育要始终坚持"理论联系实际，一切从实际出发，实事求是"的思想路线和原则。

所谓理论联系实际，包含以下两层含义。

（1）一定要掌握大学生思想政治教育的相关理论。大学生思想政治教育理论是从事大学生思想政治教育的重要指导，能为相关工作提供有效的方法。因此，我们必须全面地、系统地、准确地掌握大学生思想政治教育理论。

（2）一定要从实际出发，实事求是。理论只有面向实践、指导实践、接受实践检验并随实践发展，才富有强大的生命力和战斗力。

要做到理论和实际相结合，必须坚持实事求是。大学生思想政治教育一定要坚持和发扬理论和实际相结合的原则和作风，反对理论和实际相脱离的"左"或"右"的错误倾向。

求实原则的贯彻实施要做到以下几点。

（1）自觉学习马克思主义理论。马列主义、毛泽东思想、中国特色社会主义理论是党认识世界、改造世界的强大思想武器，加强马克思主义理论的学习，有助于人们树立科学的世界观、人生观和价值观，抵制错误的思想和潮流。因此，要自觉加强马克思主义理论的学习。

（2）要一切从实际出发。一切从实际出发就是要坚持主观与客观、主体与客体的统一，按照实际情况，制订不同的工作目标和计划，选择恰当的方法。

（3）按照正确解决问题的步骤来办事。为了在大学生思想政治教育工作中坚持求实原则，就必须按照及时发现问题、确实弄清问题、正确解决问题的三个步骤来办事。

①要做到及时发现问题，就要做到善于调查研究，准确观察和分析问题，正视矛盾，不回避矛盾，发现思想问题和实际问题贵在及时，这样就能掌握思想教育的主动权。

②要做到确实弄清问题，是指发现工作中存在的实际问题后，要善于分析、研究和核实，抓住问题的核心，不为假象所蒙蔽。

③要做到正确解决问题，是指在弄清实际问题后，及时联系相关人员，运用相关理论，实事求是地解决问题。

（三）民主原则

民主原则，是指在大学生思想政治教育中，尊重学生的主体性地位，尊重其人格和民主权利，创造条件让大学生充分发表自己的意见并加以正确的引导。民主的实质是平等，大学生思想政治教育中的民主就是教育者与受教育者双方在充分尊重对方的人格和民主权利的前提下，创造条件让双方充分表达自己的思想和意见，并在此基础上正确处理相关问题，共同完成大学生思想政治教育的任务。大学生思想政治教育并不能直接作用于人的行为，而是先通过教育对象错综复杂的心理品质作用于人的意识，转而影响其行为。作为教育对象的大学生一般都是青年，他们的自我意识已经渐趋成熟，对自己以及自己和周围的关系开始有了独立的认识和评价，较少盲从，主体意识明显。因此，大学生思想政治教育的成效，在很大程度上取决于教育对象对教育内容的关心、思考和理解的积极性和主动性是否被调动起来以及被调动的程度。因此，大学生思想政治教育必须坚持民主原则，突出学生的主体地位，教育者与受教育者以平等态度交流思想，互相尊重，创造民主、平等、和谐、生动活泼的教育环境和气氛。

民主原则的贯彻实施要做到以下两点。

1. 尊重人、关心人和理解人

尊重人，就是要尊重高校大学生，尊重他们的主体地位，尊重他们的人格及宪法赋予他们的各种民主权利，从而充分调动、引导和提高大学生对社会主义物质文明建设和精神文明建设的积极性、创造性。关心人，即要求大学生思想政治教育者要多关注、爱护、帮助大学生，在政治上关心他们的成长，工作上关心他们的进步，生活上关心他们的困苦，使大学生感受到温暖。理解人，就是要理解大学生的具体处境和个性，承认大学生在性格、兴趣等方面的差异，以心换心进行教育。

2. 民主原则要与严格要求相结合

（1）坚持严格管理不能践踏大学生的人格尊严、漠视大学生的情感、无视大学生实际需要，要把严格要求同尊重人、关心人、理解人有机统一起来，使大学生思想政治教育处于升腾活跃的状态，以达到激发大学生建设中国特色社会主义的巨大热情的目的。

（2）要把尊重人、关心人、理解人与严格管理结合起来，讲尊重人、关心人、理解人，绝不是不讲原则、放松管理、取消批评，绝不是迁就不合理的要求或容忍不守纪律的行为、奉行"好人主义"。

总之，尊重人、关心人、理解人是相互联系、相互渗透的统一体，是党的思想政治教育的优良传统，也是思想政治教育民主原则的要求，它要求大学生思想政治教育者必须以诚相待、以诚动人、以理服人、以情感人，只有这样才能振奋人心、激发热情，从而使大学生思想政治教育更富凝聚力和吸引力。

（四）教书与育人相结合原则

教书与育人相结合原则是大学生思想政治教育工作的一项基本原则，所谓教书与育人相结合，是指教师在教学过程中，通过各种教学活动和各个教学环节，全面提高学生的素质和能力。教书与育人相结合原则的贯彻实施要做到以下两点。

1. 寓思想教育于教学之中

教书育人，教学是基础，育人是关键。我们要把思想教育工作渗透到各种教学和教学的各个环节中去，把传道、授业、解惑结合起来。这就要求教师在传授知识的过程中，要注意发挥和挖掘教材的思想性、知识性和趣味性，有机地结合社会实际和大学生思想实际，调动大学生的学习积极性，帮助大学生处理好德育与智育的关系，把思想政治教育工作渗透到大学生的各项学习活动之中，使他们酷爱学习，精于专业，从而达到我们所期待的目的。

2.要正确处理思想政治教育和大学生学习活动的辩证关系

教书与育人,二者是相互联系、相互促进的。无论是自然科学还是社会科学的教师,都要结合教材特点,加强对学生的全面教育和培养,自觉地做到教书育人,发挥思想政治教育对大学生学习活动的方向引导作用和内在激励作用,但不能以此孤立地过分突出思想政治工作,过多增加思想政治教育时间,而削弱了知识学习活动,搞"突出政治"的做法势必影响人才的全面发展。因此,要教好书、育好人,就要正确把握大学生思想政治教育和知识学习活动相结合的程度、方式,以利于大学生思想政治工作作用的发挥和大学生全面发展的需要。

（五）政治理论教育与社会实践相结合原则

这是我们党长期以来,特别是改革开放以来,对大学生思想政治教育工作的科学总结,具有鲜明的现实性和针对性。

在思想政治教育中既要注重理论教育,又要注重实践教育,强调行为养成,实现知行统一。理论教育是思想政治工作的基础环节,要增强对大学生理论教育的效果,就要从不断地改进学习的方式方法和我体入手,要生动活泼,讲求效果,要入情入理,用事实来教育大家,通过相应的图片和声像,宣传思想理论,通过大家喜闻乐见、愿意接受的活动形式,宣传思想理论,提高大学生的马克思主义基本理论的水平,但理论来自实践又应用指导于实践,只有在实践中才能充分表现出其价值与魅力。通过组织大学生参加社会实践活动,能进一步加深对理论的认识,巩固和强化理论教育的成果,真正提高思想觉悟和认识能力。

（六）灵活变通原则

在高校思想政治教育过程中坚持灵活变通的原则,其实质是要求将思想政治教育目标和内容的规定性与思想政治教育过程和方法的灵活性有机结合起来。大学生思想政治教育过程是沟通人的思想和交流人的情感的过程,是用正确的思想和真挚的情感影响与感化教育对象的过程,而人的思想和情感的丰富性与复杂性,就决定了在进行思想政治教育的过程中,必须避免生硬、呆板、简单、"一刀切"的倾向,必须根据教育对象的思想实际和个性特征,有针对性地、灵活变通地来安排教育的情境和选择教育的方法。大学生思想政治教育灵活变通原则,还要求根据时代的变化和思想政治教育任务的变化,以及大学生求新求变的思想特点,不断地解放思想,与时俱进,跟上时代发展的步伐,不断地探索高校思想政治教育的新规律,创造思想政治教育的新方法。

（七）教育与自我教育相结合原则

教育是一种社会实践过程。它是由两个相互交织的并行过程所组成的：一个是教师（包括各种教育考）的教书育人（传道、授业、解惑）过程；另一个是学生的学习、成才过程。在教的过程中要充分发挥教师教的主观能动性，而在学的过程中则要充分发挥学生学的主观能动性，二者缺一不可。因此，教育不是一个单一的社会实践过程，而是由上述两个子过程交织而成的复合过程，大学生思想政治教育也是如此。

要正确贯彻教育与自我教育相结合的原则，就要一方面加强教育，充分发挥教育的功能；另一方面加强自我教育，发挥大学生在自我教育、自我提高中的能动作用，通过他们思想的矛盾运动来达到转变思想、提高觉悟的目的。

1. 建立平等互助的新型师生关系

在大学生思想政治教育过程中，教师与学生之间应该建立起平等互动、互相尊重、互相学习的新型关系，通过有效的交流和行动的积极参与，调动教师实施教育与学生接受教育两个方面的积极性，以收到理想的教育效果。

2. 重视大学生的自我教育

大学生要具备自我教育的能力，要求教育者在教育实践中通过多种途径主动帮助和激发大学生主体能力的构建，大学生要实现自我教育，充分发挥主体的能力，主要在以下几个方面着手。

（1）思想政治教育者要注重启发大学生的自我教育意识，引导他们通过自主学习、自觉参与以及反省、反思、自我思想改造等自我修养途径，不断提高自己的思想道德水平。

（2）要打好学生的理论基础，理论的学习是大学生思想政治教育中不可缺少的一环。理论教育法是思想政治教育最主要、最基本的方法，也是大学生打好理论基础最直接的方法，大学生只有具备坚实的理论基础，才能以正确的理论指引自己的行为，才能在现实中明辨是非，为自己找准努力的方向。在当代复杂多变的社会生活面前，人们比以往任何时候更加需要用科学的思想和理论来指导自己进行正确的选择和决策，以便更加有效地认识环境。

（3）要创造有利于大学生进行自我教育的条件，积极引导大学生进行自我教育。应当通过各种渠道和形式对大学生的自我教育活动予以支持、引导和帮助，鼓励大学生开展他们热爱的、健康的、有益的、丰富多彩的各种活动，使他们在活动中自我教育、相互影响；要引导他们开展批评和自我批评，在严格的自我批评和与人为善的相互批评过程中，教育自己、教育别人、相互借鉴、共同提高；要吸收大学生参加学校的民主管理，组织大学生参加社会实践活动，使他们在民主生活和社会实践中得到锻炼，增长知识和才干，增强主人翁精神和社会责任感；要有计划地组织民主讨论，引导他们在民主的气氛中各抒己见、交流思想，坚持真理、修正错误、集思广益、相得益彰。

（4）树立成功的榜样，榜样示范法是指通过具有典型、榜样意义的人或事的示范引导作用，教育人们提高思想认识、规范自身行为的方法，榜样教育具有形象、生动的特点，它是理论与实际的有机结合。大学生用榜样的力量激励自己，在心中树立成功的典范，为自己指明努力的方向，会产生更强的感染力和说服力，在自我教育中收到很好的效果。通过典型事迹可以使大学生看到榜样的成功之处，明确努力方向，从而努力奋斗，在改造客观世界的过程中全面提升自己的思想道德素质。必须实事求是地选择对自己有影响力的典型，否则难以真正从思想到行动上得到认同，也起不到典型引导的作用。

（八）尊重爱护原则

在高校思想政治教育过程中贯彻尊重爱护的原则，就是要求高校思想政治教育工作者必须尊重教育对象的主体地位，从关心爱护的愿望出发努力发挥他们的主观能动性，并进行启发诱导，促使他们积极地进行认识交流并提高思想认识水平。思想政治教育活动是主体之间的互动过程，要进行切实有效的思想政治教育，教育者首先在思想上必须树立以尊重爱护教育对象为前提的指导思想，思想政治教育是以帮助教育对象在政治态度、人生道德、人生价值等方面，确立与社会意识相一致的个人意识为目的的一种人类精神活动。对教育对象尊重的含义是教育者要承认教育对象是具有自己个性特征和独立人格的主体，要能够体会教育对象的喜怒悲乐，教育者和教育对象之间应以同志式、朋友式的关系进行交流，从而建立起双方互相尊重、互相交流、互相切磋、共同提高的良好关系。只有确实尊重和爱护教育对象，以真诚关心的态度，以平等的姿态来面对教育对象，才能提高思想政治教育的效果。

（九）差异性原则

大学生思想政治教育本身就是起因于教育对象现实的思想状况与社会的期望目标之间的差异和教育对象之间的思想差异，就是因为存在这种差异，所以社会就提出了对个人进行教育的要求。大学生的思想现状与社会主义发展要求之间，既存在着总方向上的一致性，也存在着具体要求上的差异性。这种差异性是客观存在的，这就是大学生进行思想政治教育的起点，差异性产生的根源和影响因素是多方面的，在高校思想政治教育过程中，承认教育对象思想认识的差异性，是进行良好的思想政治教育的起点。教育者在思想政治教育中，要从大学生的思想实际出发，在密切联系学生思想实际的基础上开展活动。一方面教育者要不断深入学生，不断地研究学生的思想状况，在了解学生思想脉搏的基础上有的放矢地进行教育；另一方面教育者要把握大学生的不同思想层次，做到因层次而异、因人而异，在把握整体思想状况的前提下，教育者还应分析不同个人的层次类型，并对不同的个人和层次类型采取不同的教育方法，充分发挥教育的针对性特点，实现教育的预期目标。

二、大学生思想政治教育原则的特点

（一）辩证性

思想政治教育原则体系是以辩证唯物主义和历史唯物主义为理论指导，对思想政治教育客观规律主观认识的产物。大学生思想政治教育是一个不断发展的过程，新事物、新情况、新问题层出不穷，每个人都不可能穷尽真理认识历史的长河，加之不同个人的认识能力、认识水平又有差异，因而人们对大学生思想政治教育规律和原则的认识都具有相对性，大学生思想政治教育原则之间既有区别又有联系，对各个原则的认识也不能绝对化，要看到它们之间的相容性、交叉性、衔接性。大学生思想政治教育原则是思想政治教育系统内在本质关系的抽象，只有深刻理解思想政治教育过程中的各种关系，所确定的原则才能较为符合实际。

（二）整体性

大学生思想政治教育原则体系的整体性特征表现在以下两个方面。

（1）大学生思想政治教育原则是以大学生思想政治教育规律作为客观依据而构建起来的；各原则之间具有紧密的内在逻辑联系，它们相互作用、相互补益而构成一个整体。

（2）大学生思想政治教育原则体系具有"1+1>2"的整体功能，大学生思想政治教育原则体系虽然由众多具体原则所组成，但这些原则相互关联，不可分割，在运用原则时不能顾此失彼，而应当统筹兼顾、综合运用。

（三）层次性

大学生思想政治教育原则体系是按照由整体到局部、由一般到个别、分层次有序排列的，每个层次的原则都是在一定的范围内和条件下起作用，都有自己特殊的功能和意义。

（四）动态性

大学生思想政治教育原则是一个多层次的动态体系，不是孤立静止、僵死不变的。

（1）随着人们社会实践的发展，大学生思想政治教育的新经验将得到不断总结，新规律将会不断被认知，反映这些规律的新原则也就出现了。

（2）即使思想政治教育的同一个原则，其内涵会随着实践的发展而不断丰富。

（3）大学生思想政治教育原则的运用也是随着时间、地点、条件的不同而有所不同。

第二节　思想政治教育的方法

从人存在的角度来看，教育的目的在于引导学生寻求个体、自然、社会的和谐发展，引导学生学会生存；从人的生存角度来看，教育的目的在于引导和追求智力与人格的协调发展，引导学生学会做人。从这两个方面来讲，大学生思想政治教育还能引导大学生掌握生存方法和做人的方法。在思想政治教育的整个过程中，要实现理想与现实的有效转变，除了取决于诸如目标体系的确定是否科学，内容是否体现了时代的要求和客观接受水准的良好统一，主客体之间的心理相容和情感的沟通是否处于较好的状态等因素外，思想政治教育的方法是否科学也是极为重要的制约因素。可见，在大学生思想政治教育中，教育的方法是十分重要的。由于大学生思想政治教育的教育方法与内容、途径、载体等密切相关，因此应结合具体的内容来谈方法。

一、大学生思想政治教育的过程方法

（一）过程方法内涵

工作都是通过过程来完成的，从制造航天飞机到制造汽车零部件，从管理国家、管理企业、建设家庭、培养子女，都可以称之为过程，我们日常生活中做的每一件事都是一种过程。组织要想有效运行，就必须对许多相互关联和相互作用的过程进行识别和管理。通常，过程是连续不断的，一个过程的输出将直接成为下一个过程的输入，从而形成过程链。运用这一管理手段，能有效地提高组织的竞争力。

过程方法的基础是"所有工作都是通过过程来完成的"。每个过程都有输入，输出便是过程的结果，任一组织的存在都是为了实现其不同的效益（包括经济效益和社会效益），这些效益是通过一个过程网络来完成的。组织的网络结构通常都是错综复杂的，它包括许多要执行的职能，如策划、宣传、推广、设计、实施、结果、总结、改进、再循环等，所有的事情要想做好，就应该这样循回往复。

事情由主要矛盾与次要矛盾构成，都有矛盾的主要方面和矛盾的次要方面。过程方法要求我们首先要确定所有过程中的主要过程，然后确定过程之间的"接口"、过程与过程之间的关系等。

一个组织要想取得理想的效果，就应该按照过程方法来建立，一个质量管理体系，通过运用过程方法体系来使组织以最高效的方法实现组织的目标。过程方法体系要求组织首先识别实现目标所需要的过程，然后了解体系内诸过程的内在依赖关系，关注并确定体系内特定过程应如何运作，最后通过测量和评价持续改进体系的符合性、有效性等，也就是要按照这样的方法建立和实施组织的质量管理体系。

（二）过程方法的应用

过程方法要求组织处理所有过程都运用"PDCA"的方法。

"P"，指策划。根据顾客的要求和组织的方针，建立并完成过程的目标，确定过程方法和准则，确定过程所需要的资源和信息等，这里的顾客是指接受产品或服务的组织或个人，是个广义的概念。

"D"，指做。实施并运行过程，即按照策划所建立的过程和目标，确定过程的方法和准则，提供所需要的资源信息去实施过程，并实现目标。

"C",指检查。根据方针、目标和产品服务的要求,对过程参数和过程的结果进行监视和测验,并随时报告监视和测验结果。

"A",指处理。采取措施,以维持改进过程业绩,即依据监视和监测的结果,采取纠正和预防措施,并持续改变过程。

在大学生思想政治教育中运用"PDCA"过程管理方法具体做法如下。

1. 制定和实施学校管理战略

这里涉及的是制定和实施什么样的学校管理战略的问题,也就是设计和实行教育教学工作组合与运作形式,实际上就是制定和实施学校管理战略。

我们都知道,战略的实现离不开战术,管理战略目标离不开管理手段,管理战略计划全面反映广义上的管理战略目标和管理手段,学校的教育目标决定教育实践的指针、方向,因而也就是学校管理战略目标。学校教育计划是学校管理(战略)计划的主要组成部分,因此可以是狭义上的学校管理计划,当制定管理战略时,必须考虑如下三个因素:一是国家的法规框架,即宪法、教育基本法、学校教育法、教学大纲以及各级政府有关教育的方针、法规等。二是社会的需要,即社会对教育的期望、要求,高度发展的科技,高度发展的信息化,剧烈的社会变化和经济发展,人际关系和生活方式的变化,家庭环境的变化等,都向学校提出诸多课题。三是学校的实际条件,即每个学校的特殊情况。这大体包括四个侧面:其一,教师队伍的教育观、教学观、教师观、学生观,以及对教育改革的态度等;其二,学校的学习环境、人财物的条件、信息的环境,以及教风、学风、学校文化等;其三,学生的学习态度和作风、学习要求、校外生活状况以及学生个性与特长的实际情况;其四,地区社会的特性及学校与地区社会的联系情况。以上四个要素,都不是孤立的存在,而是有机的组合。简言之,制定教育目标时要以教育法规框架为背景,并立足于每个学校实际情况去把握社会、政府、家庭等提出的各种要求。

制定管理战略,要有认真研究问题和敢于创新的基本态度,要抛弃保守的和维持现状的消极态度。学校的自主性、特色就应体现在不断地提出问题、研究问题、解决问题以及开创新的办学路子等方面。

教师的参与,对制订学校教育目标以及教育计划具有重要的作用,而且对实施过程起到决定成败的作用。在教师的参与问题上,往往出现两种情况:一是会议多,教师没有时间下班级评价学生作业;二是出现意见分歧和冲突,这说明,我们对教师的参与要掌握适度。无论如何,让教师参与决策,这对发扬民主是绝对必要、积极的举措。而意见分歧和冲突,是学校积极发展的"力量的源泉"。

2. 实施管理战略

教育管理过程（或者教育工作过程）大体上可简化为目标—计划—实施—评价过程。战略目标（教育目标）实现过程，也无异于此提高学校教育目标的共识度，即做到学校教育目标广为人知，成为全体教职工以及学生的行动目标，加紧把学校教育目标具体化，即让学校教育目标变成可操作的实践指标，并成为每个教师的实践指标。教师结合自己工作实际把学校教育目标分解为自己的工作目标，这是学校教育目标的具体化，是实现目标的一个不可少的步骤。

3. 加强对学校教学目标完成的评估

这一步可以分为两步来完成，首先在计划实施过程中对计划实施的进度和质量进行跟踪评估，然后待这个计划完成以后，对整个计划完成情况进行评估，并研究分析找出不足之处，加以改进。学校教育的目标实际上是一种"假说"，而不是死教条，只有经过策划、计划、实施、评估、目标的循环规程，才能更好地得以修正和完善；高校管理过程就本身而言是封闭系统，通过以上所述的几个环节不断地循环运动，周向复始。但是这种循环又不是简单地由前一个环节直接进入后一个环节。各环节之间又是有反馈回路的，以提升工作不断循环上升，不断实现学校更高层次的目标，不断发展、完善新的规范来适应社会对学校越来越高的要求。

（三）运用过程方法的注意事项和要求

1. 确定组织为取得所期望的结果所必需的关键过程

过程方法要求我们不但要确定全部过程，还要确定这些过程中的关键过程或者主要过程。组织的过程网络错综复杂，因此应该对关键过程重点控制，要抓住主要矛盾。例如，学校工作中的关键过程就是教育过程，教育过程中的关键过程就是教学过程；又如德育工作的核心是加强理念信念教育，人总是要有点精神的，对于大学生来说，德智体美劳，德育为先，处在第一位。思想政治教育中要坚持正确的方向，理念信念处在第一位，这是符合教育规律的，已被古今中外许多经验证明。

2. 确定主要过程之间的顺序

在识别和确定了组织为取得所期望的结果所必需的关键过程后，还必须确定这些过程之间的先后顺序。过程之间的先后顺序，有时还体现在过程层次上。如政治理论课教育的内容就是有先后层次的。只有确定了过程之间的顺序后,才能明确过程之间的接口,才能为管理关键过程(活动)规定明确的职责。

3. 识别组织为取得所期望的结果所必需的所有过程

即将组织为取得所期望的结果所必需的全部过程加以识别,这些过程可能有的对所期望的结果影响大,有的影响小,有的是简单过程,有的是复杂过程,可采用各种方法识别这些众多的关联的过程,识别这些过程所需的输入、输出及所需开展的活动和应投入的资源如果遗漏了某一过程,将会对"组织所期望的结果"的这一目的构成负面影响,所谓识别过程包括两层含义:一是将组织的一个大过程分解为若干个子过程;二是对现有的过程进行定义和分辨。例如流水线上的作业过程,可以分解到每个员工所干的工作为止。

4. 确定过程之间的接口和过程之间相互关系

通常一个过程的输出将直接形成下一过程的输入,为使这些过程能受到有效控制,除了对过程进行识别之外,还应确定过程之间接口和过程之间的相互关系,并合理地安排过程的程序,以便容易达到过程策划的结果。

5. 测量各个过程并对各过程进行有效控制

过程一旦建立并运转,就应对其进行控制,防止其出现异常控制时要注意过程的信息,当信息反映有异常倾向时应立即采取措施,使其恢复正常。操作人员要严格按照规定操作,避免习惯性操作,最终实现输出的增值,达到用户的满意,更重要的是要经常改进过程,通过对过程的测量和分析,发现过程存在的不足或缺陷以及可以改进的机会,对过程进行改进,提高其效率或效益。为判断这些过程是否有效地运作,并对其加以监控,组织必须能够获得必要的信息,通过对过程信息的测量和对测量结果的分析,以及针对分析结果而对过程实施必要的调整等,最终实现过程的策划结果和对过程的持续改进。

同时,还应通过对众多关联过程的识别,确定这些过程的顺序和相互关系,规定过程有效运行的方法和准则,测量及分析过程的信息,针对分析结果而对过程实施必要的调整,如采取纠正措施或者预防措施等,达到过程的持续改进,最终实现过程策划的结果。

6. 为管理关键过程(活动)规定明确的职责和权力

当关键过程确定后,就应该明确规定这些过程由谁负责,即明确其职责,并赋予其应有的权力,过程方法强调的是各司其职的理念,即组织的每一个人都应该首先做好自己分内的事。

要把思想政治教育做到家和落到实处，就必须大力加强队伍建设，为大学生思想政治教育提供坚强的组织保证。大学生思想政治教育工作队伍主要有学校党政干部和共青团干部、政治理论课和哲学社会科学课教师、辅导员和班主任。其中，哲学社会科学教师是大学生思想教育的主要队伍；这几类队伍担负着对大学生进行思想政治教育的主要职责，大学所有教职工都负有思想政治教育的职责，教师是人类灵魂的工程师，他们对青年学生具有很强的影响力和感染力，在思想传播方面有很强的作用，所以，这支队伍的建设也具有决定性的作用，也应该明确他们的职责与权力。加强队伍建设首先要明确各自的职责和权力，才能把工作做好。

7. 保证实施各过程所需要的资源

为使过程能达到预期的目标或要求，必须对过程的输入、输出及开展的活动和投入的资源做出明确的规定，给出过程控制的准则和方法。

大学生思想政治教育体系由构成立体空间的过程网络组成。高等学校为了提高思想政治教育的质量和效益，必须识别高等学校思想政治教育的过程；确定这些过程的顺序和相互作用；确定为确保这些过程有效运作和控制所需要的准则和方法；确保可获得必要的资源与信息，以支持这些过程的高效运作和监控。通过测量、监控和分析这些过程，并实施必要的措施，以实现大学生思想政治教育策划的目标和持续改进大学生思想政治教育工作。

大学生思想政治教育必须依靠严格的管理制度监控整个过程，杜绝中间环节出现任何不规范行为，从而确保整个学校的教育质量，培养全面发展的社会主义事业的接班人和建设者，但是需要提出的是将过程方法引入大学生思想政治教育过程中时必须遵循一些科学的步骤：①首先确定这一系统工程的最终目标，同时也要明确每个特定阶段的中间性目标；②必须确定每个局部要解决的任务，研究它们相互之间和它们与总体目标之间的相互关联和相互影响，对各项具体措施以及发展趋势进行综合考察；③探求达到总目标以及与其相联系的各个局部任务可供选择的方案进行分析、比较，选出优化方案；④组织实施，并对实施情况进行综合考察和追踪，还要根据追踪状况，不断地进行调整、协调和控制；⑤测量、分析和改进，从而不断地进行循环，达到持续改进，不断地接近最终目标。

二、大学生思想政治教育系统方法

大学生思想政治教育工作是一个系统工程而非一个单项工作，其中的各个环节是相互联系的，它是一个非常复杂的系统。

第三章　思想政治教育的原则、方法及理念

（一）系统方法的概述

1. 系统方法的内涵

系统是由两个以上相互联系、相互依赖、相互作用的组成部分结合成的、具有一定结构和功能的有机整体，具有整体的结构、整体的特性、整体的状态、整体的行为、整体的功能等。系统论认为，世界万物皆系统，系统具有三个基本特征：第一，系统是由若干元素组成的；第二，这些元素相互作用、互相依赖；第三，元素间的相互作用，使系统作为一个整体具有特定的功能。

所谓系统方法，就是根据系统的观点，从整体出发，辩证地处理整体与部分、结构与功能、系统与环境、功能与目标的关系，找到既使整体最优，又不使部分损失过大的方案作为决策的依据，以实现整体最优化的方法；系统方法要求人们把对象和过程视为一个相互联系、相互作用的整体，并且尽可能将整体做形式化的处理系统方法所处理的对象，都是由种种关系和相互联系交织起来的网络画面，采用系统方法时，应尽可能将此画面做组织化的科学抽象，从而具体地反映和把握世界。

2. 系统方法的基本特点

系统方法同传统方法相比，有着明显的特点，这些特点也就是我们运用系统方法研究和处理大学生思想政治教育时，要把握的一些原则。

（1）动态性。任何现实的系统，一般来说，都是处于动态的"活系统"。虽然在科学研究中，人们经常采用理想的"孤立系统"或"闭合系统"的抽象，但是实际存在的系统，无论在内环境的各要素（或子系统）之间，还是在内环境与外环境之间，都有物质、能量、信息的交换与流通。所以，从原则上说实际系统都是活系统。

（2）整体性。整体性是系统方法的核心。根据系统论的观点，系统是由诸多部分或要素组成的有机整体，系统的整体性质和规律，只存在于组成它的诸要素的相互联系和相互作用之中，而不等于各组成部分或要素的孤立的性质和活动规律的总和，即"整体大于部分之和"。因此，在研究系统时，必须从整体出发，立足于通过整体来分析部分以及部分之间的关系，再通过对部分的分析而达到对整体的深刻理解。

（3）模型化。运用系统方法，需要把真实系统模型化，即把真实系统抽象为模型，如放大或缩小了的实物模型、理论概念模型、数学模型、符号系统模型或其他形式化的模型等，在采用系统方法的模型化原则时，除应遵循模型方法的一般原则以外，还应使模型的形式和尺度符合人的需要和可能，适合人的选择。迄今为止，我们所知道的一切模型中，唯有一种模型与人的自然尺度最接近，它就是用人的206块骨头组合而成的人的骨骼模型。其他不符合人的尺度和认知需要的事物，要建模型，就需进行这样或那样的"人格化"，以适合人的要求。对于复杂系统，需要在系统分析的基础上，适当地采用模糊方法，经适当简化和理想化，才能建立起系统模型。一旦建立起系统模型，就可以进行模拟实验，运用电子计算机进行系统仿真模型化原则常常是采用系统方法时求得最优化的保证。

（4）综合性。综合性就是把任何整体都看作是以诸要素为特定目的而组成的综合体，要求研究任何一对象必须从它的成分、结构、功能、相互联系方式、历史发展等方面进行综合考察，它是系统方法最为突出的一个特点。系统方法还突破了传统方法的局限性，但又不是一般的否定分析，而是把分析与综合有机地结合起来，其出发点是综合，又在综合的指导下进行分析，然后再回到综合。其综合性主要表现在：它在观察和处理事务的时候，把事务的各个部分、各个方面、各个因素、各种联系和相互作用结合起来加以考察；在考察事务成分和结构的同时还考察事务的功能和产生、发展、运动、变化的历史，从而从不同的侧面、不同的层次和不同的状态综合地研究事务。系统方法的综合性原则还要求不能单凭某一方法和某一科学知识认识和处理问题，而是综合运用各种方法和知识来认识和处理问题，这其中包含如社会科学、自然科学和工程技术等诸多方面的知识和技术，这就使它具有多种多样的功能：既可以用来认识事务，又可以用来解决问题；既可以用来进行定性研究，也可以用来进行定址研究；既可以用来研究历史和现状，也可以用它来预测未来。

（5）最优化。最优化即通过系统的要素、结构以及与环境的关系，经过科学的计算、预测，做出系统目标的多种方案，从中选择最佳的控制和最优化的管理当然这里的最优是一个相对的概念，只有更好，没有最好。系统的目标往往是多元化的，甚至有的是直接对立的，在对立的系统中寻找整个系统最优化总目标的确是非常困难的。

总之，整体性、动态性、最优化、综合性和模型化都是系统方法的基本特点，也是运用系统方法的基本原则，前两个是基础，第三个是目标，后两个是手段。系统方法的广泛应用，推动了自然科学、人文社会科学、应用技术、管理科学等的新进展，同时也带来人们思维方式的变革。

（二）系统方法的价值

1. 可以有效地认识、调控、改造、创造复杂的系统

系统方法是扬弃了传统科学的简单性原则而产生的。20 世纪 30 年代以前，在研究复杂事物和复杂过程时，主要采用从实体上进行还原的分析组合方法，试图在所有的现象中找到共同具有的物质实体（譬如物质性的原子），把它作为差异的共同基础，至于这些实体所形成的复杂关系则很少受到重视，基本上用线性因果关系加以处理这就把复杂问题不适当地简单化了。而事实上，世界上的事物和过程是复杂的，是由多种因素或子系统复杂的相互作用所构成的，所以需要系统的思考。在这方面，系统方法提供了解决困难的钥匙。

2. 可以提供制订最佳方案的手段

系统方法为人们提供了制订系统最佳方案以实行组合和优化管理的手段。在认识自然和改造自然中，在认识社会和改造社会中，系统方法可以精助人们制订最佳方案，优化组合与管理，取得尽可能大的效益，用最少的投入，取得最大的利益。

用系统方法将相互关联的过程加以识别、理解和管理，有助于高校提高实现目标的有效性和效率。大学生思想政治教育的过程是相互关联和相互作用的，每个过程又都会在不同的程度上影响着大学生思想政治教育的质量。要对各个过程实施系统的控制，确保大学生思想政治教育预定目标的实现，就需要建立大学生思想政治教育质量系统管理体系，运用系统体系管理的方法，实施对各个过程的控制，才能有效和高效地提高大学生思想政治教育的效果。

3. 可以提供新思维

系统方法突破了传统的只侧重分析的机械方法的束缚，指导人们从总体上进行思维，探索科学技术发展的新思路，建立综合学科、交叉学科和边缘学科，促进自然科学与社会科学的统一，促进科学家与哲学家的联盟，相助人们打破两种科学、两种文化的界限，建上统一的世界图景和文化图景，建立起系统的自然观、科学观、方法论和系统的人类社会图景，防止思维的狭隘和偏激，因此系统方法对于当代大学生思想政治教育来说就显得尤为重要。

（三）系统方法在大学生思想政治教育管理中的应用

通过以上的分析不难看出，系统方法适用于具有高度综合性和动态性的大学生思想政治教育，而且系统方法的基本原则与大学生思想政治教育的特点在许多方面相吻合。大学生思想政治教育工作需要坚持的原则有许多方面，这里主要是大学生思想政治教育方法方面的原则，主要有以下几个方面。

1. 有序性原则

系统的任何联系都是秩序井然、有条不紊、按等级和层次进行的。而这种有序性的保障就是系统结构，因此只要把握了系统的有序性，也就把握了系统的结构。大学生思想政治教育是非常复杂的，但绝对不是杂乱无章的，而是有秩序、有规律的，各要素的相互关系运用这一原则得以揭示，这就实现了思想政治工作进一步科学化，正确地运用思想政治工作的规律和方法这一目的。大学生思想政治教育的进程系统也是有序的：正确分析具体问题的能力→具备判断是非的能力→掌握科学的思想方法→形成各种正确的思想政治观念→树立正确的人生观、价值观和科学世界观→树立共产主义的远大理想，确立马克思主义的坚定信念。

2. 整体性原则

整体性原则是系统方法的核心。系统的整体功能大于它的各个组成部分功能的总和，在孤立状态中它具有各个组成部分所没有的整体特性，从整体的目标出发是系统方法整体性原则的内容，研究各组成部分相互联系和相互制约的规律是为了使整体达到最优化，但是大学生思想政治教育系统的元素众多，牵涉面广，关系复杂，相互作用繁复，因而，开展和研究思想政治工作坚持整体性原则是十分重要的，要把与人的思想有关系的因素，包括自身的因素、家庭的因素、社会的因素等综合起来，对问题的症结进行考察、思索，考虑所要采取的措施，增强开展思想政治工作的洞察力，提高预见性，这是最富有科学性和艺术性的方法。

坚持整体性原则，在当前最主要的是使思想教育与组织管理相统一。思想教育和组织管理是学校的两个子系统。如果这两个子系统的性能相互矛盾，必然产生内耗，使整体产生负效应。目前，思想教育功能较低的主要原因是思想教育效果在组织管理中得不到强化，在某些方面，思想教育的效能与现行的一些制度、政策所产生的效能相矛盾；理想教育与现行的实践中优劣"价格"相等状况的管理制度相矛盾，对学生忠诚、献身的道德教育与单凭主观印象和个人感情喜恶的晋职、晋级的经验管理方法相矛盾，现实中甚至出现"劣币驱逐良币"的现象，等等。结果这些组织管理手段抵消了思想教育效能，降低了思想教育的成效。因此，要提高思想教育的整体效应，必须把思想教育渗透到完善的、科学的制度和政策中去，把思想教育的要求与管理制度、政策中强化的目标统一起来，说理是教育，管理也是教育，而且是更重要的教育，两者都是推动人们实践的动力，从某种意义上来说，制度、政策对人产生的动力要比说教大得多，思想政治教育不一定要通过说教或剥夺他人权利来进行。事实上，情感的力量、组织管理的绩效、利益的给予等可以达到同样甚至更好的目的。

3. 动态性原则

任何现实的系统，一般来说，都是处于动态的"活系统"中。系统是经常处于运动之中的，系统的有序联系是在发展中进行的，系统中一种要素的变化往往会引起另一种要素甚至整个系统的变化。尤其是大学生思想政治教育更是一个动态的"活系统"，因为，大学生思想政治工作的对象是活生生的人，是不断发展变化的人，是受周围环境影响的人，是处在生长发育阶段的人，大学生的思想和高校两者都是开放的系统，它和社会生活之间的关系几乎没有时间和空间的距离。从现象上看是紊乱的、无序的；从发展变化的过程来看，它也的确有过无序的状态，但随着人们对思想政治教育规律的认识的提高，对学生的影响会越来越走向有序性。因此，大学生思想政治工作规律在思想政治教育者不断探索和发展下，及时地进行动态调节，使思想政治工作与之相吻合，并以动态的眼光来看待思想政治工作，所以运用动态原则，可以使人们在进行思想政治教育中适时地协调处于不停地发展变化状态的各种要素的结构关系，防止各种元素的畸形组合，实现思想政治教育的最佳的动态平衡。由此可见，系统方法不仅是唯物辩证法普遍联系原理的具体化和实际运用，而且是对这一原理的丰富和深化，它的广泛运用促使人们实现了科学方法乃至一般工作方法的现代化。

大学生思想政治教育在应用系统方法时，必须遵循一些科学步骤。第一，必须确定这一系统的最终目标，明确每个特定阶段的中间性目标。第二，必须确定每个局部要解决的任务，研究它们之间和它们与总体目标之间的相互关联和相互影响，对各项具体措施以及发展趋势进行综合考察。第三，将达到总目标以及与其相联系的各个局部任务的可供选择的方案进行分析、比较，选出优化方案。第四，组织实施，并对实施情况进行综合考察，还要随着方案实施状况，不断地进行调整、协调和控制。

第三节　思想政治教育的理念

以科学的教育理念培养人，运用教育理论指导教育实践是教育界的首要任务之一。教育理念是广大教师在实践中不断总结出的宝贵的育人经验，符合时代发展，具有科学性和指导性。在思想政治教育工作中需要着重培养与树立的理念有改革创新理念、全面发展理念、全员育人理念等。

一、改革创新理念

（一）改革创新的基本原则

1. 解放思想、实事求是

大学生思想政治教育改革创新，必定要坚持解放思想、实事求是。只有解放思想、实事求是，摆脱过时的思想观念和陈旧的思维方式的束缚，才能敢于研究新情况，解决新问题，创造新成果。坚持解放思想、实事求是，必须以党的最新理论成果为指导。党的最新理论成果，是在科学判断党的历史方位的基础上提出来的，是我们党艰辛探索和伟大实践的必然结论，不言而喻，也是指引大学生思想政治教育改革创新的根本指导思想，坚持解放思想、实事求是，必须坚持发展的观点，积极适应国家建设的需要。这要求大学生思想政治教育要适应新的变化，在教育内容、方法手段和管理机制等方面改革创新；坚持解放思想、实事求是，必须从我国的实际情况出发，开阔视野，放眼世界，有选择地吸收外国的有益经验，使大学生思想政治教育得以丰富和发展。

2. 保持优势、创新发展

大学生思想政治教育改革创新是一个复杂的系统工程，既要有创新精神，又要有科学态度；保持优势，创新发展，实际上是强调大学生思想政治教育要在继承优良传统的基础上改革创新，这是大学生思想政治教育发展的客观要求，是一条必须遵循的客观规律。坚持保持优势，创新发展，必须有利于巩固和加强大学生思想政治教育的基础性地位。思想政治教育是大学教育的基础性课题，是大学生进行科学文化学习的前提与基础，大学生思想政治教育的改革和发展必须有利于继续巩固和加强其基础性地位。坚持保持优势，创新发展，必须有利于充分发挥大学生思想政治教育的作用。思想政治教育的作用是否能得到充分发挥，受制于多方面因素，思想政治教育的改革创新，就是要研究在新的历史时期，哪些因素有利于思想政治教育作用的发挥，并对这些因素进行促进和发展。

（二）改革创新的主要内容

1. 拓展思想政治教育的新领域

总体说来，大学生思想政治教育的新领域主要是指两个方面：其一是社会主义市场经济环境中的思想政治教育；其二是指抵制腐朽思想文化中的思想政治教育，市场经济和思想政治教育之间在本质上是一致的。从市场经济建设过程来看，人们在经济体制转轨过程中产生的一些困惑，利益关系调整过程中的矛盾冲突，必然会反映到大学校园中，这就迫切需要思想政治教育去解决市场经济中的利益杠杆等原则给大学生思想带来的负面影响，给大学教育环境带来的巨大冲击，更需要加强和改进思想政治教育来加以扼制。市场经济越发展，思想政治教育就越重要，解决建立社会主义市场经济体制所引发的各种问题，就是思想政治教育改革创新需要开辟的新领域，围绕腐朽思想文化侵蚀开展的思想政治教育，是围绕抵制侵蚀与固守阵地这一对矛盾展开的。必须清醒地看到，敌对势力历来将侵蚀与演变的重点放在青年一代的身上，尤其是新的历史条件下，渗透与反渗透、演变与反演变的斗争不会在短时间内停止，只要两种意识形态的斗争在继续，腐朽思想文化的侵蚀就不会停止，这方面的工作就需要不断加强。

2. 形成思想政治教育的新体系

制度建设更具有根本性、全局性、稳定性和长期性，研究和制定政策和制度，是大学生思想政治教育的重要任务，也是大学生思想政治教育的重要内容，21世纪大学生思想政治教育的改革创新，必须把政策制度的调整与完善作为重点。要着眼于新的历史时期和社会主义市场经济环境中出现的新情况，及时进行补充、调整和完善，加快改革步伐，以形成政策制度的新体系，既要及时适应新情况，积极地实践与实施，又要坚持稳妥可靠，深入调查研究，反复科学论证，不能朝令夕改，甚至顾此失彼。要通过相关政策制度的研究和制定，逐步形成一套促进大学教育长远发展、思想政治教育充分发挥作用的政策制度体系。

3. 探索思想政治教育的新手段

科技含量的高低，是衡量大学教育的重要标志之一，也是衡量大学生思想政治教育水平的重要标志之一。要积极吸取现代科技发展的成果，在信息掌握、情况处理、知识传播、思想教育方面，注意发挥计算机网络等现代信息技术和大众传媒的作用，在信息时代，必须积极运用各种先进的科学手段，加大思想政治教育自身的科技含量，把先进的科学手段运用到思想政治教育中。当代高科技的迅速发展，新的科技成果，为思想政治教育提供了新的载体和条件，为精神产品的开发和传播，提供了前所未有的方法和手段，把教育信息和现代高技术结合起来，发展思想政治教育的载体，广泛利用现代化媒体，建立"网络思想政治教育"等，都是大学生思想政治教育必须拓展的新领域。

二、全面发展的理念

在大学生思想政治教育中，我们讲全面发展教育，主要目的在于帮助大学生树立全面发展教育观，引导大学生思想道德素质、科学文化素质、健康素质的协调发展；根据大学生全面发展教育的目的，我们可以把全面发展教育的基本内容归纳为思想道德素质教育、科学文化素质教育、健康素质教育三个方面。

（一）思想道德素质教育

思想道德素质是指个体通过接受一定的教育和参加社会实践活动，经过独立自主、积极理性的思考后形成一定社会或阶级所要求的思想观念和道德准则，并自主、自觉与自愿地做出相应行为的素质与能力。一般来讲，大学生思想道德素质包括思想素质、政治素质和道德素质三个方面。思想道德素质教育是大学生素质教育的灵魂，大学生是我们实现中华民族伟大复兴的希望，他们的思想道德素质状况直接关系到全面建成小康社会的目标能否顺利实现，在新的历史条件下，加强大学生的思想道德素质教育，努力提高他们的思想道德水平，对于弘扬中华民族伟大民族精神和时代精神，在社会上形成良好的道德风尚，加快推进社会主义现代化建设具有十分重要的意义。

（二）科学文化素质教育

科学文化素质教育包括科学素质教育和人文素质教育两个方面，这两个方面又是紧密联系、相互渗透、不可分割的，科学文化素质教育的具体内容包括很多方面,从德育的角度来讲,大学生科学文化素质教育的重点在于培养两种精神——科学精神和人文精神。这两种精神是科学文化素质教育的核心。

1. 科学精神的培养

科学精神是人们从科学活动过程中和科学认识成果中提炼出来的价值准则和行为规范,是人类在漫长而艰巨的科学研究探索过程中逐渐形成而不断发展起来的一种主观的精神状态。科学精神激励着人们驱除愚昧、求实创新,不断推动社会的进步。无论是西方的文艺复兴,还是我国的五四运动,无不显示出科学精神的巨大作用和深刻影响。科学精神由于是在科学活动的过程中形成并发展起来的,因此,科学精神的内涵也随着科学活动的不断推进而不断得到充实和发展。在当代,科学精神有着新的时代内涵,科学精神的内涵很丰富,最基本的要求是求真务实、开拓创新。因此,对大学生科学精神的培养,主要培养以下几种精神。

(1)坚定不移的求真精神。科学研究是一种艰苦的工作,通向未知世界的道路绝时不是平坦大道,这条路上布满了荆棘,只有付出辛勤的汗水,矢志不渝,才会获得成功。

(2)尊重事实的务实精神。科学是老老实实的学问,来不得半点虚假和浮夸。只有尊重事实,从实际出发,以实践作为检验真理的唯一标准,才能正确认识客观世界,揭示事物的客观规律。

(3)勇于批判的怀疑精神。怀疑是一切科学创造活动的真正出发点。哥白尼从怀疑地心说而最终提出日心说,达尔文从怀疑上帝造人说而提出进化论,科学就是在不断怀疑批判前人学说的基础上获得进步和发展的。

(4)勇于开拓的创新精神。创新精神是科学得以创造和发展的精神动力与力量源泉。科学活动是从已知出发去探索未知从而发现和认识世界的,它在本质上是创造性的。提出新问题,解决新问题,得出新成果,是科学工作者的本职,也是衡量他们工作表现、价值大小的尺度。

2. 人文精神的培养

人文精神是一个民族、一种文化的内在灵魂和生命,是贯穿在人们的思维和各行中的信仰、理想、价值取向、人格模式和审美情趣,它是特定环境里各类精神价值的综合,是时代文化精神的核心。以人为本,关注人的现实存在和终极价值是人文精神的主旨,也是人文精神得以产生的源泉。人文精神的培养和人文素质的教育在中外教育史上具有悠久的历史传统。如我国古代儒家所提倡的"君子""大丈夫"等理想人格教育,近代蔡元培先生提出"普遍教育的宗旨在于养成健全的人格"等，都是重视人文精神培养和人文素质教育的光辉典范。人文精神是一个历史范畴，在不同的时代有不同的主题。当代大学生人文精神培养的基本内容是根据社会发展需要和目前大学生人文素质的现状来确定的，它主要包括独立人格教育、道德理念教育、人生态度教育和终极关怀教育四个方面。

（1）独立人格教育。独立人格是大学生人文精神培育的基础和前提，一个人只有首先在人格上具有独立性和自主性，不盲目地听从别人，有自己的意见和主张，才谈得上具有人文精神。畏畏缩缩、唯唯诺诺、趋炎附势，连人的尊严都丧失了，又怎么谈得上具有人文精神呢？

（2）道德理念教育。一个人不仅要成为一个独立的人，而且还要成为一个有道德的人。要教育大学生爱人如己，推己及人，设身处地为他人着想；要"先天下之忧而忧，后天下之乐而乐"，具有仁民爱物的胸怀；要热爱自然，保护环境，维护生态平衡。

（3）人生态度教育。在对人生的态度上，要教育大学生具有积极乐观的人生态度，自强不息，开拓进取。人的一生不可能是一帆风顺的，逆境和顺境总是交替出现，伴随人的一生。要教育大学生身处顺境时，不得意忘形，要居安思危；身处逆境时，不怨天尤人，要坚韧不拔，百折不挠，勇往直前。

（4）终极关怀教育。人文精神是现实性和超越性的统一。它既是一种现实关怀，体现现世性的精神追求；又是一种终极关怀，体现了人对超越有限、追求无限的一种渴望。它具体表现为理想和信念，要引导大学生树立共产主义远大理想，在社会主义现代化建设事业中以自己有限的生命获得无限的人生意义。

科学精神和人文精神是人类精神家园的两大支柱，二者之间是相互联系、相互渗透、相辅相成的。科学精神和人文精神都源于人们对至真、至善、至美的向往和追求，它们在本质上是一致的，科学精神的培育需要人文精神的辅助和支撑，人文精神的培育离不开科学精神的正确指导，离开人文精神的科学精神并不是真正意义上的科学精神，而离开了科学精神的人文精神也只是一种残缺的人文精神。因此，在大学生思想政治教育中，必须将科学精神教育和人文精神教育有机结合，克服只重视科学精神教育而忽视人文精神教育或者只重视人文精神教育忽视科学精神教育的错误倾向。

（三）健康素质教育

健康是大学生成才的重要保障，已成为人们的共识，健康的含义，包括生理和心理两个方面的内容；1948年世界卫生组织明确指出，健康是一种身体上、精神上、心理上和社会上的完满状态，而不是没有疾病或虚弱现象。因此，这里的健康素质教育主要包括两个方面，即身体健康素质教育和心理健康素质教育。身体素质是人的素质发展不可缺少的物质基础，是在遗传获得性基础上发展起来的人体形态与生理功能上的特征，包括生理解剖特征（身高、体重、骨骼系统、神经系统等）和生理机能特征（运动素质、反应速度、负荷限度、适应能力、抵抗能力等）。身体健康素质教育也就是我们通常所讲的体育，从德育方面来讲，身体健康素质教育就是要教育大学生树立"身体是革命的本钱"的观念，促使大学生积极参加体育锻炼，增强体质，做到劳逸结合，只有拥有健康强健的身体，才能开展其他一切活动，才能全力提高其他方面的素质。

心理素质是指在认知、情感、意志过程中所表现出来的求知欲、审美力、乐群性、独立性和坚持力等。它是个人整体素质的一个极为重要的方面，良好的心理素质是大学生学会适应社会、具有良好人际关系、形成健全人格的重要保障。近年来，许多有关大学生心理健康状况的调查资料显示，当代大学生心理矛盾日渐增多，由此引发的心理问题也日渐突出。大学生心理健康问题越来越受到社会的广泛关注，加强大学生心理健康素质教育成为大学生思想政治教育的一项紧迫任务，根据大学生心理健康的基本标准和目前大学生当中普遍出现的心理问题和心理疾病，我们把大学生心理健康素质教育内容分为以下几个方面。

（1）积极适应性教育。进入大学，面对一个与以前截然不同的新环境，许多大学生都会出现程度不等的适应不良症状，这就需要对他们进行积极的适应性教育，要培养大学生适应环境的能力，帮助他们掌握排解心理困扰的方法和技巧，使他们尽快地适应新生活，保持心理健康。

（2）健康情绪教育，大学时期是大学生面临的一个特殊发展时期，面对环境的变化和来自社会、家庭的压力，大学生很容易出现迷惘、焦虑、孤独、自卑、苦闷、空虚等心理障碍。这些障碍若不及时清除，会严重影响他们的健康成长和成才。因此，要让大学生了解人的情绪健康的标准及自身情绪变化的特点，学会体察和表达自己与他人的情绪情感，掌握调节情绪的方法，运用有效的调控手段，使自己经常保持良好的心境和乐观的情绪。

（3）坚强意志教育。现在的大学生大多成长环境较为优越，缺乏艰苦生活的磨炼，对生活的期望值过高，缺乏迎接困难的心理准备，不少人意志力薄弱，耐挫力差，对此，应引导大学生充分认识意志在成才上的作用以及自身意志品质的弱点，激发大学生以坚强毅力和顽强精神去克服困难的勇气，增强大学生的心理承受力，鼓励他们持之以恒、百折不挠地向着既定目标前进。

（4）健全人格教育。人格障碍是大学生心理健康中比较突出的一个问题，对大学生的健康成长构成了很大的威胁，因此，人格教育是当代大学生心理素质教育的核心和关键，要引导大学生气质、能力、性格和理想、信念、动机、兴趣、人生观等各方面平衡协调发展，培养他们适中合理的思考问题的方式，恰当灵活的待人接物态度，使他们能与社会的步调合拍，也能与集体融为一体。

（5）人际交往教育。良好的人际关系是维持大学生心理健康的前提。所以要帮助大学生掌握人际交往艺术，学会与人沟通、互助和分享；善于在群体中发挥自己的才干，达到高水平的自我实现；在与人交往的过程中养成宽宏大度、尊重他人、乐于助人的良好品质。

三、全员、全过程、全方位、整体性育人理念

全员、全过程、全方位、整体性育人理念注重强调整合学校、家庭、社会、学生个人的力量，使之共同参与到大学生思想政治教育的育人机制中去，形成一个"由内而外、由点到面"发散性的育人路径网络，各路径依靠自己的优势和资源，通过沟通、对话树立全员育人目标，最终建立共同承担育人责任的联合体。

（一）学校育人

高校要进一步加强和改进学生思想政治工作，注重校园文化建设，尤其是学风、校风及教风的改进，不仅要做好学生思想政治教育工作，还要改善教师思想政治教育工作，形成齐抓共管、全员育人和全过程育人的机制。这是高校全员育人工作的指导思想。

1. 加强思想政治理论课教师在"全员育人"中的基础地位

思想政治教育不只是向学生灌输思想理论等知识，其任务重点及目标是改变学生的思想观念和行为模式，使学生由"知"到"信"再到"行"。首先，高校要加强理论课教师素养培训，使思想政治理论课教师熟悉心理学及教育学知识，在学习和借鉴世界范围内大学生道德教育经验的基础上，不断探索德育规律。其次，高校要加强思想政治理论课程建设，丰富、更新教学内容，改进教学方法，创新教学制度，不断提高"育人"的实效性，注重开展讲座、研讨会，加强各教研机构、专家学者、教师、学生之间的交流，形成理论成果，用于指导思想政治理论课教学。

2. 充分发挥辅导员队伍在"全员育人"中的骨干作用

首先，高校要充分重视辅导员，增加其责任感和成就感，注重提高辅导员地位和待遇，要建立辅导员选拔制、培训制、评价制、管理制等，通过政策保障、岗位准入、管理培训、职业规划等一系列措施达到强化辅导员职业归属感的目的。

其次，高校要明确辅导员岗位职责，使之对自己的工作目标、工作任务、工作权限以及责任有进一步的了解，更好地在日常管理中总结教育经验，改进工作方法，提高教育成效。

3. 加强民主作风建设，发挥行政管理人员在高校"全员育人"中的重要作用

学校学生工作部门、教务部门、人事部门、后勤管理部门等要密切配合，尽快建构全员育人工作框架体系。

学校的学生工作涉及面较广，需要校内各级行政管理部门，如学生工作部门、教务部门、人事部门、后勤管理部门等共同服务，齐抓共管。

学生工作部门作为学生管理的主要机构，负责学生的日常思想教育、行为管理、成长成才服务工作等；教务部门主要服务于教务、教学管理工作，负责学生的学习、教师的教学活动的计划、组织、协调、考核、督查等工作；学校人事部门通过制定人力资源政策和人事管理制度，对全校的人事进行协调，整体规划师资队伍等；高校后勤管理部门的本质是育人，这一特性通过为教育、教学、科研服务体现出来，其服务质量越好，教育性就越大，所以后勤管理部门要根据教育教学需要，合理安排后勤工作，如根据教学工作的季节性，放假前进行全面检查、全面清扫，假期里进行全面维护与整修，开学前做好迎新准备等。对行政管理部门而言，要注重改良工作作风，提升工作效率等。

另外，"全员育人"也要求教育者与受教育者之间实现平等的地位。作为管理者要以平等的身份与学生交往，尊重学生、理解学生、爱护学生，以自己良好的思想道德品质教育和影响学生，使学生在与管理人员的交往中，感受其良好的品德乃至其人格的魅力，从而真正做到"管理育人"和"服务育人"。

（二）家庭育人

家庭参与学校教育，形成家、校合力，已成为现代教育的重要标志。家庭教育具有学校教育和社会教育难以取代的作用，家庭教育是个人成长、成才的基础，将家庭、学校、社会教育有机结合起来，建立全社会共同育人的大教育体系，才能全方位优化育人环境。家庭、学校教育相结合的主要途径有如下几个方面。

（1）家长会是家校联系、合作的主要方式，这种家长与学校面对面交流的方式，传统而有效。家长会可以使家长和老师能够集中交流，增进相互理解与支持。在会上学校可以向家长宣讲一些教育孩子的好方法，解答家长一些教育困惑，家长会在家庭教育和学校教育之间搭建起互相衔接与沟通的桥梁，取得学校教育和家庭教育的双赢，对孩子的健康成长将不无裨益。

（2）家访是维系教师、家长、学生的又一纽带，在学校教育中起着不可替代的重要作用，家访具有电话、手机、网络等沟通方式不能取代的优点，教师与家长面对面的沟通更加亲切、直接。

（3）用现代教育理论知识，对有关学生家庭教育的情况进行问卷调查；利用个别谈心等对学生的心理健康状况进行测试等。在此基础上，学校可以与家长及时、有效地互通信息，与家长共同研究教育方式。

（三）社会育人

各级党委、政府、企事业单位、社区等在育人工作中都肩负一定的责任与义务，都应以各自特有的方式支持与服务大学生教育工作。

（1）各企事业单位、科研部门、农村、部队等要结合自身条件，及时为学生提供社会实践、巩固专业知识的条件和场所，切实肩负起育人的责任。

（2）各级党委和政府应注重良好育人氛围的营造，如公安部门要加强学校周围环境的整治，净化学生活动场所风气等。

（3）媒体和公众也要肩负起育人责任，营造积极健康的社会环境。

（四）学生自我教育

实施"学生成长自我教育制"是引导学生自我管理、自我教育的有效手段。

（1）成立学生自我教育组织。如成立大学生社团、自律委员会等学生自我教育组织，引导学生进行自我管理和自我教育、自我发展，从而有效地促进学生综合素质和良好的思想品德的形成。

（2）开展生动有效的自我教育活动；开展各种形式的大学生自我教育活动，让学生以主人翁的姿态进行自我教育，培养其自我教育、自我管理、自我约束、自我评价的能力，从而达到育人的目的。

四、开放理念

随着经济的快速发展和时代的进步,全球化已经成为趋势,各种思潮和文化也随着经济全球化而相互影响,西方自由、民主、平等等多元化价值理念全面冲击大学生思想政治教育。在各种思潮的影响下,大学生思想政治教育再也无法像以前一样,期望在一个相对封闭的环境中来开展,刻意截堵各种观念思潮的入侵更是螳臂当车。为此,大学生思想政治教育必须顺应时代潮流,树立开放教育理念,积极应对挑战,把大学生思想政治教育自觉融入时代潮流之中,使之永远立于不败之地。

(一)开放理念的基本内涵

开放的理念是指教育者不断开阔视野,勤于思考,吸取国内外优秀的文化传统,引导当代大学生努力培养宏观意识、开放的心态、遵循国际准则等意识,使大学生思想政治教育顺应时代和世界的潮流。

1. 宏观意识

宏观意识问题实际上是一个大局观的问题,"不谋全局者不足谋一域,不谋万世者不足谋一时"。所以,大学生思想政治教育工作要从现实的大局出发,统筹历史、现实、未来,形成宽广的视野。

在教育内容上,一方面,我们需要培养大学生用前后联系的观念看问题,善于从历史中分析问题的根源,并结合具体现实的问题,深入反思和剖析;另一方面,我们需要培养大学生的世界眼光和全局意识,使其认识到民族和国家的发展离不开世界,使其养成将民族和国家问题放到世界大背景下进行思考的习惯。

培养大学生纵览古今、纵览全局的意识折射出思想政治教育工作的开放性,这证明我们愿意从封闭的状态中走出来,用更加科学的理念指导思想政治教育工作。

2. 开放的心态与意识

全球化是当今世界发展的基本趋势,各国之间相互依存度增强,为寻求更好的发展,各国以一种开放心态积极参与国际竞争与合作,在这种背景下,大学生思想政治教育要保持一种对别的国家、民族的新鲜感和敏锐力,不断汲取别国思想政治教育的经验。

在教育内容上，要注重对大学进行开放性教育，使其对别国文明持理解、认同、尊重、宽容的态度，并且要引导大学生学会从更广阔的视野里去理解自己所处的位置，看待和分析自己所面临的各种机遇和挑战，一个大学生只有将自己的个人命运与民族、国家的命运，与人类发展的命运，与整个地球的命运紧紧地联系在一起，才可能成"大器"，我们要塑造和培养的，就是懂得从我们民族、国家生死存亡的战略高度，从人类共同发展的大趋势中去奋斗、去拼搏的大学生。

3. 遵守国际基本准则的意识

世界经济、文化的交融，需要共同的规则，而我国正处于社会转型期，法律还不健全，社会出现了一些"规范"的"真空"地带，这造成人们或不知所从，或言行不一。

规范意识不强是当代大学生的一个比较明显的缺陷，因此，在大学生思想政治教育中，对大学生进行开放理念和规范意识的教育是时代的必然要求，而这没有长期的遵纪守法意识的培养是不可能实现的。应当说，这也是开放理念的基本要求。

（二）树立开放理念的意义

在大学生思想政治教育工作中树立开放理念，对我们整体的思想政治教育工作具有重要的意义。

1. 有利于深化大学生思想政治教育教学改革

第一，大学生思想政治教育虽然要结合我国国情，提出为我国社会主义建设服务的任务与要求，但在国际化潮流下，思想政治教育也需要考虑与国际接轨的问题，我们不但要培养合格的中国公民，还要培养合格的世界公民，这是大学生思想政治教育工作需要确立的新理念与新意识，大学生思想政治教育的民族性和世界性并不矛盾，反而是相互促进的，民族性越强就越具有国际意义；反之，不走向世界的封闭性并不利于民族性的进一步强化。

第二，在大学生思想政治教育中树立开放理念，对思想政治教育对象具有重要的实践意义。我们的思想政治教育必须从当代大学生的情感态度与价值观的实际出发，在目标、内容、方式、途径上符合大学生的特点。大学生思想政治教育工作中开放理念问题的提出，符合当代大学生的实际，它对改进大学生思想政治教育工作无疑具有重要的现实意义。

处于新时代的大学生乐于接受新鲜事物，不断尝试新的生活方式，富有竞争意识、平等意识和开放意识，具有较强的公民责任感，新形势下如何把握时代脉搏、紧跟时代潮流，以一种崭新的面貌和进取的精神来面对开放的世界，这是教育界十分关注的问题，对我国大学生思想政治教育而言，若不变革思想政治教育的内容与方法，还是用陈旧、过时的方式开展思想政治教育工作，就很难想象会在当代大学生中产生好的思想教育效果。

2. 有利于加快中国对外开放的步伐

大学生思想政治教育的一项重要内容，就是从中国的历史进程，特别是近现代历史的进程中充分认识改革开放的优越性，从而坚定走建设中国特色社会主义道路的信念。近代以来，中国与世界呈现出了一种双向互动关系，中国取得了飞速发展。当前中国正处于走向世界的黄金机遇期，需要"开放型"的人才贡献力量，大量"开放型"人才的培养又必然推动中国走向世界的步伐。

第四章 思想政治教育的内容创新

思想政治教育的主要内容是社会主义主流意识形态教育，主要包括理想信念教育、爱国教育、思想道德建设和人的全面发展。高校思想政治教育的内容创新，是根据社会和时代发展的需要，根据思想政治教育发展的阶段性特点，对内容体系的某些方面、某些环节，提出更新更高的要求。

第一节 思想政治教育内容创新的目标

任何一个国家的高等教育，特别是思想政治教育，都会对这个国家的未来产生直接的、重要的、深远的影响，决定着未来高级专门人才的思想、政治和品德素质。

一、高校思想政治教育内容创新的目标概述

高校思想政治教育内容创新的目标是一个多元的综合体系。中国高校思想政治教育的内容创新，不仅是为了更好地继承和坚持马克思主义的理论方法与政治立场，更好地坚持和发展中国特色社会主义理论体系，更好地以理想信念教育为核心，培育大学生正确的世界观、人生观和价值观，更好地弘扬和培育民族精神与时代精神，更重要的是为了更好地提高大学生的道德素质和促进大学生的全面发展。

1. **更好地继承和坚持马克思主义的理论方法与政治立场**

中国近现代史已经证明，马克思主义的指导地位和中国共产党的领导地位的确立都具有历史的必然性。马克思主义指导思想决定了高校思想政治教育的性质与发展方向，继承和坚持马克思主义的理论方法和政治立场，是高校思想政治教育的核心要求，也是维护社会主义文化建设的性质与方向的必然要求。

2. 更好地坚持和发展中国特色社会主义理论体系

当前，中国特色社会主义理论在实践中不断丰富和发展，既继承和发展了中华民族的优秀传统文化，也批判地吸收和借鉴了世界各国优秀文明成果；既体现了思想道德建设上的先进性要求，又体现了广泛性要求；既坚持了社会主义先进文化的前进方向，又符合不同层次群众的思想状况；既具有广泛的适用性和包容性，也是联结各民族各阶层的精神纽带。

当代大学生的思想意识和心理活动，既有明显的差异性和特殊性，又有强烈的独立性和选择性。所以，高校思想政治教育内容需要在继承和坚持马列主义经典理论的同时，创新发展中国特色社会主义理论体系，并使中国特色社会主义理论体系进课堂、进教材、进学生头脑。高校思想政治教育内容的创新，可以让高校思想政治教育更加贴近大学生实际，更易于为大学生所接受，也能够更好地坚持和发展中国特色社会主义理论体系。

3. 更好地以理想信念教育为核心，培育大学生正确的世界观、人生观和价值观

理想信念是人们的政治信仰在奋斗过程中的具体体现，坚定正确的理想信念是思想政治教育的核心内容。共产主义的理想和信念，是人类历史上一种崭新的理想与信念，它为人类提供了其他任何信仰均无法比拟的科学的世界观、价值观和人生观。在改革开放的实践过程中，我们要教育大学生正确认识当前出现的各类复杂的社会现象。用长远的眼光看，改革开放对中国社会所带来的影响是积极、进步的，意义是伟大而深远的。

4. 更好地弘扬、培育民族精神和时代精神

爱祖国是社会主义道德对每个公民最基本的要求，也是每个公民对国家和社会应尽的责任和义务，应具备的品格和素养。爱国主义作为社会主义道德的基本规范，是植根于社会主义社会人们的经济关系之中的，它反映了社会主义初级阶段人们的基本道德关系和道德要求。在现阶段，人们的道德关系是多层次的，但最基本的道德关系就是正确处理好个人与祖国、与人民、与社会主义制度的关系。爱国主义是我们思想道德建设的一条"底线"，是社会主义的基本道德观。培育和弘扬中华民族的民族精神，能够在最大限度内凝聚和动员当代大学生的力量，为建设中国特色社会主义提供精神动力和智力支持。

时代精神是每一个时代特有的普遍精神实质，是一种超脱个人的共同的集体意识。时代精神集中表现在社会主体意识形态之中，但是在社会发展过程中，并不是所有的意识形态中的各种现象都能够表现着时代精神，只有某些体现时代发

展潮流的意识形态，才能够标志着这个时代的精神文明，能够对社会生产发展产生积极影响，符合时代精神的具体体现。时代精神是一个时代的人们在文明创建过程中所体现出来的优良品格和精神风貌，是激励一个国家和民族奋发图强、振兴祖国的强大精神动力，更是构建精神文明建设的重要内容。所以，当前的高校思想政治教育内容创新，必须更好地弘扬和培育民族精神与时代精神。

5. **更好地提高大学生的道德素质和促进大学生的全面发展**

大学生是祖国未来的建设者，提高大学生道德素质，促进大学生全面发展，是提高民族素质的基础。大学阶段是道德素质教育的重要时期，重视倡导爱国守法、团结友善、明礼诚信、敬业奉献、勤俭自强等全社会倡导的基本道德规范教育尤为重要。针对高校大学生加大道德教育，结合社会实际，将与社会体制相适应的公民道德素质教育融入高校思想政治教育中，能够为大学生打下坚实的基础。只有在大学阶段坚持不懈地进行细致教育，将道德教育逐步渗透到教育的各个环节，才能切实地提升大学生的道德素质，才能为社会输出具有坚实道德素质基础的公民。

同时，人的素质是全面而综合的，素质的范畴包括身体、心理、思想道德素质和科学文化素质，人的自由发展意味着人的主体性增强、独特性增强。自古以来，教育就是推动人类社会发展和人类个体发展的不竭动力，是实现人的全面发展的根本途径。教育的本质是通过文化促进人的发展的实践活动，也是人类社会所特有的培养和提高人的素质和能力的实践活动。教育不是仅仅使人掌握一种知识，而是要使所掌握的知识成为培养能力的手段，从而提高一个人的整体素质。正是通过教育活动，才能保证每一代人都能汲取历代人以及同代人所积累的各种知识、经验和技能，并在此基础上激发人的创造性思维。

高校思想政治教育的最终目标就是促进大学生的全面发展，培养大学生成为中国特色社会主义事业的合格建设者和可靠接班人。要实现当代大学生的全面发展，高校必须进行行之有效的思想政治教育，而且在思想政治教育的内容创新过程中，要坚持以促进当代大学生的全面发展为目标，努力发掘并且有效提高思想政治教育的实效性，以增强思想政治教育内容的吸引力和感染力。

二、高校思想政治教育内容创新的理论依据

历史唯物主义的基本原理和马克思主义中国化理论体系的重要原理，是高校思想政治教育内容创新的主要理论依据。其中，马克思主义关于社会存在与社会

意识的辩证关系原理，以及上层建筑与经济基础的辩证关系原理是最基本的理论依据；而马克思主义的人学理论，以及社会主义精神文明建设的原理则是直接的理论依据。

1. 社会存在与社会意识的辩证关系原理要求高校思想政治教育内容不断创新

社会存在与社会意识的关系问题是社会历史观的基本问题。社会存在是指社会生活的物质方面，即社会物质生活条件，主要是指物质资料的生产方式。社会意识是社会的精神生活现象的总称，包括各种社会意识形态和社会心理，其中政治思想和法律思想在社会意识诸形式中居于核心地位。历史唯物主义认为，社会存在是社会生活中第一性的东西，是社会意识的根源，而社会意识则是社会存在的反映和派生物。

同时，历史唯物主义在肯定社会存在决定社会意识的前提下，又承认社会意识对社会存在具有能动的反作用。社会意识既被经济基础所决定，又为特定的经济基础服务。但社会意识具有相对独立性，与经济基础的发展变化并非亦步亦趋、完全同步。同时，社会意识对社会存在起反作用时，可能会促进社会的进步，也可能会阻碍社会的发展。顺应历史发展趋势的社会意识，一旦被人民群众掌握，就能够成为人们改造现实世界的巨大物质力量，具有推动社会发展的巨大动力，反之亦然。发挥社会意识的能动性，必须通过具有目的和意识的人的社会实践活动，才能够得以实现。因此，在高校思想政治教育内容发展和创新过程中，要始终坚持不懈地用马克思主义理论和中国特色社会主义理论教育大学生，使他们树立共产主义的远大理想，坚定他们走中国特色社会主义道路的信念。

2. 上层建筑与经济基础关系原理要求高校思想政治教育内容不断创新

马克思主义认为，生产力与生产关系、经济基础和上层建筑之间的矛盾构成了社会的基本矛盾，它们之间的相互作用以及动态结合，构成了社会发展的基本动力和一般规律。生产关系和上层建筑都要随着生产力的发展而发展，经济基础决定上层建筑的产生、性质、变化和发展，上层建筑反映并服务于经济基础。同时，上层建筑对经济基础又具有强大的反作用，其会为自己的经济基础的形成和巩固服务。上层建筑能够通过多种多样的形式反作用于经济基础，而思想政治教育就是其中极为重要的形式。如前所述，通过高等院校的教育教学实践，对大学生进行有规划、有组织的教学活动，其中所蕴含的思想政治、道德法律和心理健康等，构成了中国特色的高校思想政治教育的实质性内容。

实践证明，中国共产党的思想政治教育工作不仅保障了经济发展工作，以及其他一切工作沿着社会主义建设道路的发展方向前进，而且提高了社会主义建设者的思想政治觉悟，使他们焕发出蓬勃的劳动生产积极性。同时，党的思想政治教育内容在高等教育中的推行，也为社会主义现代化建设事业培养了大批合格的社会主义事业建设的接班人。高校思想政治教育内容是高校思想政治教育的基础，要发挥高校思想政治教育的重要作用，必须重视高校思想政治教育的内容要与时俱进地创新，使教育内容始终符合历史进步的趋势，符合中国社会经济的发展要求。

3. 社会主义精神文明建设的原理要求高校思想政治教育内容不断创新

马克思主义是关于自然界、人类社会和思维发展的普遍真理，它贯穿于社会主义精神文明的各个领域和各个方面，并极广泛地体现在社会主义精神文明的产品之中。因此，马克思主义的创立，标志着社会主义精神文明理论的形成。改革开放以来，我国将精神文明与物质文明共同作为社会现代化建设的目标，逐步提出并且不断完善了社会主义精神文明建设的理论体系以及一系列理论内容。

社会主义物质文明与社会主义精神文明之间具有紧密联系，社会主义精神文明建设需要以社会主义物质文明建设作为基础。同样，社会主义物质文明建设也需要社会主义精神文明为其提供精神动力和智力支持。思想道德建设和教育科学文化建设都属于社会主义精神文明建设的理论范畴，思想道德建设决定着精神文明建设的社会主义性质和发展方向，教育科学文化建设则是提高人民群众道德水平和思想觉悟的重要保障。思想道德建设与教育科学文化建设相互影响和渗透，其关系处理得当就可以互相促进、共同发展。社会主义精神文明建设的这些理论内容，不仅创造性地发展了马克思主义经典理论，而且成为马克思主义中国化理论体系的有机组成部分。

4. 马克思主义的人学理论指出了高校思想政治教育内容创新发展的方向

马克思主义人学理论是马克思主义哲学的核心内容和实质部分，是思想政治教育的重要理论基础和直接理论依据。马克思主义人学理论包括人的存在论、人的本质论、人的发展论等基本内容。对这些问题的科学认识，有助于我们更好地把握思想政治教育学的理论基础。对大学生思想特点的认识是我们思考问题的前提，要想把高校思想政治教育内容传输到学生的脑海里、心坎上，就必须从当代大学生的实际情况出发。马克思主义的人学理论以人为研究对象，揭示了人的生存与发展规律。高校思想政治教育内容的发展和创新的目的是促进大学生的全面发展，培养社会主义建设的"四有"新人，因此，两者在本质上是一致的。

马克思主义的人学理论指出了高校思想政治教育内容创新发展的方向，运用马克思主义人学理论，可以指导和引导高校思想政治教育内容创新与发展。在高校思想政治教育内容发展和创新中，运用人的本质理论，从当代大学生的社会属性出发，准确判断大学生的思想观念。在大学生现实的社会关系基础上，设置思想政治教育内容，结合各种社会关系的处理，引导大学生把个人价值和社会价值结合起来，在为社会做贡献中来实现个人价值。

三、高校思想政治教育内容创新的实践依据

高校思想政治教育就其内容的存在形式来说，既是理论文本式的，也是实践经验的及时总结和概括，这就决定了高校思想政治教育内容创新富有实践性，必须坚持从实践中来，经受实践的检验，并伴随实践的发展而不断调整，通过创新来满足实践的需要。离开了丰富的社会实践，理论创新就失去了应有的现实意义。

1. 高校思想政治教育内容创新是适应新时代发展的需要

当今时代，多媒体网络高度发达，信息传播快速发展，特别是改革开放后，高校及大学生出现了一系列新变化，高校思想政治教育内容必须适应新形势，对思想政治教育的内容进行大胆探索和创新。针对出现的新问题、新情况，高校必须注重利用现代高科技手段，注重吸取教育学、社会学、心理学、行为学等相关学科的最新研究成果，注重发挥校园文化、家庭因素、社会环境在思想政治教育中的重要作用，增强思想政治教育的吸引力，达到思想政治教育的效果和目标。

在新媒体条件下，高校思想政治教育呈现如下特征：一是教育主客体（师生）关系的交互主体性特征，即教育主客体的互动模式由主客二分向主体际性转向，教育主客体的互动方式由人与人的直接互动向人与机的间接互动转向，教育主客体的互动时空向度由实时同步向实时同步与延时异步相融合转向。二是教育内容传播的技术性特征，即教育内容的传播时效由单向滞后性向多向即时性转向，教育内容的传播形式由单一媒体形态向多媒体形态转向，教育内容传播范围由相对封闭的小众向整体开放的大众转向。三是教育方法的连续统特征，即教育方法的存在原理是现实性与虚拟性的连续统，教育方法的运用理路是网上教育与网下教育的连续统，教育方法的作用机理是显性灌输与隐性渗透的连续统。因而，教育环境也呈现出耗散结构特征，即教育环境是开放的联系、非平衡的联系、非线性的联系。

面对新媒体带来的全新理念以及大学生不断多样化的价值取向，高校思想政治教育作为社会运行大系统的重要组成部分，一方面要将自身汇入以改革创新为核心的时代潮流中；另一方面必须以整体性的系统的创新实践，真正反映出时代精神的要求。高校思想政治教育只有从整体上综合体现改革创新的时代精神，才能真正提高其针对性和实效性。为此，要将高校思想政治教育看作是一个有机的整体，实现各个环节的有机结合、相互影响、相互促进、共生实效的创新体系。这个创新体系包括高校思想政治教育课程和教材创新、高校思想政治教育师资队伍创新、高校思想政治教育教学方法创新等。高校思想政治教育内容必须更新，使之更接近现实，更易被学生接纳，更富有实效性。

2. 高校思想政治教育内容创新是实现教育科学化的需要

高校思想政治教育内容在马克思主义指导下，以中国特色社会主义理论体系为核心内容，是具有稳定性和连续性的。但改革开放以来，中国社会各方面均发生着日新月异、翻天覆地的变化。现实社会实践的变化，最终决定高校思想政治教育的内容，必须要随之而发展与创新，以适应现实社会存在的发展变化，实现高校思想政治教育内容的科学化。高校思想政治教育的科学化就是在马克思主义科学理论指导下，运用科学的理念、原则和方法，实行科学的管理，不断增强思想政治教育理论研究和实际工作的科学性，从而达到正确而系统地认识和把握其本质与规律的过程。这个过程也就是不断把思想政治教育的实践经验进行理论升华，不断提高其科学含量，实现从经验型向科学型转化的过程。

高校思想政治教育科学化是思想政治教育合目的性和合规律性的统一。所谓思想政治教育的合目的性，集中体现为教育主体对思想政治教育功能作用的追求。人们从事任何思想政治教育活动，都是希望达到一定目的，离开一定的目的，它就变得毫无意义。所谓思想政治教育的合规律性，是指思想政治教育研究中所形成的范畴、理论观点，不能是对表面现象的感性概括，而是经过严格提炼的、能准确反映思想政治教育本质和规律的理论概括，并且这种理论概括是运用本学科独特的专业术语来表达的，达到了精确化、规范化、系统化的水平。这既是思想政治教育科学化的内在要求，也是人文社会科学建设发展的必然规律。

当前，推进高校思想政治教育科学化，要坚持以马克思主义科学理论为指导，牢牢把握思想政治教育理论与实践发展的正确方向；要大力加强思想政治教育学科建设，努力推进思想政治教育学科化发展进程，切实提升思想政治教育学科化水平；同时，还要加强思想政治教育实践创新，努力使思想政治教育体现时代性、把握规律性、富有创新性，从而实现与当代社会共同发展。

第二节　思想政治教育内容创新的任务

从教育功能角度讲，高校思想政治教育内容创新的基本价值取向是为持续的创新教育奠定基础：一是打好创新精神的基础；二是为培养创新能力奠定基础。创新活动是创新思维的发展与归宿，是个体在实践层面，以新颖、独特、灵活的方式解决问题，因为经不起实践检验的思维是无价值的。

一、高校思想政治教育内容创新的主要任务

高校思想政治教育的主要对象是大学生，而大学生思想政治教育涉及的范围广泛，教育的内容丰富，教育的方式多样，需要研究的领域和问题较多。这就决定了高校思想政治教育内容创新任务具有复杂性和系统性，需要根据不同的特点确立相应的任务。高校思想政治教育内容创新的主要任务：一是根据大学生思想品德形成的规律和社会发展的要求，确定高校思想政治教育创新的内容；二是根据高等教育整体规划，安排高校思想政治教育创新的内容；三是根据高校思想政治教育总体目标，设置高校思想政治教育创新的内容；四是根据高校思想政治教育内容的深化和延伸，组织高校思想政治教育的新内容。

1. 加强高校思想政治教育的学科研究

高校思想政治教育学科是思想政治教育研究成果的理论概括和总结，是思想政治教育理论的体系化。因此，高校思想政治教育的学科创新发展，直接反映着思想政治教育学科研究的动态和水平。但思想政治教育学科研究，应着重于当前重大理论与现实问题，特别是大学生在成长过程中所遇到的实际难题的研究，这既是实现思想政治教育学科价值的需要，也是深化与完善学科体系的根本途径。

在开放、多样、复杂、多变的社会背景下，在市场体制所形成的竞争压力与科技发展所形成的信息压力下，许多大学生由于缺乏社会生活经验，世界观、人生观、价值观尚未完全形成与稳定。因而，容易产生迷惘与困惑，即迷途不知所向，疑惑不知所解，茫然不知所选。也就是在面对开放、多样、复杂、多变的社会因素时，发生了适应、取向、选择上的困难。迷惘与困惑是大学生思想领域的矛盾，而不是物质领域、知识领域的问题，其实质是精神需要、价值诉求与目标追求。

2. 突出高校思想政治教育的重点问题

高校思想政治教育的重点问题，是在大学生思想政治教育的实践中显现出来的，需要在思想政治教育教学中着力加强的问题。对这些重点问题的理解与把握，对于培养大学生具有高尚的思想品德、良好的心理素质、崇高的理想信念等具有重要的意义。

第一，社会层面的主导性和多样性的并存与矛盾状态。高校思想政治教育存在着社会层面的主导性和多样性的矛盾，影响着大学生的成长与发展，也影响着思想政治教育的过程与效果。"所谓社会层面的主导性与多样性，主要是指多元文化交汇背景下的中华民族文化主导，多种意识形态并存条件下的社会主义意识形态主导，多样化价值取向过程中的社会主义核心价值体系主导，多样化知识、信息影响下的人本主导。"主导性和多样性的矛盾，在现实的高校思想政治教育过程中，已经不同程度、不同形式地存在，并正在影响大学生的成长与发展，也在影响思想政治教育的过程与效果。应当看到，以上四大客观因素，作为社会的基础与客观条件，由于其发展快、变化大，而且相互交织形成综合效应，极大地赋予了社会与个体的多样化发展机制。诸如市场体制的竞争机制、信息社会的选择机制、民主发展进程中的参与机制等，都极大地调动了大学生的积极性、主动性与创造性，从而为他们的个性化与多样化发展提供了极其有利的条件。

同时，也应当看到，社会的客观因素与竞争机制、选择机制的形成，虽然为社会的多样化发展提供了条件、奠定了基础，但这些客观因素与机制本身的发挥作用和发展完善，则需要一定条件的制约。这个条件就是上层建筑的职能，其中包括思想上层建筑职能，即通过思想（价值取向）、政治（包括政治目标、原则与法制）、道德（规范）的作用，保证主体的多样化都能遵循一致的方向规范发展，以维护社会的安定与秩序，推动社会与个体全面、协调和可持续发展。主体的多样化发展如果脱离了思想、政治、道德的方向主导与规范，其相互之间必然产生矛盾、发生冲突，甚至导致社会混乱，那么主体的多样化发展也丧失了条件。相反，思想、政治、道德的主导离开了主体多样化发展，就会成为教条或者流于形式，甚至成为主体发展的障碍。

在当代中国，高校思想政治教育在本质上就是运用中国特色社会主义的思想、政治、道德理论对大学生进行规范和引导。而目前的引导是在多种客观因素、多样化理论影响和多种机制作用下进行的，是对多样化的导向与规范。

在新的历史条件下，所谓主导性思想政治教育形态，就是社会民主化和个体特色化发展中的核心价值主导。在对象上，主导性思想政治教育就是对社会多样化以及多样性思想政治教育的概括与超越,没有对多样性的抽象就没有主导性;在功能上,主导性思想政治教育就是形成共同理想,没有对多样性取向的规范就不可能有共同目标;在性质上,主导性思想政治教育就是维护社会主义意识形态的安全,没有对多样化文化的合理选择、吸纳、鉴别和批判,就不能发挥社会主义意识形态的主导作用。

第二,个体层面的个性化与社会化的并存和矛盾状态。个性化是指个人获得个性、形成个性的过程,是人逐步形成作为自己独特品质的心理和行为的过程。现实的个人是拥有个性,即主体性和独特性的个人,是个性化的存在。这种个性是在个性化的过程中逐渐获得的,失去了这种个性,人的存在就失去了现实性。所谓个体层面的个性化与社会化,是指大学生在市场体制条件下,拥有自主权和民主发展条件下拥有自由性,能够独立、自主和创造性地发展自己的主体性与个性特点;与此同时,还必须要融入社会的政治、经济、文化与道德生活,接受社会政治、法制与道德规范的约束。

应当看到,社会的客观条件,既赋予了个体个性化发展机制,同时也提出了社会化发展的新要求。市场体制、社会民主、信息条件赋予学生自主权与自由性,但有些学生往往只局限于自身范围,珍惜自身的自主权与自由性,难以兼顾全局而忽视制约自主权和自由性的政治、法制与道德规范。也就是说,拥有自主权、自由性的学生往往难以自发社会化,需要学校通过教育和管理推进学生个体社会化。社会化的实质是促进学生认可、接受、融入社会的发展目标与规范,而思想政治教育在本质上就是运用思想、政治、道德的目标、规范来推进学生的社会化。一些大学生在学习、生活、交往、择业等实际活动中,主体性显示比较充分,而对思想、政治和道德的价值性认识不充分,即对社会化的发展取向有所忽视,因而,在思想、政治和道德观念的形成与掌握上欠缺主体性。

高校思想政治教育的根本目的是提高人的思想道德素质,促进人的全面发展。其中,个性发展是核心。因此,高校思想政治教育要重视对大学生个性的引导和完善,实现个性的优化与发展,不断开发教育对象积极的主体性。

3. 抓好高校思想政治教育的德育工作

高校思想政治教育的根本任务,在于帮助大学生完成其对人生意义的求索和生存质量的提升,构建与大学生生活紧密结合的、生活化的德育格局,是高校思想政治教育的真谛。人的生活和动物的生存的不同在于,人不仅需要生活在一个物理世界中,还需要生活在一个意义世界里。人通过自主的活动来构建自我,不断完善自我的内心生活，完善与外界的联系，完成作为"人"的意义。因而意义世界的建构对维持个体与社会的生命存在具有至关重要的价值。

二、高校思想政治教育内容创新的基本要求

高校思想政治教育内容具有针对性、稳定性、灵活性、层次性和连续性的特点。高校思想政治教育的内容创新，必须针对大学生在现实生活中遇到的热点和难点问题，从解决学生的实际问题着手。

1. 世界观教育

世界观是人们对世界的总体看法和根本观点。世界观一旦形成，就会对人的实践活动产生巨大影响。它决定着人们观察问题、分析问题、处理问题、立身处世的基本态度，也决定着人们的人生观、政治观、道德观、法制观等。马克思主义世界观是科学的世界观，它揭示了自然界、人类社会和人类思维发展的普遍规律，在实践的基础上达到了革命性与科学性的高度统一，是我们认识世界和改造世界的强大思想武器。因此，对于任何社会历史条件下的思想政治教育来说，世界观教育都是最根本的内容，是其他教育内容的奠基石。而在全球化大趋势的背景下，世界观教育更加重要。

大学生世界观教育是引导大学生健康成长、顺利成才的根本保障，是加强和改进高校思想政治教育的主要内容。大学生世界观教育的效果，直接关系到高等教育的人才培养质量，关系到社会主义人才培养目标的实现。因此，高校必须努力构建一个科学的、实效的大学生世界观教育的长效机制。为构建大学生世界观教育长效机制，高校思想政治教育工作部门要不断创新理念，提供思想保障；加强教师队伍建设，提供组织保障；通过科学管理，提供制度保障；加大经费投入，提供条件保障。

2. 人生观教育

人生观是指人们对人生的根本态度和看法，包括对人生价值、人生目的和人生意义的基本看法与态度，是世界观的重要组成部分。培养大学生健康的、科学的人生观，是高校思想政治教育一直非常关注的重要问题之一。人生观是人类所处的历史条件以及社会关系的产物，是来源于现实基础的。大学生朝气蓬勃，思维敏捷，勇于创新，积极进取，身心发展都处在"活跃—动荡—变化—成型—基本定型"这样一个过程之中。大学时代学生处于人生的关键时期，建立和形成什

么样的人生观，对其个人和社会都是至关重要的。为此，高校应加强和改进思想政治教育工作，把人生观教育作为教育的重点和突破口，在深化大学生人生观教育的工作实践中，不断探索和拓展有效途径，以解决大学生的思想状况中存在的问题。

作为高校思想政治教育工作者，应该着重于加强"以人为本、关爱生命"人生观教育内容，着力引导大学生认识生命的价值，尊重自己和他人的生命，努力提升自身生命的内涵和价值。首先，要改进人生观教育的内容，树立从生命的角度和高度来理解学生的本质，将学生视为不断走向个体完善的独特生命存在的学生本质观；树立立足学生发展的终身性，为学生的发展奠基，增强学生发展的自主性，激发学生的创造潜能，实现学生发展的个性化，促进每一位学生发展的学生发展观；强调学生生命主体的能动性，将学生视为社会活动的实践者、平等交流的对话者的学生角色观。其次，要改进人生观教育的形式，使人生观教育充满时代内容和强大的生命力。通过开设相关课程，并在其他课程中加强渗透与开展课外活动，让大学生学会珍惜生命、丰富生命、升华生命。

3. 政治观教育

政治观是指人们从价值判断、价值倾向、价值选择角度，对关于国家政治、法律思想、国家结构、政治制度、国家路线方针政策等政治方面的价值观点。政治价值观规定着人们的政治思想、政治方向、政治素质，左右着人们的政治观点和政治立场。政治价值观教育凸显了高校思想政治教育的导向性，是实现大学生思想政治教育工具价值的主要内容。高校历来是各种不同的理论学术观点与思想观点交汇、融合、斗争的阵地，在世界风云变幻的形势下，高校能否坚持社会主义方向，能否塑造政治素质合格的人才，关系到中国社会未来发展的命运。

政治观教育总是在一定的社会环境中进行的，既受环境的影响，也对环境产生一定作用。我们在看到环境对人们政治思想作用强化的同时，也要看到人们改造环境的作用也在强化。大学生政治观教育必须与变化了的时代主题相适应，与变化着的社会环境相适应，与鲜活生动的教育对象——当代大学生的思想实际相适应。主导性的政治观念，只有在社会生活实践中为各种环境因素所强化，才能被大学生真正接受并内化为个体的政治品德，成为他们政治行为的指南。

4. 生活观教育

生活观是人对生活的基本看法和态度，其本质上是人生观问题，又是价值观的外部表现形式。一种全新的生活观，是依托于一种有价值的人生观的。对大学生进行生活观教育的主要目的是，通过教育来培养大学生可以形成良好的生活观，养成积极向上的生活态度，实现大学生的全面发展。大学生是国家的栋梁，是祖国未来的希望，因此对大学生进行生活观教育是极有必要的。这不仅可以帮助大学生学习专业知识，还可以帮助他们掌握生活方面的知识和技能，从而全面提高自身的素质，为以后进入社会打下坚实的基础。

当前对大学生进行生活观教育，其中一个重要目的是让大学生对生活观教育在大学时期的地位有一个明确的认识，为大学生提供科学、健康的观念、技能和方法。高校思想政治教育应对大学生生活观教育中存在的问题进行深入的分析，掌握大学生生活教育的发展趋势，对教育方法不断进行创新。在对大学生进行生活观教育的同时，要为大学生提供更加优质的教育，从而实现大学生的全面与健康发展。

5. 道德观教育

道德观是人们对自身、他人和世界所处关系的系统认识与看法，属于社会伦理的范畴。高校思想政治教育对大学生道德观教育影响重大，加强大学生道德观教育，并结合思想政治教育方法进行教育和引导，让其树立马克思主义的科学道德观，是摆在当前高校教育者和全社会面前的一个重大课题。大学生优良道德品质的形成是长期的过程，是在一定的社会生活实践经验的积累以及个人自觉锻炼和修养中逐步形成的。面对当代大学生道德观的变化和发展，我们既要进行客观分析，也要以历史的眼光正确对待，从中发现问题，找出对策，改进和加强思想政治教育工作。

6. 创造观教育

所谓创造观，就是人们对于创造的价值、能力和方法的根本性看法和态度。创造的价值是无与伦比的，它是人类社会进步与繁荣的本源，是一个民族生生不息的活力，是一个民族文化中的精髓。人类的历史就是一部发明史和创造史，创造力关系到一个民族和国家的兴衰存亡。社会主义现代化建设事业是一个空前规模的伟大创举，只有培养起全民族的创造力，才可能取得成功。高校进行创造观教育，主要应进行进取性精神教育、创造性思维教育和创造性技能教育。传统的思想政治教育思维往往把思想政治教育等同于理想教育，思想政治教育内容通常具有高度的政治理想性。

所谓进取性精神，是指一个人在人格成长过程中，所具备的主动进取精神、不屈不挠的精神以及与他人建立稳定的人际关系的能力。如果一个大学生缺少了进取性精神，也就没有了理想和抱负，他就会变得碌碌无为、不思进取，空有知识和技能，也不能有所发明和创造，所以这种进取性精神教育在高校思想政治教育中就显得至关重要。所谓创造性思维，是一种具有开创性的探索未知事物的高级复杂的思维活动，即以感知、记忆、思考、联想、理解等能力为基础，以综合性、探索性和求新性为特征的高级心理活动。加强大学生的创造性思维教育，有利于大学生正确运用辩证思维的方法，把握事物的本质和发展规律，综合运用各种科学思维方法面对新情况、解决新问题。所谓创造性技能，是指为了适应市场发展需要，增强市场就业竞争力而进行的一种创造性的技术能力。现代科技迅速发展，社会信息化方兴未艾，高校思想政治教育必须紧跟社会发展形势，把创造性技能教育纳入社会发展和人的发展的轨道上来。

7. 心理健康教育

心理健康是指精神、活动正常，心理素质好，突出表现在社交、生产、生活上，能与其他人保持较好的沟通或配合。心理健康是一个人全面发展必须具备的条件和基础。大学生是未来社会的主要建设者，他们将在很大程度上决定着未来社会的走向和发展状况，他们的心理健康与否，不仅影响着他们的学习和健康成才，而且对整个社会的安稳都至关重要。因此，心理健康教育是思想政治教育的重要组成部分，是培养跨世纪高质量人才的重要环节，对促进大学生的身心全面发展和素质全面提高具有重大意义。

心理健康教育的主要内容，就是对大学生进行心理健康教育和指导，使受教育者形成良好的个性、健全的人格、健康的情感、乐观的心态。加强大学生心理健康素质的培养，丰富学生心理教育的形式，改善培养、教育的条件和环境，特别是培养大学生坚强的意志，增强他们在激烈的竞争中，勇于进取、不怕挫折、自强自立、艰苦创业的意志和能力，是高校思想政治教育的当务之急。

第三节 思想政治教育内容创新的策略

高校思想政治教育的内容创新，既要遵循大学生成长发展的规律，又要在方法和手段上下真功夫，更要在创新过程中科学把握其历史经验与现实要求、内在动因与外部表征、趋势变化与规律遵循，通过方法路径的不断创新，不断增强高校思想政治教育的针对性和实效性，切实推动高校思想政治教育的科学化进程，落实立德树人的教育根本任务，把思想政治教育贯穿到教育教学的全过程，实现全程育人、全方位育人，努力开创我国高等教育事业发展的新局面。

一、优化高校思想政治教育内容的课程体系

优化课程体系是实施创新教育的根本,课程是教育改革的实质和核心环节。在知识经济社会,我们面对的是瞬息万变的知识创新局面,以学科为中心的传统课程模式所形成的知识结构、智能结构,已不能适应知识经济社会对人才的需要。高校思想政治教育内容体系的创新,是思想政治教育工作改革的重点所在,也是转变观念的主要落实之处,应根据国际形势和时代潮流的发展变化,不断调整课程体系,补充最新颖的内容。

1. 转变高校思想政治教育的观念

随着人类社会和经济的迅速发展变化,对高校思想政治教育也提出了新的要求。高校思想政治教育应转变观念,开拓新领域、增添新内容,加强人文素质教育,树立全新的教育观和人才观。这就需要把以传授知识为主的传统教育观,转变成人文精神、科学素养和创造能力协同培养的新型教育观;把培养精英人才的教育观,转变成培养"专通结合"人才的教育观;把片面的智力教育观,转变成培养综合素质的教育观;把继承性和传播性教育观,转变成内在价值观与外在价值观协同作用的教育观;把唯物质的教育观,转变为可持续发展的教育观;将单纯的经济、政治的教育观,转变成以经济、科技和人力资源为基础的综合国力的教育观;把以学科为中心的教学模式,转变为以学生为中心的教学模式。学生只有成为知识的主人而不是容器,才能创造性地应用知识,进而对知识进行创新。也只有具备了丰富的知识、认同的文化,才能把使命升华为坚定的信念、强烈的感情和高尚的情操。

2. 高校思想政治教育内容的创新

思想政治教育必须与时俱进,积极适应时代和社会的变化,实现全面创新,既包括思想政治教育观念的创新,也包括内容、方法和机制的创新。思想政治教育观念的创新,是思想政治教育工作创新的前提,只有思想政治教育观念创新了,思想政治教育的内容、方法、机制等才能真正创新,才能发现和开辟思想政治工作的新天地。

我们强调高校思想政治教育内容的创新,必须做到以下几点:第一,始终站在理论和实践的前沿,更新思想政治教育观念,进一步强化服务学生的意识,这是实现高校思想政治教育观念创新的最重要、最核心、最根本的观念。第二,确立符合时代要求的新观念,这是实现高校思想政治教育观念创新的现实需要。第

三、坚持以人为本，促进人的全面发展，这充分体现了高校思想政治教育的价值定位和角色定位的新变化。

3. 优化高校思想政治教育的课程体系

在进行高校思想政治教育的内容设计与选择时，必须确立这种教育内容体系应该如何创新。只有理顺了思路，才能真正有针对性地确定教育内容。分析高校思想政治教育课程设计的情况，主张以学科为中心的课程设计观念，没有考虑到大学生是受教育的主体，而忽视了大学生作为主体的作用；主张以活动为中心的课程设计观念，主要目标指向大学生的实际操作技能，强调解决大学生的实际问题，却没有考虑到对大学生进行思想政治教育的价值所在。

因此，高校思想政治教育的课程设计，应该考虑大学生的思想需求与兴趣，把科学的知识结构和理论体系结合起来，把理论与实践有机地结合起来，从而构成高校思想政治课程的内容。通过优化课程设计，激发大学生的新奇感，启发大学生的思路，鼓励大学生大胆探索、大胆设想，放手让大学生在实践中依靠自己的力量，通过自我锻炼，增强自豪感和自信心，加强自我发展意识，努力把自己培养成全面发展的合格人才。

二、强化社会主义核心价值观教育

社会主义核心价值观与社会主义核心价值体系是两个既有内在联系，又彼此区别的命题。社会主义核心价值体系指的是社会主义意识形态中那些反映社会主义经济、政治和文化制度要求，体现社会主义发展趋势的核心思想意识、价值观念的总和；而社会主义核心价值观则是对社会主义核心价值体系核心内容和精神实质的高度凝练及抽象概括，体现社会主义核心价值体系的根本性质和基本特征，反映社会主义核心价值体系的丰富内涵和实践要求。从根本上来说，社会主义核心价值观与社会主义核心价值体系在本质上是一致的、统一的，它们都体现了社会主义的核心价值追求，是建设中国特色社会主义不可或缺的重要组成部分。

（1）加强大学生社会主义核心价值观教育，正确认识核心价值观教育的实践意义。大学生群体的价值观深受社会变革的影响。大部分学生虽然在观念上认同社会主义核心价值观，但是在具体的行动或实际的问题中却又难以践行，产生了价值认知与价值行为之间存在着分离的现象。因此，在高校思想政治教育中，强化社会主义核心价值体系建设，具有长远的现实意义和历史意义。

（2）在隐性教学实践活动中，加强大学生社会主义核心价值观教育。把社会主义核心价值观融入高等教育，应充分认识思想政治理论课的主导地位，充分发挥思想政治理论课的引领作用，充分提升思想政治理论课的课堂控制力，充分发挥思想政治理论课教师的主导作用，全面提升思想政治理论课在高校社会主义核心价值观教育中的主导性。

（3）立足中华优秀传统文化，培育和弘扬社会主义核心价值观。中华优秀传统文化蕴含着丰富的思想道德资源，是涵养社会主义核心价值观的重要源泉。中华优秀传统文化和社会主义核心价值观具有内在的、历史的联系。一方面，中华优秀传统文化是社会主义核心价值观的重要根源，社会主义核心价值观的产生、形成和完善，是这些优秀传统文化内容自然的、历史的延续和发展；另一方面，社会主义核心价值观与中华优秀传统文化基本价值相对接，充满与中华优秀传统文化相同的民族精神。离开中华优秀传统文化的支撑，社会主义核心价值观将成为无源之水、无本之木。继承和弘扬中华优秀传统文化，要与培育和践行社会主义核心价值观紧密结合。

（4）遵循大学生身心发展规律，把核心价值观教育渗透到教育的全过程。实践证明，成功的价值观教育不仅是满足社会的需求，更是个人发展的要求。因此，要把社会主义核心价值观的教育过程与学生的成长和发展结合在一起，把核心价值观教育变为学生自身发展的需求。因为价值观的主体是个体的人，每个人在不同的年龄阶段，身心发展都有一定的规律性，并且有着不同的需求，只有贴近现实生活的教育形式，才能更好地解决大学生的实际需求，促进大学生的全面发展。

（5）拓宽核心价值观教育的实施途径，开展核心价值观教育的多样化活动。在对大学生进行社会主义核心价值观教育时，要采取灵活多样的教育方式。思想政治理论课是大学生核心价值观教育的主渠道，但不是唯一的教育途径，要充分开发和利用多种教育途径，调动学校一切有利资源开展核心价值观教育。

社会实践对大学生社会主义核心价值观教育具有重要的作用。一是社会实践对大学生认知社会主义核心价值观具有转化作用。二是社会实践对大学生认同社会主义核心价值观具有强化作用，能够增强实践体验，澄清理论是非，提升社会主义核心价值观教育的说服力。三是社会实践对大学生践行社会主义核心价值观具有承载作用，能够提升社会主义核心价值观的个体化和整合力。四是社会实践对大学生弘扬社会主义核心价值观具有辐射作用，是大学生模范践行社会主义核心价值观、增强其影响力的重要平台。

三、加强中华优秀传统文化教育

中华优秀传统文化博大精深，既是中华民族在世界文化激荡中站稳脚跟的根基，也是最突出的民族优势和最深厚的文化软实力；既是马克思主义中国化不可或缺的思想来源，也是马克思主义中国化不断深化的思想支撑。

深入推进传统文化的理论研究和宣传普及，是时代赋予广大高校思想政治理论教育工作者的光荣使命。开展中华优秀传统文化教育有三个层面的主要内容：一是以天下兴亡、匹夫有责为重点的家国情怀教育；二是以仁爱共济、立己达人为重点的社会关爱教育；三是以正心笃志、崇德弘毅为重点的人格修养教育。

我们要认真汲取中华优秀传统文化的思想精华和道德精髓，大力弘扬以爱国主义为核心的民族精神和以改革创新为核心的时代精神，深入挖掘和阐发中华优秀传统文化中讲仁爱、重民本、守诚信、崇正义、尚和合、求大同等理念的时代价值，使中华优秀传统文化成为涵养社会主义核心价值观的重要源泉。同时，要处理好继承和创造性发展的关系，重点做好创造性转化和创新性发展，深入发掘中华优秀传统资源的当代价值。高校作为人才培养的摇篮，要加强对传统文化教育意义的认识，充分体会传统文化教育对于培养大学生的民族精神、人文精神，帮助大学生形成正确的人生观、价值观和世界观，塑造健康人格等方面的重要作用。

（1）建立传统文化教育的通识课程，构建传统文化教育的课程体系。开设传统文化教育通识课程，即立足各高等院校的实际情况，将传统文化教育作为学生的必修或选修课程，列入教学大纲，纳入学校课程体系。另外，在其他基础课中，可以有选择地增加有关中国传统文化的教学内容，为大学生能够系统地学习传统文化知识提供必要的平台，使得学生能够系统了解中国传统文化历史，从而有利于他们接受传统文化熏陶，习得传统美德智慧。目前，一些高校已经开设了以"博雅课程"命名的传统文化教育通识课程，并将相关课程纳入学校的课程建设体系，采取立项方式进行重点打造，并给予充分的经费支持，鼓励高水平教师和学科带头人申报建设，使得这些学校兴起了"博雅艺术"之风。

构建传统文化教育的教学课程体系，还包括在高校思想政治理论课教学中融入传统文化教育内容。如果在思想政治理论课中恰当地穿插、引用传统文化知识，不仅能使教学内容生动翔实、深入浅出，而且能够吸引大学生的关注，更容易为他们所接受，从而使得思想政治理论教育工作更能收到实效，同时也使得传统文化教育工作真正落到了实处。

（2）创设良好的校园文化环境，打造传统文化教育的优良载体。营建良好的校园文化环境，就是在高校校园内呈现传统文化的精髓与意蕴，要从校园物质文化建设和精神文化建设两个方面着手。相对于校园精神层面的文化来说，校园物质文化发挥着基础性作用，是校园物质创造的形式和成果的总和，决定校园文化建设的内容和形式，也关系到校园文化建设的未来和走向。在许多办学历史悠久的高等院校校园，能够看到保存较为完好的古代园林建筑，亭台轩榭、雕台镂窗、墨迹遗画，都是极其珍贵的传统文化教育资源，让大学生在无形之中受到了良好的教育。即使是建校时间不长的一些高等院校，也可以在校园建设过程中多加留意，道口路边的名人名言、古朴雅净的书画长廊、庄重肃穆的圣人雕像，这些都可以转化成传统文化教育资源。

在校园精神文化建设方面，通过学校团委、学工处等具体部门的引导，适当组织一些传统文化纪念、推广活动，创设良好的传统文化情境，营造良好的传统文化宣传氛围，以此去感染、启迪、陶冶和塑造学生。比如，许多高等院校利用清明节、端午节、中秋节等传统文化节日，组织一系列生动活泼、参与广泛的传统民俗文化宣传活动，在校园内掀起浓浓的民俗情怀，让一些热衷于过"洋节日"、与传统节日隔膜较深的大学生受到良好的教育，真正领略到中国传统节日文化的魅力，增强民族自豪感和认同感，在潜移默化中提升民族精神和人文精神。

（3）提升师资队伍素养，挖掘传统文化教育的人文内涵。在高校现有的传统文化教育模式中，任课教师大多从中文、历史等学科的现任教师中抽选。他们大多有自己的专业课程教学任务，再承担传统文化教育课程，往往会觉得力不从心，很难投入更多的精力，从而影响到课程教学质量的提高。这就要求学校在这方面应该加大投入，争取建立一支专职传统文化教师队伍，即使是选任相关学科教师，也应合理分配他们的教学任务，以便使他们有足够的时间来备课。同时，要认真做好传统文化教学队伍的建设工作，有条件的应开展对师资队伍的培训工作，通过派出学习、资助课题、组织交流研讨活动等形式，打造一支知识深厚、业务熟练、勤于钻研、敢于创新的教师队伍。

学校要加强对师资队伍的检查、督导工作，并定期进行考核，以便使得传统文化教学工作走上正轨，并保持可持续发展的良好态势。在具体的课程教学业务指导方面，应引导教师队伍探索出一条针对性强、切实可行的教学方法。在此基础上，教师再引导学生理解传统文化中蕴含的深刻含义，令其真正体会到传统文化的精髓，从而在潜移默化中受到良好的教育，促进道德的提升。

（4）运用现代网络技术和手段，实施传统文化教育的教学改革。当代大学生对新鲜事物有着明显的求知欲，传统文化教育模式必然会使学生感到兴趣索然。从根本上改变原来的传统文化教育模式，不断探索传统文化教育的新路径，对传统文化教育的教学方式改革显得十分必要。传统文化并不是通过灌输就能被学生接受并喜爱的，而是应该以各种各样灵活的方式深入并渗透到学生们心中，让他们在不知不觉中认识、接受并喜爱它。针对大学生的不同兴趣和个人喜好，把网络信息技术引入到传统文化教育的课堂中，会起到意想不到的效果。

为了进一步加强传统文化教育，需要加强校园网络建设，重点打造一批有广泛影响的传统文化特色网站，支持和鼓励校园网站开设传统文化教育专栏，依托高校网络文化示范中心、大学生网络文化工作室等，拓宽适合大学生学习特点的线上教育平台。

中华优秀传统文化的最大价值以及核心内容，就在于有着丰厚的伦理道德资源，可以提升人文素养。中华传统美德是中华优秀传统文化的精髓，蕴含着丰富的思想道德资源，对这些价值理念，要坚持古为今用、推陈出新，有扬弃地予以继承和弘扬。当人类社会最初走进以经济为主的社会形态的时候，精神方面的缺失造成的社会影响并不显著。但是随着社会物质生活越来越富裕，这方面的影响也就越来越明显。高校作为人才培养的摇篮，在经济全球化时代，面对大学生在传统与现代、东方与西方之间的彷徨与困惑，应担当起传承和弘扬优秀传统文化的使命，努力用中华民族创造的一切精神财富"以文化人、以文育人"。

第四节 思想政治课程教学创新

高校思想政治理论课是高校提高大学生思想政治素养的核心课程，对树立大学生人生观、道德观和法制观，促进大学生成长成才具有极其重要的意义。当前要借助网络平台，拓展多渠道的课程网络教学方法，增强思想政治理论课的实效性。思想政治理论课的教学模式也是值得重视的关键问题，为进一步提升大学生道德素养，应在传统的理论灌输与实践教学的基础上，适当地引进情境教学法，分析当前思想政治理论课在教学形式不丰富、教学过程形式化、课程机制不健全、对实践教育不重视等方面存在的问题，提出将情境教学法应用于思想政治理论课中的具体措施，进而增强高校思想政治理论课的实效性。课堂取得高质量效果，离不开大学生树立正确的学习观。

一、网络时代的思想政治理论课

思想政治理论课是高校开展思想政治教育的主渠道，对提高大学生的思想道德素质和法律意识具有极其重要的作用。由于内容的综合化、学生对网络海量信息的关注及被动式教育方式等原因，该课程存在一些问题，亟须相关教师借助网络平台对课程的教学方式进行优化，调动学生学习的积极性，加强学生人生观、道德观和法制观教育，促进大学生成长成才。

（一）当前高校思想政治理论课存在的问题

高校思想政治理论课作为必修课，将思想、道德、法律知识贯穿于整个教学活动环节，对于塑造大学生的精神世界具有极其重要的作用，但还是存在以下问题。

1. 授课内容概括化

学生可以在高校思想政治理论课上接受理想信念、爱国主义、人生观等思想教育；又可以接受中华民族传统美德、社会主义道德、公民基本道德、社会公德、职业道德、家庭美德等道德教育；还可以了解社会主义法治精神、国家安全意识、宪法基本制度、实体法律制度、程序法律制度等法律知识。但也给教师的教学带来了困难，内容的综合化，缩短了教师的讲授时间，教师在规定的课时内不可能全面、系统、深刻地讲授全部内容，只能抓重点。思想、道德和法律本身都有独立且庞大的知识体系，而经过压缩后的内容只是一些概括，学生也只能大体了解一部分相关知识。

2. 课程的时效性较差

网络更新速度快，影响力大，作为网络主力军的大学生更容易受到网络的影响而改变自己的思想与行为。高校思想政治理论课要关注当代大学生的所思所想，教师不仅要具备专业知识，更要及时掌握信息。拥有第一手资料才能在授课育人的过程中游刃有余，但在实际的教学过程中，高校扩招使得教学任务加重，教师往往疲于应付教学任务，而很少研究网络信息的更新，使得教授内容没有与学生关注的信息结合起来，教学效果欠佳。

3. 学生学习的积极性较低

当前思想政治理论课往往采用传统的教师讲授、学生听讲的授课模式。学生虽然通过多种渠道能获得海量的相关教学信息，但仍被动地接受教师所讲解的理论和知识，学生的主体性和独立性通常被忽略，对所学内容缺乏思考和探究。而且，当前"基础"课往往以开卷的形式考试，学生很少在课余时间打开课本，在考前也很少翻开书复习相关知识，而是在考场上临时找相关问题的答案。这种学习和考试模式使得学生缺乏积极性、缺少思辨，也极大地降低了该课程应有的教育价值和意义。

4. 实践环节形式化

目前一些高校考虑到学生的安全和经费支出问题，在该课程的实践教学环节，缺少应有的实践操作，只是在班级中抽取一个或两个学生干部参与课外实践活动，而其他大部分学生只是通过观看爱国影片等形式来完成实践环节。这种实践环节的形式化降低了学生的参与度，学生被动地学习知识，导致知识内化的效果较差。

（二）借助网络平台，加强高校思想政治理论课实效的必要性

网络为大学生查看新闻、关心时事创造了有利条件，但是，网络的一些不良信息也对高校思想政治理论课的教学提出了挑战。高校思想政治理论课教师积极地借助网络平台教学，具有极其重要的现实意义。

1. 丰富的课程资料为教学方法提供了必要条件

网络媒体的盛行为高校思想政治理论课提供了大量的信息与丰富的资料，尤其是广大教师可借助多媒体动画技术、影音技术、图像传输技术来更新该课程的教学方法，吸引广大学生的注意力，在寓教于乐中开展世界观、人生观、价值观、道德观与法制观的教育，达到良好的教学效果。

2. 拓展教学方式，增强高校思想政治理论课的实效性

借助网络开展高校思想政治理论课，打破了传统的教学方式，为教师提供了更为广泛的教学平台。教师借助网络为知识传播开辟了新的途径，使思想道德教育与法律教育从平面的说教式走向立体式，从静态的教育变为动态的引导，从单纯的文字教学发展为图文声并存的教学，这种教学方式及教学平台的拓展，迎合了广大学生的心理，激发了学生的求知欲，提高了学生的思想道德水平和法律意识。

3. 提高了学生自主学习的能力

网络为学生提供了一个开放、自由的学习环境，学生可以自主选择信息源，自主掌握大量信息。因此，借助网络开展高校思想政治理论课教学，可以使学生在高校思想政治理论课之外，通过互联网获取大量的教学信息，并结合学生的个人信息随时随地自主学习课程内容，从而提高学生的自主学习能力，增强教师的教学效果。

4. 增强了学生的主体地位，提高了学生的学习积极性

传统的高校思想政治理论课往往采用单向型的灌输式教育方式，而网络教学开拓了双向互动的教育方式，将知识的传授改变为教学引导，使学生自由、自觉地获取相关知识。学生也不再是被动地接受知识，而是获得了主动权。学生可以在教师讲课之前获得教学内容与教学案例，也可通过互联网搜索到更多相关的信息，这就使得教师不再是高校思想政治理论课教学的权威者，学生与教师逐渐趋向对等。

（三）立足现实，探究提升高校思想政治理论课教学效果的有效方法

根据对当前高校思想政治理论课存在问题的分析及借助网络平台开展思想理论教育的必要性分析，现有针对性地提出以下几点措施，进而提升高校思想政治理论课的教学效果，积极引导学生树立正确的人生观、道德观和法制观，为实现中国梦添砖加瓦。

1. 高校领导层应高度重视、创造条件，增强高校思想政治理论课教学的实效性

高校思想政治理论课是大一新生必修的课程，因此高校领导应重视这门课程，要给予经费和平台的支持，尤其是教学的实践环节，要建立相对稳定的实践教学基地，只有给予适当的经费支持，才能有效地开展实践教学环节。教学实践基地是完成实践环节的重要保障，要不断地加以建立和完善，且应遵循就近原则，选择学校附近的单位，尽量避免出现安全问题。

2. 坚持理论联系实际原则，提高教师自身的素养

网络时代，学生从手机或电脑等工具上随时都可以获取海量信息，这些信息极有可能影响学生世界观、人生观和价值观的形成。高校思想政治理论课要引导大学生的思想航向，要使他们具有正确的判断力和思考力，使其不会受到网络不良信息的误导。因此，思想政治理论课教师必须掌握马克思主义的基本理论，坚持理论联系实际的原则，及时掌握最新的网络信息；能够将最新网络信息案例应

用到教学活动中。教师只有具有广博的理论基础并不断学习基本理念，才能在高校思想政治理论课的讲授过程中游刃有余，也才能使广大学生受益。

3. 凭借网络，创新高校思想政治理论课的教学方式，提高学生的主体性

凭借学生目前对网络的关注，教师可创新高校思想政治理论课的教学方式，充分发挥学生的主体性作用，寻求最受学生关注的网络信息，并与高校思想政治理论课结合起来，将探究式和案例式教学方式应用到日常的教学活动中。学生可在教学中发表自己的意见和看法，教师要给予引导和评价。这种迎合学生爱好的教学方法，极大地调动了学生的积极性，提高了学生的主动性，使学生能够主动地参与教学活动，并以喜闻乐见的方式促进学生对理论的消化和吸收。

4. 拓展网络教育平台，延伸课外教学环节，加强高校思想政治理论课的实效性

高校思想政治理论课是一门综合性很强的课程，知识面广，知识点繁多，依靠教师在讲授的课程中抓重点、抓关键，完全不够。高校应该建立并完善高校思想政治理论课网络教学平台，该平台须根据高校思想政治理论课的思想、法律及道德方面的基本内容，结合当前学生关注的热点问题，及时更新信息，引导他们树立正确的思想政治观念。此平台也可以上传一些与高校思想政治理论课相关的影音视频，以便塑造学生思想、弘扬中华美德及宣传法律思想。同时，为加强高校思想政治理论课的时效性，应将学生的登录次数、学习时间和平时成绩挂钩。高校思想政治理论课是塑造学生灵魂的课程，教师要不断地对其加以研究和探讨，以促进其实效性的提高。

二、将情境教学模式融入思想政治理论课

思想政治理论课是所有高等院校均要开设的必修课，学生从大一入校开始至毕业均要开设思想政治理论课。当前思想政治理论课主要通过课堂讲解、互动及课外实践活动的方式开展，教学形式相对单一，如将情境教学的模式放入思想政治理论课的一些互动活动中，将会在迎合学生的需求、调动学生积极性的同时，更有效地提高学生的思想政治素养。

（一）情境教学法的内涵

情境教学法是指上课的过程中，教师为了能够向学生更加形象地讲授特定的教学内容，通过多媒体、角色扮演、故事、游戏等多种方法和手段，将课堂设定

成一个应用型情境，将就业过程中经常出现的场景浓缩到小小的课堂，从而激发学生的兴趣，使学生产生一定的态度体验，便于学生对知识产生深刻的理解，与此同时，使学生的心理机能得到发展。情境教学法最大的作用就是能够充分调动学生的积极性，让学生主动参与到学习中，在快乐中学习知识，提升理解及内化能力。

思想政治理论课应以实践活动为导向，通过情境教学法创设实践情境，让学生扮演各类角色，使其身临其境，真正体会到角色的内心想法，在实践中引导大学生树立正确的世界观、人生观和价值观，为学生思想素养的形成提供重要支撑。

（二）当前思想政治理论课存在的问题

1. *教学形式单一化，学生对课程缺乏兴趣*

当前的思想政治理论课都是采用传统的理论讲授法，教师在讲台上以讲授教材为主。且思想政治理论面对各类专业的学生开设，教师与学生的专业不对口，不能从学生的专业方面讲解有关案例。这就使师生间缺乏有效的互动，不能充分地调动学生的积极性，导致学生对这一课程失去了兴趣。另外，思想政治理论课都是大班上课，上课的学生往往要在一百人以上，这就使教师不能充分地照顾到每一个学生。

2. *教学过程单向性，教学效果欠佳*

目前很多学校思想政治理论课的教学过程存在单向性问题，教师单向性地讲解，而且讲授过程中互动甚少，造成学生上课的积极性不高。并且，思想政治理论课考核机制往往与一般的课程没有什么大的区别，期末的时候学生临时抱佛脚，找重点、死记硬背知识点。这些做法使学生不能认识到思想政治理论课的重要性，感觉思想政治理论课是休闲课，不需要学习，导致思想政治理论课难以达到预期的教学效果。

3. *课程理论性强，学生认同度低*

当前的思想政治理论课理论性强，没有与各专业人才培养方式有机结合起来。思想政治理论课属于公共课，面对全校开设，而全校各专业学生的特点不一样，各专业对学生的培养方式不一致，要求也不一致。如一些艺术类、体育类学生相对较为个性，对思想政治理论课的认同程度较低，也因为个人的基础不一样，部分学生理解马克思主义基本原理等课程相对较难，对课程的接受程度较低。

4. 实践环节不重视，预期效果存在差异

当前思想政治理论课重在讲解，教师以教材为中心来讲授，在课堂上讲授的内容学生没有很好地吸收。教与学不统一，教学的实践环节较少，学生对讲授内容理解不到位，使得教学效果相对来说并不理想。

（三）将情境教学法应用在大学生思想政治理论课中

1. 依据教材内容组织学生进行角色扮演

教师在教学中要将教材与现实生活紧密地结合在一起，根据教材内容，引用和创设特定的情境，让学生扮演这个情境中的角色，"亲身经历"所设定角色的感受，切实感受这一角色遇到的问题，并结合课堂学习的理论来解决这个问题。例如，讲授思想道德修养与法律基础课，当讲到就业部分时，可适当地在实践环节让学生扮演面试官和求职者，创设一个面试的情境，在活动中模拟真实的面试环境，学习面试技巧。在模拟面试过程中，扮演面试官的学生要设计招聘的职位、准备面试中的问题、布置适当的面试环境，了解企业对员工各种素质的要求。扮演求职者的学生必须做好面试的求职简历，认真对待面试的着装、礼仪、讲话等细节，在这个角色扮演的过程中锻炼自己的语言表达能力、遇事应变能力、面试求职礼仪等。活动结束后，每一个学生不仅要对自己进行自我评价，而且要对活动中的其他学生的表现进行评价，最后，教师依据每一个学生的表现进行评分。教师在这个角色扮演的情境中不能置身事外，要当一个真正的"裁判"，仔细地观察每一个学生的表现，不仅要观察他们是否认真地完成教师布置的任务，而且要从他们的言谈举止中了解他们的特长与性格，全面地了解每一个学生，对每个学生进行有针对性的指导。在角色扮演活动中，每一个学生的积极性都被充分地调动起来，学生感觉到自己已经成为课堂的主人，发自内心地喜欢思想政治理论课，使思想政治理论课的作用更加明显。

2. 有针对性地播放音乐和视频创设情境

在教学中，教师要适当地引用一些音乐和视频来创设情境。教师可以播放一些能够烘托紧张气氛的音乐，同时用PPT向学生展示相关内容的照片，给学生创设一种氛围，使学生身临其境，从而对当前的教学内容有一个深刻的认识。在讲授职场问题时，可以播放求职类节目，让学生们了解当前求职者在应聘中应该注意的问题以及企业对人才的需求，从而使学生能够朝着这个目标努力。授课教师可以根据其他章节的内容来选择引用的音乐和视频。音乐和视频资料的最大优

点就是可以直观地向学生展现知识点，使学生产生"身临其境"的感觉，用学生喜闻乐见的形式传授理论，可以改变学生对课程的固有观念，达到教学目的。但是在实际的讲课过程中，教师不能每节课都采用这种方法，要选择适当的课程来引入音乐和视频。每节课使用的视频量也要控制，做到与理论课讲授的时间形成合理的比例，让音乐和视频充实理论课，让理论课对视频和音乐进行说明，进一步深化视频教学对学生的影响。理论与视频应充分结合，形成一种良性互动，在满足学生感官刺激的过程中实现观念的改变。实践证明，音乐和视频的教学方法非常受学生的欢迎，对课程的讲授作用很明显。

3. 通过案例分析创设情境

案例分析是教师常用的一种教学方法，可以使学生更快地了解教材的内容，教师在讲到特定课程的时候可以引用一些特殊的案例来创设情境。教师精心挑选的案例往往都与教材内容联系紧密，能够充分体现教材所讲的原理。在课堂中引用案例分析，能够帮助学生加深对教材的理解。例如，在讲授职业道德的时候，教师可以引用一个真实的故事：2019年7月某科技公司招聘的25名本科生由于自身缺乏职业道德，在3个月的时间里陆续被开除，最后只留下1名职业道德良好的专科生，这凸显了职业道德在大学生就业中的重要作用。这些大学生专业技术水平相当高，却在思想品德上出现了问题，造成非常恶劣的后果，最终被企业解雇。讲完这个案例之后，教师再告诉大家职业道德的重要性：职业道德是一个人进入某一行业最基本的素质，是一个人可以堂堂正正地在社会上生活的最基本要求。职业道德包括爱岗敬业、诚实守信、吃苦耐劳以及奉献精神，在求职以及将来的职场生涯中这些素质不容忽视。教师应当灵活运用案例，将案例与教材充分结合，在适当的课程使用案例，可使原本抽象的课程充满活力。

4. 组织游戏来创设情境

教学中教师可以依据教学内容设计有趣的游戏，充分调动学生的积极性。但要限制游戏时间，做到既不影响课程内容的讲授，又能调动学生的学习积极性。例如，在讲到合作的重要性时，教师可以组织"盲人方阵"的合作游戏。具体操作方法如下：首先准备道具——一根长绳子和若干布条，然后将上课的同学们集中在操场上，用准备好的布条将所有学生的眼睛蒙起来，在这种情况下让学生们将这根绳子拉成一个最大的正方形，并且保证正方形的每一条边上都均匀地分布着学生。这个项目的目的是锻炼学生的团队协作能力与领导能力，要求学生们在对周围的信息掌握较少的情况下完成一项单人不可能完成的任务，只有通过相互之间的交流合作，才能顺利完成这个任务。游戏刚开始，学生们的眼睛刚被蒙上的时候，整个班级会一片混乱，大家都处于一片茫然与焦躁之中。紧接着学生们通过交流与沟通选出指挥人，这时候虽然依旧被蒙着眼，但是由于有统一的指挥，学生就会有胜利的信心。指挥人依据学生们的意见制订的行动方案得到大家的认同并不断推进，终于成功地完成任务，学生们体会到齐心协力干成大事后的喜悦。学生在这个活动的过程中懂得了团队合作的重要性，同时也懂得一个队伍必须有领导、有组织才能打胜仗。学生在游戏的过程中感悟到教师想要讲授的内容，这样的教学既减轻了教师的负担，又使学生在游戏中轻松掌握知识，而且学生对自己感悟到的道理印象深刻。在实际的教学过程中，教师可以根据教学内容仔细选择游戏，并且认真组织，最后做好总结。

思想政治理论课要充分地发挥情境教学法的作用，将思想政治理论课和情境教学法有机地结合起来，不断地创新教育方法，使原本枯燥乏味的思想政治理论课成为学生们快乐地接受知识的场所。教师要仔细研究教材与社会时事，将理论与现实生活有效地结合起来，精心设计每一堂课的情境，使之不仅要符合社会的发展潮流，而且要体现出教材中的知识点。在实施过程中，教师要依据每个章节和情境的特点，具体地使用各种教学方法，使思想政治理论课的教学效果不断被优化，最终达到提升大学生就业能力的目的。

第五节　思想政治教育第二课堂探索

教育家朱九思在1983年第一次提出了"第二课堂"的概念。他认为，第二课堂主要指在教学计划之外，引导和组织学生开展各种健康的、有意义的课外活动，包括政治性的、学术性的、知识性的、健身性的、娱乐性的、公益性的（或叫服务性的）以及有酬性的活动等都可以称为第二课堂。

同时，有人认为，第二课堂是适应素质教育内涵要求的学习性实践活动，是学生完成学校规定的教学计划之外的课外教育活动；也有人认为，第二课堂就是课外实践教育，既包括教学计划之内的实践活动，也包括教学计划之外的实践活动。

关于"第二课堂"概念的探讨，比较有代表性的观点有：蔡克勇认为第二课堂是指学校在教学计划之外引导和组织学生开展各种有价值、有意义的课外教育活动；王国辉认为第二课堂是指学生通过参加有计划、有组织的课外活动，以培养学生能力、获取知识和陶冶情操为目的的一种课外教育教学活动；彭巧氧认为相对于第一课堂而言,第二课堂是高校整个教育教学活动不可或缺的重要组成部分,与第一课堂一道构成高校育人体系的有机整体,主要指在高校规定的正常教学计划课程学习之外的课外教育活动,为了丰富学生的课余生活、提高学生的综合素质和能力而开展的一系列健康有益活动的总称。

第二课堂并非可有可无,它为第一课堂的深化拓展提供动力保障;同时,第一课堂的全面提升又为第二课堂拓展了时间和空间,奠定了技术基础,使第二课堂活动获得了发展的条件。第一课堂以基础知识和专业知识教学为主体,因为受到场地和时间限制,形式比较固化。第二课堂在第一课堂之外,围绕立德树人,以培养学生基本技能和提高学生综合素质为重点,通过丰富的形式和广泛的活动空间开展活动,与第一课堂合力构成了完整的体系。

一、第二课堂是培养学生综合素质的重要载体

第二课堂具有灵活性、开放性和实时性,它在培养大学生的综合素质及创新精神上具有重要的作用。高校在进行多元化教学体系建设中,要根据具体情况和学生特点,探索出一条实践性强、适用范围广且行之有效的第二课堂教学体系,培养拥有创新意识和创新能力的高素质专业人才。

加强和改进思想政治教育工作,在培养高素质人才、推动高等教育改革发展、维护学校和社会稳定等方面具有重要作用,因此必须进一步加强和改进大学生思想政治教育。

第二课堂在大学生思想政治教育中发挥着十分重要的作用。大学生思想政治教育是中国高等教育的核心任务,是培养中国特色社会主义事业的建设者和接班人的必备条件。思想政治教育的有效性与教育模式紧密相关,要根据时代发展的要求,实事求是、与时俱进,不断加强大学生思想政治教育的课堂建设;要结合第二课堂的特点,开展丰富多样的思想政治教育活动,增强思想政治教育的实际效果,提高大学生的思想政治素质,为社会主义事业的发展做出更大贡献。

第二课堂具有广义与狭义两个层面的界定。从广义上讲,高校第二课堂主要指高校基础课程教学之外的学生自我参与或开展的教学体验与课程项目研究;从狭义上讲,第二课堂是指对高校学生学习能力有推动作用的教学与科研活动。第二课堂与第一课堂一道,共同构成了我国现有的高等教育体系,第二课堂是对第一课堂教学局限的有效补充。通过第一课堂与第二课堂的互动开展,达到提升高校学生素质与能力的既定目标,促进我国高等教育开展与普及,提升我国整体教育水平。

在高校，第一课堂是主渠道，是高校育人的最主要阵地，它是大众化教育的一个典型模板，它按照同一个教学大纲、统一的考核标准体系来培育和考核学生，因此，在这样的育人模式下，很难充分发挥个体的主观能动性，因材施教无法得到充分贯彻落实，学生的个性和能力得不到充分的挖掘甚至被埋没，无法培养出符合当前社会发展急需的高素质应用型人才。

从教学规律看，现代教学理论认为，第一课堂教学绝不是单纯的知识接受。就教师与学生在教学中的作用而言，课堂教学效率和质量不仅取决于教师能否有良好的教学态度和教学方法，还取决于学生的基本素质、学习动机、兴趣爱好、意志力等；第二课堂有助于促进学生第一课堂学习的非智力因素发展。知行统一是一种重要的学习规律，大学生通过第二课堂活动，运用知识去分析、解决问题，有助于学生了解知识产生和发展的过程，有助于学生加深对第一课堂学习内容的理解，进而提高第一课堂的教育质量。

第二课堂与第一课堂互相配合，通过丰富多样的空间和形式进行开放教育和活动，其目的是提高学生综合素质，包括思想素质、专业技能、就业能力、人文知识等方面，涵盖了思想教育活动、科技学术活动、人文竞赛活动、志愿者服务活动、就业创业活动等具体形式。首先，第二课堂的特性决定了它更为关注学生自身的兴趣、价值和选择，更为注重学生在优势领域的发掘，更易于激发出学生的内在动力和潜能；其次，第二课堂的跨学科融合性促进学生知识获取的系统性和全面性，学生拥有更多的时间和空间去自主分析、判断、甄别和改造，由学习的被动接受者变成主动探索者，并大大提升了创新思维和创造能力。

二、第二课堂的优势

大学生的第二课堂活动是第一课堂的有益补充，对激发学生的创造性、开阔学生的视野、增长学生的见识、陶冶学生的情操具有不可低估的作用。因此，第二课堂的实施对整个社会的进步具有很大意义。首先，第二课堂可以锤炼大学生的基本品质、道德情操和个人素养，能够增强社会适应能力和社会责任承担能力；其次，第二课堂可以辅助大学通识教育，增强大学生对各门、各类学科知识的理解，提高独立思考能力和科研创新能力；最后，第二课堂有助于各学科交叉渗透学习，实现对学生的立体式全方位的科学指导，有利于我国高校的教育观念更新，有利于培养全面发展的行业精英。

第二课堂的教学形式多种多样，包括了各种竞赛活动、社会实践、社团活动和志愿者服务活动等，可以把素质教育逐渐融入大学生的日常生活中，促进大学生积极发挥主观能动性。第二课堂的教育目的和素质教育一致，教育方法与素质教育相辅相成，但形式上更容易被大学生接受。

大学生乐于第二课堂学习，因为第二课堂的学习内容是根据学校的特色和学生培养、发展方向精心设计的，能够使学生更容易融入专业课程以外的素质学习中，可以使学生切身体会到通识教育的益处。

除了第一课堂，学生参与第二课堂学习，可以根据自身的兴趣和爱好选择学习内容和形式，可以深入课程、畅所欲言、积极思考，升华自己学习到的新知识。开展第二课堂，可以根据学生反馈的信息更新教学内容、调整教学范围和内容，根据学生接受能力与学习情况因材施教。第二课堂来自学生的自主行为，在平等自由的学习环境中，学生处于自主、平等的位置，可以培养出学生平等、自信、友好的健康心理。第一课堂以外的第二课堂活动，是学生自主学习的过程，需要学生自己设计、动手参加教学活动，这样既可以培养他们的动手实践能力及在实践中掌握知识和技能，又可以培养他们的创新能力，通过自主学习积极探索和检验真理。

第二课堂的首要任务是加强对大学生的思想政治教育，夯实大学生成长成才的人生基础。而大学生思想政治教育的首要任务是帮助学生形成正确的世界观、人生观和价值观。第二课堂通过开展理想信念教育、爱国主义教育、道德规范教育、心理健康教育、形势政策教育、法律法规教育等，可以有效地帮助大学生形成正确的世界观、人生观和价值观。

高校第二课堂在校园文化建设中的价值与作用主要体现在：第一，构建积极健康的校园文化氛围。高校第二课堂的组织与开展要建立在对高校学生现有认知情况和学习能力的充分分析、了解的基础上，通过实现第二课堂与第一课堂的结合，使第二课堂发挥出和谐建构的功效，促进学生身心健康良好发展，从而实现高校学生和谐、健康、全面的发展。积极健康的校园文化建设可以为高校学生自我发展、自主创新提供锻炼平台，使他们在积极健康的校园文化氛围中更加积极向上、团结进取，在形成良好校园文化风尚的基础上，实现个人的自我发展突破和综合素质的显著提升。第二，营造人际关系和谐的校园环境。第二课堂组织形式的灵活多样，打破了传统课堂教学受空间和时间的限制。学生开展活动往往以兴趣爱好进行组合划分，这是对传统的以班级、年级、院系为单位组织活动的改进与突破，不同年级、不同学科、不同专业的学生聚集在一起探讨问题、相互交流、取长补短，既增进了彼此的认识和感情，建立更加和谐的人际交往关系，又开阔了眼界，增长了知识。在这种和谐的人际交往关系下形成和谐的人际交往校园环境，有利于高校各项活动的组织与开展，学生也在第二课堂参与的过程中提升了交际能力，陶冶了情操，净化了心灵。第三，第二课堂活动所具有的教学环境对高校学生的生理与心理发展具有积极的促进作用，与我国当前高校倡导的和谐校园建设相吻合，二者相辅相成、相互促进。学生在第二课堂的参与中能够激发积极进取的意识，树立崇高的个人理想，并在教师的情感感染和陶冶下自觉提升精神境界，实现更高层面的发展，同时推动了高校和谐校园文化建设深入发展。第四，树立健康、文明、积极向上的校园风气，带动校园文化建设。高校开展的第二课堂活动，尊重学生个人意愿和自我选择，活动的组织与开展以学生的个性发展为指导，倡导具有个性化的教学方式。教师在第二课堂教学实践中可以从学生个人兴趣出发，制订具有针对性的培养方案，进一步推动校园文化建设。从以上四个方面可以看出，高校第二课堂在校园文化建设方面的价值是非常显著的。

党的十八大报告指出："坚持教育为社会主义现代化建设服务、为人民服务，把立德树人作为教育的根本任务，培养德智体美全面发展的社会主义建设者和接班人。"因此，大学生必须拥有健全独立的人格，才能够成为德智体美全面发展的社会主义建设者和接班人。通过第二课堂丰富多彩、灵活多样的教育方式方法，能够帮助大学生有效地克服成长成才过程中的问题和不足，帮助大学生塑造健全独立的人格。

三、第二课堂中存在的问题

（一）第二课堂重要性与整体重视程度不高的矛盾

第一课堂目前在各高校仍然占据主要地位，第二课堂在教学过程中没有得到明确的定位，很多部门仅仅为了应付上级检查，并没有真正认识到第二课堂在育人过程中的重要作用。甚至个别高校至今还没有把第二课堂纳入高校人才培养体系。学生参与的积极性低年级较高，高年级较低，指导教师的人才储备时常出现断流现象。

作为传统的教学方法，第一课堂在时间投入、教学场地安排和课程安排上一直受到学校、教师和学生的重视。在第一课堂的学习压力之下，学生参与和重视第二课堂的程度严重不足。高中时期过分地强调学习成绩也造成了学生在大学期间仍把主要精力放在第一课堂，他们担心第二课堂的过多参与会分散学习的精力。

作为传统的教学模式，第一课堂在师资配备和硬件设施等方面都远远优于第二课堂，也导致了两者共存时会产生矛盾和冲突。在师资配备上，教师更加注重第一课堂的教学成果和科研能力提升，这也削弱了他们投入第二课堂的精力和时长；并且第二课堂的教育活动需要全面统筹、科学实施、专业指导、全程参与和师生互助，目前很多教师无法达到以上要求。在硬件设施方面，第一课堂在教室设置、多媒体配备、书籍选用和活动场所等方面已经比较成熟，而第二课堂的资源则相对缺乏，硬件设施不足，在活动开展方面不能同第一课堂相比较。

第一课堂和第二课堂的评价机制和评价标准不同。第一课堂以学生的学习成绩作为评价标准，考察学生对课堂所学知识的掌握情况；第二课堂的教育活动没有可定量或定性的标准，学生成绩很难界定，这也使得不少第二课堂的活动仅仅限于"面子工程"或者"流于形式"，不能体现深层次的育人功能。

（二）学习任务繁重与学生活动繁多相冲突的矛盾

目前，第二课堂教育的开展对象主要集中在低年级，主要是大一的学生。学生的年级越高，专业学习的压力越大，参加第二课堂活动的积极性就越低。在时间和精力有限的情况下，当学习压力和学生活动产生冲突时，部分学生没有找到适合自己的方法，没有正确处理好学习与活动的关系，出现了期末考试不及格的情况。一旦考试挂科，本学年所有的评奖评优资格就会被取消。有些学生对繁多的学生活动产生抵触情绪，认为这些活动占据了自己独立的时间，因此参与活动的积极性不高，甚至还会因为是否参加活动与学生干部发生冲突和矛盾，从而对第二课堂产生逆反心理。

第二课堂内容丰富，全国高校不可能一盘棋来做。就目前情况看，有的高校采用全面课程化，有的高校还没有实施课程化，且在具体的操作上没有经验可循，难度较大。因此，带来了第二课堂活动设置和开展随意、盲目，缺乏计划性、稳定性和连续性。特别是第二课堂活动并不在整体的教学计划范围内，缺少与其他教学工作通盘考虑，于是经常出现第二课堂活动与第一课堂教学在时间或场所上发生冲突，且不得不让位于第一课堂，从而使第二课堂活动受到影响与冲击。

（三）学生活动客观限制和活动成效性不足的矛盾

第二课堂为大学生的成长成才提供了丰富的实践活动，但很多活动由于受客观条件的限制，使其成效性不足，这也是当前第二课堂教育的问题之一。学校需要兼顾对学生教育和活动成绩的平衡。另外，由于一些活动有人数的限制要求，即使通过班级、年级、学院和学校的层层选拔,也可能会出现一些优秀的学生不能在更大的舞台上展示、锻炼自己。

(四)传统活动吸引力不足与学生兴趣爱好的矛盾

舞蹈比赛、合唱比赛、演讲比赛、征文比赛、朗诵比赛和辩论赛等是第二课堂教育活动的传统形式,对学生成长成才起到了积极的促进作用。然而有些传统的比赛活动形式已经难以吸引学生参与,一些学生感兴趣的活动由于受条件的限制又无法举办,从而导致了第二课堂教育的实效性不足。此外,第二课堂一直存在着缺乏整体规划和统一部署等问题,常出现同一类活动由不同部门重复开展,有些部门纯粹为了完成实践性任务而组织学生实践,造成低层次的重复,既耽误学生的时间又打击了他们的积极性,大大地降低了学生的参与兴趣。

四、第二课堂的构建思路

(一)高度重视第二课堂教育管理体系建设,加强制度保障与政策扶持

高校第二课堂活动所具有的开放性与自由性优势使得其更契合高校学生的身心发展特点。新颖生动的活动形式,强有力地调动起学生参与的热情与积极性,通过健康积极的教育引导,使学生获得正确的思想政治教育,从而塑造良好的品格,同时丰富他们的精神世界,帮助他们树立正确的价值导向。目前高校学生的政治引导作用主要通过三个层面完成。一是主流政治思想的渗透。高校学生心智发育不成熟,但又带有很强的自我意识,如果不加以引导,就会很容易激发个人主义与私利主义,激发学生的逆反心理,不利于主流价值理念的传输。第二课堂改变第一课堂简单抽象的理论说教,通过具体生动的实践活动,如一场陶冶情操的音乐会、一场向榜样学习的座谈会、一次红色主旋律的电影欣赏等,都可以加深高校学生对主流思想的认识与肯定,从而在潜移默化的过程中积极向正确健康的思想靠拢。高校学生在参与第二课堂活动的过程中,树立爱国主义思想,增强对先进政治理念与国家方针政策的理解,从而自觉规范自己的行为,文明做人,规范做事,遵守既定的道德规范与社会秩序。通过这种无形的感染与影响,高校学生逐渐确立起正确的价值导向,从而树立正确的人生观、世界观与价值观。二是激励导向作用。高校第二课堂组织的各种科技学术研究,读书、作文、体育竞技及知识竞赛等活动,可以帮助学生形成良好的竞争意识,建立公平竞争与共同

进步的学习氛围，对学生刻苦钻研精神与严谨踏实品格的培养具有重要的促进作用。高校学生在竞争的氛围中激发自身的求知欲与进取心，乐于思考，善于学习，养成良好的学习习惯。三是通过切身的实践获取真实的情感体验，从而做出正确的价值判断与道德选择。

高校思想政治教育的出发点与落脚点是学生道德实践的开展与落实，传统的第一课堂思想政治课教学将教学重点放在"是什么，为什么"的阐述上，忽视了"怎么做"的问题。而高校第二课堂各项活动关注的重点恰好是"怎么做"的问题，通过各种类型的实践活动为高校学生提供了实践锻炼的广阔舞台。高校学生在第二课堂的实践中正确地认识自己，找准自己的社会定位，在明确自身职责的基础上不断前进与努力。第二课堂的实践活动有利于高校学生组织管理能力、人际交往能力的提升，有利于其集体协作意识的提升与培养。通过以上三个方面的渗透与锻炼，高校学生借助第二课堂的参与可以形成正确的价值导向。

高校应将第二课堂教育管理体系建设作为加强大学生思想政治教育工作的重点之一，结合传统课堂及思想政治教育理论课实际，从组织结构、教育计划、运行实施及评价管理等方面制定科学规范的第二课堂教育管理制度。同时，加强对第二课堂教育的政策扶持与硬件支持，在活动资金拨付、场地审批、设备租借等方面放宽要求，增加投入；支持并鼓励专业教师及管理干部投身第二课堂科学研究与教育实践；加大第二课堂教育工作的绩效考评权重。

（二）科学构建第二课堂教育管理组织框架，多部门分工合作

高校党委要切实加强对第二课堂活动的领导，对第二课堂活动全面负责。学校要成立第二课堂活动指导委员会或相应的管理机构，对第二课堂的目标进行总体规划，制定有关政策和管理措施，定期召开会议，研究工作进展，交流工作经验，协调解决学校第二课堂工作中存在的问题；要将第二课堂活动纳入学校事业发展的规划中，并使之与学校的总体建设相适应；要把第二课堂活动情况作为评估考核学校工作的重要依据之一，各职能部门要将全面推进第二课堂活动作为重要职责，积极关心、支持和参与第二课堂活动，共同为创造浓厚、健康的校园文化氛围做出贡献。

高校第二课堂教育管理组织结构框架的构建应遵循"主体决策、多元实施"的原则，以特定部门（学工部或校团委）为主导，制订全校统一的教育目标、教育计划等，并统筹各类课程设置；各学院和其他部门应结合工作职责与实际，分别承担思想政治教育第二课堂不同模块教学的具体课程设置和实施。其中，学院

主要承担校园文化教育、专业实践教育等模块，组织和宣传部门可依托学院思想政治教育第二课堂指导学生党支部开展党建工作，校保卫部门则可以向学生开设安全教育类讲座并指导相关实践活动，创业、就业指导中心负责学生职业生涯规划教育和创业培养模块，大学生心理健康中心负责心理健康教育模块等。学院与职能部门均可以在人才培养中开展具体的工作，通过建立第二课堂精品课程，实现全员育人、全程育人、全方位育人的大学生思想政治教育工作格局。

（三）完善和规范第二课堂教育计划管理，保障课程的健康发展

第二课堂教育计划管理，主要是指对课程体系目标、课程内容设置的规范化管理。高校要严格把控第二课堂教育活动方向、教育内容设计，课程设置要符合思想政治教育规律与大学生成长发展特点，既要发挥第二课堂在人才培养中的重要作用，同时又不能干扰传统课堂的知识传授。第二课堂课程教育目标是通过整合校内外优质教育资源，有计划、有目的地开展教育实践活动，以达到端正学生价值观、培养学生综合素质能力的目的。

第二课堂课程内容设计则要注重模块分类，基于学生德智体美劳各方面的实际需求，设计文、体、娱、艺、创、职等多样化模块，为学生提供丰富充足的个性化选择，切实做到课程设计来源于学生需求，服务于学生成长成才。将第二课堂所涉及的思想政治宣传教育、公益创业、志愿服务、社会实践、学科竞赛、科研训练、学术报告会、文化体育活动等内容，根据不同模块建设成相应课程，设定学分，并要求学生在校期间必须修够一定学分方可毕业；将辅导员工作与专业教师指导工作纳入第二课堂范畴，计算工作量；将教师职称职务晋升、评先选优与第二课堂参与程度和取得的成果挂钩，充分调动教师参与指导教学的积极性。

（四）创新第二课堂教育活动运行模式，切实推进课程计划有效落实

第二课堂教育活动采用系统化的运行模式，打破以往课外活动由各部门自发组织、学生自发参与的现象，采用网络统一发布课程、自主选课的方式。利用数字化校园等技术手段，将第二课堂课表（包括课程内容、学分权重、课程规模等）植入信息门户系统、第二课堂手机 App 客户端等，以每月为课程周期面向学生推送课程，学生可实现课表预览并自由选择感兴趣的课程直至达到学分标准。这种系统化的运行模式，一方面有效避免了主办方活动资源重复浪费；另一方面实现了学生参与活动自主性与规范性的有机结合。此外，利用学分激励机制可以较好地激发学生的选课热情，有效避免在自主学习成长过程中的惰性。

网络文化是校园文化的新领域。网络文化深刻地影响和改变着师生的思想观念、生活方式和价值取向。要充分发挥网络优势，积极发展网络文化；要以科学的态度认识网络，以创新的精神运用网络；要积极构建网上第二课堂体系，尽快创建专门的网站，加强网络队伍建设，整合网络资源；要根据网络文化规律，充分利用网络这一载体，积极传播优秀文化，抵御不良影响，占领校园网络阵地。

学生社团是高校校园文化的重要载体，是第二课堂的重要组成部分。目前，学生社团越来越活跃，在学生中的凝聚力、影响力不断扩大，对学生成长成才的促进作用也明显增强。社团组织具有组织的民间性、结构的松散性、活动的自主性和成员的广泛性等特点。高校要切实加强对学生社团组织的管理，加强正面引导，用先进文化占领社团阵地。要把社团作为第二课堂活动的重要载体紧抓不放，建立一批能够满足青年学生多元文化需要的学生社团；要重视培养一批热心第二课堂活动，有一定专业特长的师生骨干；要大力扶持理论学习型社团，积极鼓励科技服务型社团，引导监督兴趣爱好型社团；要潜心选配好社团指导教师，加强社团的规范管理，使社团组织在提高学生综合素质、丰富校园文化等方面，发挥更加积极的作用。

总之，学校应以开放的胸怀和理性的态度不断吸收、整合、创造和筛选反映时代特征的新知识、新思维、新观念和新精神，使第二课堂活动始终处在社会主义文化进步的前沿。

（五）建立第二课堂课程与学习效果评价机制，不断实现课程优化

第二课堂评价指标观测点主要包括学生选课饱和率、出勤状况、课堂活跃度、课后问卷评分等。通过对选课、出勤等过程数据进行分析，可以直接了解学生参与度、年级专业分布、现场学生课程评价反馈信息等；通过辅以问卷调查、走访座谈、跟踪听课等方法，可以全面了解各个课程在内容设置、教学形式等方面的问题和建议，从而淘汰劣质课程，优化课程体系设计。同时，利用大数据可以对特定学生参与第二课堂情况进行动态跟踪，为研判学生发展态势提供数据模型。

加强对第二课堂过程检查和效果考核，邀请校外专家参与第二课堂课程的教学和评价。另外，尊重课程参与主体的复杂性和多样性，让学生从课程内容、教师水平、学习体验、掌握技能、积累经验等方面对课程学习情况进行评价，不断提高课程质量。

新时期高校大学生思想政治工作为人才培养提出了新的要求，第二课堂教育

作为大学生思想政治教育和综合素质培养的重要途径,必然发挥更加重要的作用。建立一个更加科学、系统、规范的教育管理体系,是切实发挥第二课堂教育功能的当务之急。因此,高校教师特别是大学生思想政治教育专职教师要积极探索建立和完善第二课堂教育管理体系,丰富课程内容,创新授课方法,整合共享优质资源,努力实现全员育人、全过程育人、全方位育人的高等教育格局。

要创建综合化与多样化相结合的评价机制。高校第二课堂对学生的培养具有长期性与潜在性的特点,而且更为关注学生的学习表现,这种表现是整体的、形成性的而不仅仅是简单的结果。项目完成的程度与过程中具体可见的成绩便于评价,但是学生在活动中能力的提升、情感的体验,甚至人生观、价值观等的变化却是不容易评价的。所以评价内容要综合化,不仅关注项目完成的程度、实践结果、配合度等,还需要关注整个过程中学生学习的体验和各方面能力的提高,如学生的参与状态、互动状态、情绪状态、思维状态、学习生成状态等。同时,评价方法要更为多元化,在巩固学分制的基础上,将定性与定量相结合,开放式评价与跟踪式评价相结合,如过程中的书面测评、成品制作、模拟操作、自我评价等都可以作为评价的一部分,让其成为评价的资料与数据库,形成学生平时的积累,形成内容和形式相结合的评价矩阵,这样才更能体现评价体系的教育性。

第五章 思想政治教育工作实践途径

改革开放以来，伴随我国经济、政治、文化的迅速发展和深刻变革，大学生思想政治教育在艰辛探索中不断走向丰富与多样，以有效应对现实情况的变化发展，逐步形成了建设校园文化、开展社会实践、开展党团组织建设、主动占领网上阵地等主要实现路径。

第一节 校园文化建设中的思想政治教育

校园文化是社会主义先进文化的重要组成部分，是学校软实力的重要体现，大力建设校园文化，对于推进高等教育改革发展、加强和改进大学生思想政治教育具有重要的作用。

一、校园文化对思想政治教育的影响

（一）校园文化是大学生思想政治教育的催化剂

校园文化无论内容如何、形式怎样都必然是一种积极向上、充满正能量的文化，这使得校园文化成为社会主义先进文化的一个有机组成部分。校园文化要吸纳中国传统文化中"和谐"思想的内核，承担起以社会主义先进文化来促进社会主义和谐社会建设的时代责任，积极应对和正确解决大学生学习、生活、交往等活动出现的新情况、新问题、新变化和新动向，比如同学间竞争合作关系、自身心理压力调整、个人消费差异带来贫富现象等一系列问题等，都需要有一个精神理念来统领人们在处理这些状况时的方式、方法。只有当"和谐"文化进入学生的认知视域，才能在理想、信念、成才和素质这些理论色彩强烈的主题教育前，带来一种柔性的文化精神，真正解决好、处理好大学生们的实际问题。

（二）校园文化有利于引导大学生主体作用的发挥

高等教育关系着我国传统文化的传承以及新兴文化的传播，所以无论从传统文化的角度还是从新兴文化的角度来看，教育对社会文化的传承和传播都有着重要的作用。高校的教师是高素质的文化群体，对教育质量和教育效果有着直接的影响，他们的学识、举止、言行以及作风，不仅对大学生自身起着示范作用，同时也对受其影响效仿学习的大学生周围的人起着积极的示范作用。

由于社会经历和经验的制约，大学生的人生观和价值观显然已经基本形成，但是在对价值取向的判断上并没有真正成熟，容易受到朋友、环境等外部因素的干扰，导致认知和行为上的偏差甚至是错误。经过良好的校园文化熏陶，大学生虽然进入社会之后仍然存在社会经验不足等问题，但是他们坚定、明确的人生追求和价值取向可以相助他们做出正确的选择。另外，坚定的人生追求可以帮助大学生建立起强烈的自信心，并以饱满的热情和活力感染周围的同学和朋友，发挥自己在思想政治教育中的主体作用。

（三）校园文化增加了大学生思想政治教育的内容

校园文化具有整合、引导、塑造的作用，对大学生思想政治教育具有效果显著的影响力，这在很大程度上丰富了大学生思想政治教育的内容。

1. 校园文化具有追求务实、追求崇高的凝聚力

在当代，这种崇高的精神境界就是"以人为本"的人文精神、"求真务实"的科学精神、"着眼未来"的超越精神和"自强不息"的奋斗精神，正是有这些精神因素的存在，才能聚集成建设有中国特色社会主义的共同的理想，把师生的智慧和力量凝聚到构建和谐校园的共同事业之中。

2. 校园文化对大学生具有重要的教育导向作用

通过丰富多彩的校园文化方式，大学生可以得到精神上的熏陶和教育，从而形成乐观自信、勤奋敬业、严谨笃学等优秀的人格品质。校园文化对勤奋、踏实、诚实、守信、敢于创新的良好学风，以及崇尚科学、严谨求实、善于创新的良好校风具有极为有利的促进作用。在良好校园文化的指助和促进下，大学教育才能将其最大的作用发挥出来。

3. 校园文化具有源源不断的创造力

大学作为思想最活跃、最富有创造力的地方，它同时是新知识、新思想、新文化的策源地，其创造力主要来自具有社会责任的知识分子群体追求真理、体现公平正义的社会理想，发挥着文化对社会进步的强大影响作用。文化可以作为一个维系民族、社团、集体的共同价值取向，使更多大学生在对共同认知的追求中，走向真善美。

二、当前我国校园文化面临的挑战

随着我国改革开放和全球化步伐的日益加快，随之而来的文化多元化、意识形态多元化、生活方式多元化等，呈现由"一"到"多"的特点，且当下信息高速传播，渠道日趋丰富，外来文化冲击着原有的文化模式和思维方式，使当下的校园文化呈现出新的特点。

（一）内容——丰富性与复杂性并存

全球化带来了物质和文化上的极大丰富，新的观念和方法也随着文化一同被注入人们的生活：不同文化之间不可避免地互相渗透、汲取，这种互相吸收和补充，形成了"你中有我，我中有你"的局面，但这也对原有的文化观念提出了挑战，如何做好不同文化的相互融合，进行正确的价值判断，需要较高的判断力和分析力，这对个人素质提出了要求，当前在校的大学生正处在身心快速发展的阶段，他们涉世未深、阅历较浅，对很多社会现象还不能很好地把握，且极容易受鼓动和影响，加上国际社会思潮的进入，这为学生们的成长提供了机遇的同时，也给各大院校提出了培养的难题，只有提升学生的文化甄别能力，才能尽可能地避免负面效应。

（二）评价标准——创新性与文化性相依

校园文化建设的目的是要实现育人的效果，不同的时代背景和社会需求，对人才的要求也是不同的，学校培育的人才要能适应社会发展、实现自我的完善，因此育人的理念不是一成不变的，要能与时俱进，适当地进行调整。当今社会，全球联系广泛加强，高新技术快速更新，经济发展日新月异，文化交融错综复杂，这对学校育人提出了更高的要求，要求学校培育出满足社会多元需求的复合型人才，这要求学生要有国际化视野，与经济全球化、教育国际化和文化多元化等时代特点相适应，全面提升综合素质。因此，校园文化的评价标准也会随之发生变化。

（三）文化选择——多元性与甄别性共生

当下的文化交融日益增多，学生在校园里，接受各种文化气息的熏陶，思维活跃，长于思考，因此不同类型的文化在大学校园里很容易引起共鸣，产生作用。要进行选择，做出适宜的价值判断，学生们必须进行全面的了解，凭借敏锐的观察力，通过缜密的分析，根据自身实际情况做出取舍，这样才能促进个人的健康发展。如先前在一些学生中出现的拜金主义、享乐主义等，即是对一些外来文化盲目追求、片面理解、曲解和误解，形成的一种不良风气。在当前多元文化背景下，本土文化被越来越多的国外文化观念影响，但我们不能简单地沿用和吸收这些异域文化，而要对其进行甄别，校园文化建设是对学生进行思想引领的重要方面，对学生的世界观、人生观和价值观的形成有着深刻的影响。

（四）文化理念——开放性与传统性交融

校园文化作为校园里的一种精神文化，对学生的教育引导功能是十分明显的，因而它必须是在长期的实践检验中不断完善和延续而形成的。校园文化元素本身就包含了相对稳定和传统的成分，在历史的积淀中，逐渐被广大师生所接受，具有一定的社会影响力。但现代社会，新的文化思潮带来了许多与传统不太相同的理念，若一味地因循守旧，延续陈旧的做法，必然会和学生当下的生活理念发生冲突，容易遭受质疑；校园文化必然要兼收并蓄，广泛吸收新文化理念，进行加工改造，以更具时代色彩的新形式出现，从而为己所用，因此，校园文化本身又必然具有一定的开放性，应主动融入学生的学习生活中去，实现双向互动。

三、建设校园文化要坚持的基本原则

（一）坚持主旋律与尊重多样性的统一

大学是人类文化传承、创新与发展的重要基地，大学不但要传承和创新知识，更具有熔铸、守望人文精神的神圣使命。校园文化建设是实现这一使命的必然途径，是学校精神文明建设的重要基础和重要前提。

学校必须建设一个文化层次较高的校园文化环境，传承大学精神，使广大青年学生能养成良好的思想道德品质。党的十四届六中全会决议提出的社会主义精神文明建设指导思想中，提出"以科学的理论武装人，以正确的舆论引导人，以高尚的精神塑造人，以优秀的作品鼓舞人"。这也就要求校园文化建设必须坚持正确的政治方向、价值导向和审美倾向，贯彻党的基本路线和教育方针，弘扬社会主义、爱国主义和集体主义主旋律。

当今社会处于文化井喷时代，各种类型的文化层出不穷，相互交融并得以发展，社会发展必将呈现出更大的开放性和适应性，文化多样性将是一种必然趋势，历史无数次证明保守和封闭只能走向停滞和僵化，建设高水平的校园文化必须使校园与社会联网，走开放之路，尊重主体多样性的发展。

当然，尊重校园文化多样性也不等于忽视主旋律建设的精神引领作用，文化主旋律和文化多样性是相互促进的关系，也就是必须坚持主旋律与尊重多样性的统一，这才是对校园文化建设应该持有的态度。

（二）坚持积淀传承与创新发展的统一

文化是历史形成的，不经过一定的历史积淀和传承，文化的优秀品质难以体现。在学校长期发展的历史积淀中形成的、具有相对稳定性的文化传统意识，是现代校园文化传统中最宝贵的部分，是学校历经抵抗挫折、谋求发展的顽强生命力的底蕴所在，是学校的灵魂，是学校精神与文化氛围的集中体现，也是学校赖以生存的根基，更是学校可持续发展的精神动力，对于稳定大学的风格和水准具有至关重要的作用。

大学能够得以持续健康发展的推动力源自优秀的校园文化。校园文化的建设与创造，既是一个继承、借鉴、创新的综合过程，也是一个德育与智育、科学与价值以及人与人相互作用、相互促进的复杂过程，需要精心构建，要在理念上精心提炼，在实践中长期培育。传承学校的特色与优势文化需要依靠学校师生的共同努力与不懈创造。

（三）坚持立足国情与面向世界的统一

面对经济全球化的挑战，校园文化不能回避而应积极主动地融入世界大潮之中，通过与大风大浪的搏击，使自己的羽翼逐渐丰满，从而实现国际化与民族化的统一，实现自身的完善和发展。

从根本上说，对待面向世界和立足国情的态度是与我们对外来文化和传统文化的态度完全一致的。对外来文化和传统文化，校园文化的基本原则是采取分析、辩证的态度，积极利用其合理成分，并结合具体情况加以批判继承、消化吸收。

这也是我们在对待面向世界和立足国情时的总方针。但长期以来，校园文化在实际发展中，往往偏离或忽视了这个方针，完全凭主观臆断，感情用事，这是制约校园文化发展的重大问题。

四、加强校园文化建设，突出文化育人

学校校园文化建设要以文化为载体，着眼于人才培养，着力于精神文化塑造。学校应牢牢把握育人为本的校园文化建设主线，努力开创校园文化建设的新局面。

（一）加强校园环境建设，保障校园物质文化和精神文化发展的协调性

环境在育人中的作用不应忽视，在校园文化建设中，要突出环境在大学生思想政治教育中的育人功能。加强校园文化的环境建设，这主要包括自然环境与人文环境的建设。

1. 加强校容校貌等物质文化的建设

校容校貌建设包括学校的建筑风格、绿化美化的程度、自然风景特色，环境整洁水平、设备现代化层次等，校园内应有与本校相关的大家、名师的雕像，主题文化广场，校友捐赠的奇石，校园的花草树木，学校的文明标志牌等。建设校容校貌这种物质文化，一方面能够通过治学前辈的名言在精神上激励大学生进一步前行；另一方面能够通过包括学校格局在内的各种"艺术精品"培养大学生的审美情趣，强化大学生辨别美的能力。

2. 加强校园人文环境的建设

校园人文环境是一个大学生对自己学校最值得自豪和骄傲的内容，大学之大，非大楼之大，乃大师之大，大师之大总体来说，就是校园的人文环境建设，大师的精神传递要通过校史、板报、宣传窗、校训标志、电子标语等方式向学生进行传播，所以校园的人文环境建设能够起到对师生的人文情趣的引导作用。

（二）突出文化育人，使校园科学精神与人文精神和谐发展

在当前多元社会思潮和文化的影响下，学校校园文化建设应始终坚持人文精神和科学精神的相互依存、和谐发展，在学校校园文化建设中，科学精神和人文精神是大学生观察与认识世界不可缺少的两种素养。

1. 加强科学精神培养的重要性

当今世界国际化程度越来越高，社会生活日新月异，结合我国社会的发展现状和高等教育的发展改革，顺应社会对于各种人才的客观要求的校园文化的发展必须加强大学生科学精神的培养。当今世界各国主导的观念是把大学定位成一个集科学研究、人才培养和服务社会等多项功能于一体的综合型教育机构，要完成好这一任务，必然要求大学教育的重点放在培养严谨规范、求实创新的科学精神上，使高等学校在学生有限的大学学习时间里，充分利用各种教育资源，传授给学生这一科学精神，从而完成国家和社会赋予高等教育的神圣使命。从我国高等教育改革发展的目标来看，要想充分适应我国社会国际化、信息化发展的客观需求，培养出综合素质高、拓展能力强的合格人才，在学校校园文化建设中，都应该围绕一个核心，那就是培养和激发学生自主精神，独立思考、善于创新的综合能力，在教学设计的理念方面、课程体系及内容方面、在教学方法与手段方面，进一步更新、调整和变革，而这些都与科学精神的本质内涵相辅相成。

2. 加强人文精神培养的重要性

国际化对学校校园文化建设中人文精神的培养提出了更高的要求。

（1）随着西方社会思潮的侵入，许多大学生的价值观有了偏差，在校园学习生活中感到目标不明确，前进无动力。加强大学生人文精神培养，有助于学生世界观、人生观和价值观的完善，帮助大学生培养积极向上的精神面貌，树立远大的理想抱负，执着于人生目标的追求。

（2）提高人文素质有助于增强大学生的民族自豪感，培养大学生的爱国主义情感，人文素质本身就体现了强烈的民族性，不同的民族有不同的历史，不同的国家有不同的文化。

（3）学校校园文化建设加强人文精神培养，有助于解决大学生的心理问题、保持其精神生活的健康，当前学校学生心理问题一直是学校安全稳定问题中的一个主要问题。

3. 保证科学精神与人文精神的统一

学校校园文化建设保持人文精神与科学素养的统一，是突出校园文化育人功能的关键，高等教育培养的社会主义事业的建设者和接班人，应该是既有严肃认真的科学素养，又有健康崇高的人文精神的现代意义上的完整的人。从人类发展的文明史来看，自然科学和人文科学之间是相互补充、不可替代的。我国高等教育担负着培养中国特色社会主义建设需要的合格人才的重要任务,学校应充分认识到,校园文化建设中培养健康合格大学生的关键在于倡导和推进科学精神与人文精神的和谐发展,以此培养的高素质的大学生才能在国家发展建设中起到中流砥柱的作用。

(三)加强组织领导建设,完善校园文化建设机制

1. 加强组织领导

所谓大学校园文化建设的合力与共谋,除了内部合力问题之外,对于外部应该从两个方面予以考察:一方面强调大学校园文化建设要与外部环境相适应;另一方面还要强调外部环境促进大学校园文化的建设与发展。

在大学校园文化建设中,政府可以从自身职能出发,利用间接的宏观管理方式促进其建设发展,具体方式包括:一是政策方式,即通过制定相关政策来引导学校进行文化建设的行为;二是经济方式,即在拨款、资助、投资、奖励和招标等教育经费分配过程中通过合理的倾斜来调整提高文化方面的投入;三是信息服务的方式,即通过提供信息服务来使学校有选择地决策自己的行为;四是监督评价方式,政府教育部门通过检查、鉴定、评估等活动来对文化建设情况进行检查监督,只有内外兼修,调动多方面的积极性,才能整合资源,凝聚力量。

2. 完善校园制度

大学校园文化需要制度框架的支撑,大学校园文化是娇嫩的花朵,高贵的理念也只有在与之相容的制度下才能存在并得以发扬。因此,只有完善各项制度措施,大学校园文化的凝聚力和创新力才能竞相迸发,大学校园文化才能卓尔不群、历久弥坚。

具体来说,各项制度措施的完善必须着眼于以下几个方面。

第一,在起点上,一项制度措施的制定与完善首先要建立在民主和法制的基础之上,反映在大学校园文化中,就是依法治校和民主管理,有这样一个逻辑前提,才有可能营造一个宽松和谐的学术环境,发扬批判和独立的精神,鼓励教师进行开创性的研究。

第二,在转变学校行政职能方面,要更多地体现"精神性"而非"物质性","全员性"而非"科层性",加强教授治学、教师参与学校学术事务管理的权力,唯有如此,学术权力才能超越行政权力。

第三，各学科的高度交叉和融合是当前全球环境学术发展的必然选择，因此，改革现有的学科和科研管理的组织模式，不断提高大学的学科和科研的管理水平，以更好地适应现代学科的发展，促进学科的交叉和科技创新。

第二节 组织建设中的思想政治教育

组织路径是指通过建立组织，把教育对象有效地组织起来，对他们实施教育，引导他们进行自我教育。它不仅是实施大学生思想政治教育的有效组织形式，而且本身能够通过规范、约束等实现思想政治教育的功能。它具有严密性、综合性和群众性等特点。

一、大学班级建设

班级是大学生思想政治教育组织路径的基本单元，是大学生的基本组织形式，是大学生自我教育、自我管理、自我服务的主要组织载体，其特点是集中性、统一性、规范化，具有团结学生、组织学生、教育学生的职能。

（一）大学班级建设存在的问题

新时期，高校所处的环境发生了深刻变化，大学生班级建设也遇到了一些新的问题，具体表现如下。

1. 学分制在一定程度上弱化了班集体组织学习的功能

当前的学校教育中，绝大多数学校都推行了学分制改革。学分制的优点在于能够充分调动学生的学习积极性，激发学生的主动性，发挥学生的个性，最大限度地尊重学生学习的主体性，但对于学生工作来说，学分制弱化了大学生班集体组织学习的功能，对大学生班级群体教育产生了不小的冲击。在学分制教学模式下，学校提供各种便利条件，准许学生自主选择专业课、任课教师、上课时间、修业年限，班级中的同学可以根据自己的偏好自主安排个人的学习，班集体集中统一组织同学学习的可能性变得越来越小，学生依托班集体进行学习的观念越来越淡漠，班级和年级概念也越来越淡化。而从我国现有高校的教育分层集中管理模式来看，学生管理的一切措施力求标准化、规范化，这给大学生班级群体教育提出了不小的挑战。

2. 班级组织体系受到削弱，淡化了学生的班级集体概念

大学生刚刚入校时，由于对新环境比较陌生，人的行为有明显的谨慎性，他们急于寻求组织的归属感，也乐于遵守学校的规章制度，再经过入学教育、军训等强化性集体活动，这时的集体观念是最强的，班级也能够很好地把同学们组织起来，班委会和团支部的威望也是比较高的。但随着环境的熟悉、强化性集体活动的结束，这种浓厚的凝聚力和较强的组织体系很快便瓦解了。尤其是毕业班的同学，由于找工作的任务，赶招聘会、参加面试、实习等，这些大都属于个人行为，最多也只是两三个同学一起，班级群体在这方面发挥的作用微乎其微，而辅导员也只能起到督促和指导的作用，班级的群体教育几乎名存实亡了。

3. 辅导员工作事务性特征对班级教育连续性实施有一定的影响

在当前高校辅导员的工作中，对班级群体教育的实施还存在诸多不尽如人意之处，最主要的问题就是辅导员事务庞杂繁多，从而在很大程度上影响了班级群体教育的连续性。

（二）大学班级建设途径

进入21世纪以来，立足新的历史起点，着力加强班级建设，充分发挥班级的思想政治教育功能，成为推动大学生思想政治教育发展的重要任务。

1. 注重班级建设的自我设计

要着力加强班集体建设，组织开展丰富多彩的主题班会等活动，发挥团结学生、组织学生、教育学生的职能，这可以从以下两个方面入手。

（1）关注学生个性，将学生的个体发展纳入班级整体格局之中。班级中学生发展存在着差异：就学业表现来说，有成绩优秀者、成绩居中者和暂时落后者；就行为表现来说，有班级活动的骨干分子、积极参加者和行为孤独者。这些差异都可以成为班级管理的教育资源，由此可以帮助学生建立三个层面的班级人际关系网络，帮助同学们联系相互之间的感情。

（2）做好学生的心理辅导，大学生思想政治教育者应当成为学生信任、亲近的人，以期待、平等的眼光看待学生，期望每一位学生健康成长，尊重、关心、信任他们，真诚地发现学生的长处，平等待人，在平等相处中建立师生间的信任关系和双向交流，消除学生疑虑心理与对立情绪，缩短师生心理距离，从而形成一种老师关心学生、爱护学生，学生尊重老师的教育情境，建立融洽、合作、互相支持、互相理解的师生关系。

2. 优化班级建设的运行机制

在弹性学分制等因素的影响下，班级成员在时间和空间上的离散程度高，因此加强同学间相互交流和有效沟通，建立通畅的沟通渠道是非常有必要的。

（1）加强班会的开展。只要班主任和学生对班会善加利用，就可以在学生之间、师生之间、老师之间创造更有成效的沟通机会。

（2）组建学生合作小组。组建小组的方式可以多样化，并根据实际需要灵活调整：既可以将不同发展水平的学生组成一个小组，也可以在另一阶段、另一领域根据学生成绩组建学习小组，还可以根据学生自愿组合的原则，将非正式群体转变为班级正式群体。

（3）健全班级制度。加强大学生班级群体教育，塑造积极向上的大学生班级群体，需要相应的制度规范对班集体及其成员进行制约和引导，使其不致偏离班级群体教育的目标。这其中的制度规范至少应该包含两个方面：首先，学生的个人行为规范，主要由学校制定颁布的学生纪律规范和班级自我约定的行为规范组成；其次，班集体的行为规范，同样可以分为学校的规范和班级自我规范。

（4）搭建虚拟化班级平台。搭建虚拟化班级，平日可以通过申请网络空间建立班级论坛，论坛中设有管理员、版主等组织机构，根据班级成员的偏好在论坛内部设置专业学习区、情感交流区、影视区、灌水区等版块，在这些区域中，班级成员可以进行信息发布、班务管理、专业学习探讨、情感交流等活动。

3. 加强班级文化建设

班级文化对于大学生品质的塑造和综合能力的培养起着潜移默化的作用；营造和谐的班级文化，能为学生创造良好的教育环境，有助于学生的可持续发展。构建优秀的班级文化，可以从以下几个方面着手。

（1）创建优秀的班级文化氛围，努力营造浓厚的学习气氛、团结和谐的同学关系和勇于拼搏的进取精神，同时还要努力构建愉悦的文体活动氛围。

（2）制定系统的日常行为规范。"没有规矩，不成方圆。"大学生班级群体教育应该注重运用各种行为规范来约束成员的日常行为，有奖有罚，奖罚分明。

（3）树立班级目标。结合专业特色，科学合理地界定本班级的目标，并使班级成员明确要达到目标自身需要进行哪些努力。

（4）最重要的是培育班级精神。班级精神是班级活动的指导思想与行动准则，是对班级目标的高度概括，班级精神要根据专业特点进行浓缩和提炼，倡导诚实信用、公平友爱、团结协作、顽强拼搏的高尚班级精神。

4.举办班级活动,增强班级凝聚力

各种班级活动,不仅可以使大学生获得知识、愉悦身心,更重要的是,它是班级成员之间互相沟通交流的主要形式,对于增进班级情感,增强班集体的凝聚力有着若至关重要的作用,这就要求我们十分重视大学生的班级活动,每次活动前都要精心地策划、认真地准备,进行广泛的动员,宣传参加活动的意义,并带领学生进行必要的培训和练习,尤其是要在活动中使学生感受到实现自身价值的乐趣,感受到集体的温暖,这样,他们才会倍加珍惜同学之间的友情,对班级活动产生强烈的共鸣,对班集体产生更强烈的认同感和归属感,集体主义精神才会在悄然之间深入每个人的心中。

二、大学生党团组织建设

党团组织是大学生思想政治教育组织路径中的骨干力量,是高校开展大学生思想政治教育的组织基础。

(一)大学生党建

1.当前大学生党建面临的问题

在新的历史条件下,大学生党建工作面临许多难得的发展机遇,同时也面临许多新的问题,机遇与挑战并存。当前及今后一个时期,大学生党建工作主要面临着五大矛盾和挑战。

(1)多元价值观念与主流价值导向之间的矛盾和挑战。当前,国内形势正在发生深刻变化,全球化对我国的影响正呈现出由经济领域向社会生活等各个领域扩展的趋势,使得全国范围内的各种思想文化相互激荡、冲突。作为文化阵地的高校,必然会受到这一股潮流的影响,高校学生党员也同样避免不了。一些封建迷信和愚昧落后的思想观念也沉渣泛起,对部分学生党员的世界观、人生观和价值观产生消极的影响。外部环境的复杂性将对大学生党员的培养教育产生巨大的冲击。市场经济法则的不适当运用、体制转型带来的多样化社会发展趋势、信息技术的飞速发展和普及、非主流意识形态对主流意识形态的冲击等对大学生党建工作的影响最为巨大,如果应对不当,将直接影响大学生党建工作的成效。

(2)学生党员数量的增长与制度建设不足之间的矛盾和挑战。几年前,党中央提出"班级有党员,年级有支部"的学生党建要求,经过近几年的努力,总

体来说，各高校基本实现了党建要求。随着高校扩招和高校党建工作对在大学生中发展党员的重视，在校学生党员队伍不断扩大。原来一个学生党支部只有几个人的规模，而现在却有20~30人的规模，部分学校学生党支部的党员数量达到50~60人，在毕业前夕甚至达到80人左右的规模。但由于国家对学生党组织的设置问题没有明确，所以在学生党组织设置上存在一些问题。表现在两个方面：①学生党员队伍不断扩大，学校从事学生党建工作的党务工作者队伍变化却不大，两者间数量上存在矛盾，这需要高校从事学生党建工作的同志付出更多的时间和精力，对他们也是一个考验；②过于庞大的大学生基层党支部没有进一步细化，学生党员在学分制的情况下也很难组织，因此，组织生活开展的难度很大，这就不利于对学生党员队伍中新老党员的教育和培养。面对这种情况，从组织的角度来有效组织学生党员开展活动，很难取得实效。

（3）数量急剧扩张与质量保证提升之间的矛盾和挑战。尤其是近年来，各高校发展大学生党员的力度更大。现在的高校学生党员大都出生于21世纪，与之前的大学生党员相比有新的特点：①生理发展期普遍呈现前移的特点；②独生子女多，自理能力相对较差；③社会阅历严重不足，心理成熟期呈现出后移的特点；④生理发展和心理成熟距离拉大，心理稳定性和承受力差，理性思维相对欠缺，缺乏社会责任感。当他们处于当今这样一个复杂多变、各种思想文化相互交织、各种社会矛盾相互冲突的时代，容易迷失前进的方向，引起价值取向的多元化，如何在大学生党员数量不断增加的情况下，保证和提高大学生党员的质量，是当前和今后一段时期大学生党建工作的一大矛盾和挑战。

（4）载体、手段创新不足与发展需求多样之间的矛盾和挑战。大学生群体具有思维活跃、需求变化多样性的特征，要提高大学生党建工作的成效，必须迎合大学生群体的需要。但从目前的情况看，与多样性的大学生特点和要求相比，大学生党建工作仍然存在工作载体、工作手段创新不足的现象，相当一部分高校的党建工作仍然停留于过去的套路，创新不够。比如，对校园内丰富的载体资源利用不足，对网络、文化、仪式等载体的认识和发掘不足，对思想政治教育内容和形式的拓展不足。这些不足，使得大学生党建工作的载体、手段与大学生的需求、特点之间的矛盾比较突出，如何应对这个矛盾和挑战，是我们要着力研究的课题。

（5）主体能力素质与工作创新发展之间的矛盾和挑战。近年来，以二级学院党委（系党总支）副书记、学生政治辅导员、学生党支部书记为主体的大学生党建工作队伍建设取得了显著的成绩，大学生党建工作有了一批高学历、高素质、专业对口的大学生、硕士研究生甚至博士研究生的生力军的加入，这为大学生党建工作的创新和发展提供了有力保证,但是,与大学生党建工作的要求相比,这支队伍的总体素质仍然存在不足,主要体现在以下几个方面。

①人员队伍变化跟不上工作量的要求。在高校扩招背景下,高校学生和学生党员人数急剧增加,学生党建工作量不断加大,不少高校学生党建工作人员数量出现短缺,客观上加重了学生党建工作队伍的负担。

②人员素质难以适应工作需要。随着形势的发展和学生的变化,一些从事大学生党建工作的教师在政治理论水平和业务工作能力上出现了不适应的现象,新入职的大学生党建工作人员无论知识储备或是工作经验都存在不足。

③高校的其他工作影响学生党建工作,随着高校改革进程的加快,高校教职员工普遍面临着巨大的竞争压力,受效益观念和建设综合性大学要求的影响,学术科研成为高校工作主题,高校从学校变成了科研院所,而学生党建工作往往得不到员工应有的重视,学生党建工作者也很难能够接受学历再教育和培养,使得他们的理论和管理水平难以适应工作需要,这些都直接影响了大学生党建工作的质量。

2. 大学生党建工作途径

(1)坚持党委的统一领导。党的领导是大学生思想政治教育工作的核心保证。坚持党委的统一领导,首先,必须明确党委的领导职责,党委领导主要是政治方向领导、决策领导、协调和监督领导。其次,必须确立党委书记的责任。党委领导是集体领导,对思想政治工作集体负责,每个党委成员都是思想政治工作的责任人,在党委班子中,党委书记是班长,对党委决策具有重要的影响作用,在党委集体负责人中自然是第一责任人,一所高校能否在党委领导下,真正将思想政治教育搞上去,关键在党委书记是否重视。

(2)加强大学生党组织的思想建设。思想建设是学生党组织建设的重要任务。学生党组织建设工作应适应不断发展的形势,针对高校实际,特别是学生思想实际,以切实有效的措施,抓好思想建设工作。一是构建学习教育体系的多样化;二是改革学生组织建设,强化学生组织教育功能。

(3)严格大学生党员发展程序。大学生党员的发展应在从严把握党员标准的基础上,严格遵从党员发展的程序,坚持政治审查、集中培训、发展对象公示、党组织集体讨论表决等程序,把符合条件的优秀大学生吸收到党的队伍中来。各院系在初步确定发展对象后,把相关资料报给学校,学校组织部门在审查后,把发展对象的基本情况进行整理、汇总,然后召集学生处、团委等进行联合会审,严格筛选，共同把关，保证新党员的质量。对发展对象进行系统、严格的培训，把培训表现作为考察、审批的重要内容。在发展对象通过会议初步确定后，学校组织部门要组织具有丰富经验的党务工作者组成考察组，直接到学生和老师中听取对这个学生的意见，全面了解每个发展对象的情况。对具备条件的，要及时研究并报党委审批；对不符合条件的，宁缺毋滥，坚决不予审批，但要说明理由，做好解释工作。

（4）建立纵向型大学生党支部。在新时期以科学发展观指导高校学生党建工作，应该坚持统筹兼顾的原则。根据这一原则，可采取学生党支部与教师党支部共同建设，互相支持帮助，试行有关教师党员过双重组织生活的组织管理模式。一是要在学生党员培养人上进行共建；二是要坚持学生党支部书记由专业教师担任，副书记由学生党员担任的原则；三是要将班主任的参与作为共建的重点；四是要在科研以及服务社会方面实现共建。

（二）大学生共青团建设

加强和改进大学生共青团建设，是执行党的政治路线，落实大学生共青团工作任务的组织保证，是大学生思想建设的基础和前提。

1. 保证党的领导

要保证党的领导，坚持团的基本性质。保证党的领导是团委工作本质不变的根本，保证党的领导就是要保证党在政治、思想、组织、工作上对大学生团建的全面领导。

2. 加强大学生共青团的思想建设

团委思想建设的基本形式是坚持开展团的组织生活。团的组织生活是团组织对团员进行教育的主要形式，一般是指团的支部大会、团小组会，以及团的基层组织面向大学生开展的以思想政治教育为主要内容的各种活动等。

（1）组织学习。学习是团的组织生活的经常性、必要性内容。在组织学习时应注意经常组织大学生进行主题讨论。鼓励团员青年敞开思想，认真思考，各抒己见，加深对学习内容的理解交流。

（2）载体和阵地建设。思想建设的重点不仅仅要存在于现实之中，还要在网络上开展，网络是大学生交流的一个重要平台，因此网络社区也要成为开展团员青年思想教育的载体和阵地。积极建设大学生思想教育网站，占领网上思想教育的阵地，以加强网站的服务力度，增强团组织思想教育的吸用力，通过学习、就业、交友、心理咨询、法律援助等大学生感兴趣的、能切实为大学生服务的形式建设网站。

（3）开展主题活动是团的基层组织较为经常采用的一种组织生活形式，共青团组织已经积累了丰富的活动经验，并有待继续深化。团的组织生活不仅能开阔大学生的视野，增长知识才干，而且能够使团组织保持旺盛的生机与活力。在团的工作逐步向社会化拓展的形势下，要认真研究和探讨如何使活动更适合团员和青年特点，坚持思想性、知识性和趣味性的有机结合。同时，要注意调动大学生的主观能动性，使他们的积极性得到充分发挥。在活动中有意识地进行自我教育、自我提高。

3. 坚持改革创新

当前共青团事业正处在一个新的历史高度上，共青团工作要在工作思路上进行观念创新，在工作方式上进行方法创新，在自身建设上进行体制创新，推动共青团工作不断焕发出蓬勃的生机和活力。观念创新就是要在学习继承和坚持马克思唯物主义认识论优良传统的基础上，用新观念、新思维来观察、认识新情况，并努力学习借鉴先进的社会组织理论和管理经验，结合当前的形势，对团委工作实现认识上新的突破；方法创新则是指在观念创新的基础上，对团建的工作方法要提出新的举措，一定要提高对于团建工作在新形势下重要性的认识，积极探索总结新形势下团的建设工作规律，反思之前团建出现问题的原因，并解决工作中出现的新的问题；体制创新是指在团的建设在方法创新的基础上，改革团的建设过程中不符合新形势下团的建设要求的旧体制，要提倡大胆尝试、大胆创新，要敢于冲破体制格局的束缚，慎重而积极地推进团的体制改革，逐步建立起与社会主义市场经济相适应的团的建设和团的工作新体制。认识创新是方法创新和体制创新的基础，方法创新和体制创新是认识创新的检验标准，这是马克思主义认识论对团的建设的又一次重大指导。

（三）建设型团组织

1. 学习型团组织

大学生共青团是广大在校大学生在实践中学习中国特色社会主义和共产主义的另一所学校，把学生培养成为"四有"社会主义新人是共青团的根本任务。从这个意义上讲，共青团本身就是一个学习型组织。学习型团组织可以概括为全体共青团员和共青团各级组织具有持续增长的学习力的、能让全体团员进行创造性学习并在学习中体会到工作和生命意义的、能使整个组织获得快速应变能力和持续创造能力的组织。

建设学习型团组织，要求高校团委坚持"解放思想、实事求是、与时俱进"的思想路线，要坚持结合自身的实际，对其他学习型组织的管理理念加以借鉴和吸收，把学习型组织的理论与党的重视学习和重视自身改造的优良传统结合起来，营造终身学习的组织环境，使学习成为一种经常化、普遍化和制度化的行为，使团组织成为团员相互学习的课堂，交流思想的精神家园和团结前进的战斗团体。

2. 创新型团组织

创新是一个民族进步的灵魂，是一个国家兴旺发达的不竭动力。团委工作思路要创新，有思路，才有出路。解放思想，实现工作思路上的创新，是共青团创新的根本。做到工作思路创新要把握好三个方面。

（1）要努力把握新时期做好共青团工作的规律；

（2）在谋划和部署工作中，积极开辟工作的新领域和新的增长点；

（3）在推进工作中，要努力摆脱在计划经济条件下形成的单一行政思维模式，树立适应市场经济发展要求的思维模式。

面对经济社会的深刻变革，要积极推进团的建设理论创新、制度创新和工作创新，切实加强和改进团的自身建设。首先，要认真研究把握共青团工作面临的新情况。其次，我们要在始终坚持团组织的根本性质和宗旨的前提下，着眼增强团组织的适应性，扩大团组织的覆盖面，把巩固与创新结合起来，发挥好党联系广大在校大学生的桥梁和纽带作用，努力把团组织建设成为团结教育大学生的坚强核心。最后，在团干部队伍建设方面，广大团干部要树立强烈的政治意识、责任意识、学习意识，把工作激情、科学精神和务实作风结合起来，加强团干部的教育培训，拓宽团干部培养锻炼和交流、转岗渠道，培养一支专业化、职业化的青少年事务社会工作者队伍。

3. 服务型团组织

服务大学生是大学生共青团的重要使命，是新时期大学生共青团工作的总体要求。团委工作必须全面重视这一要求，把服务大学生作为大学生共青团全部工作的出发点和落脚点。

（1）服务大学生学习成才。青年时期是学习的黄金时期，来到大学，学习成才是大学生的强烈愿望。大学生共青团要服务大学生学习成才，要在他们学习成才的道路上帮助他们解决心理上的障碍，解决知识上的困惑，指导成才的方向，让他们在身体上和心灵上健康成长。只有服务青年学习成才，才能为国家和人民培养合格的"四有"人才，才能完成党交给的重大任务。

（2）服务大学生做好就业。大学生共青团要重点服务当前大学生最迫切的需求，而当前大学生最突出的需求就是就业。因此，大学生共青团要高度重视和配合政府做好大学生就业促进工作，帮助就业困难大学生做好就业工作，把党培养的优秀大学生输送到祖国建设的第一线，为国家经济建设服务。发挥大学生青年的创造力和激情，是服务大学生工作的重要方面，也是圆满完成党的任务的关键一步。因此，服务大学生就业是共青团当前重大而艰巨、光荣的任务。

（3）服务有特殊困难的大学生群体。共青团服务高校大学生要优先服务困难群体，积极帮助家庭经济困难学生，通过开展济困助学、勤工助学、大学生互帮互助等活动照亮家庭经济困难学子前行的道路。

（4）服务青年的精神文化需求。高校大学生是一批有着高素质的青年群体，因此在校大学生有着很强的精神文化需求。高校青年的文化阵地我们不去服务不去占领，西方资本主义文化就要去利用去占领。

第三节 社会实践活动中的思想政治教育

一、大学生思想政治教育社会实践的特性

（一）综合性

大学生社会化的任务是为大学生进入社会、承担社会职责做好全面的准备，必然要求大学生在学习、成长成才和社会化过程中，全面系统地掌握知识、提升能力、锤炼品格、了解社会，成长为社会所需的高素质复合型人才。因此，大学生社会实践活动必须具备社会实践内容的全面性、实践形式的多样性和实践理念的包容性，这就赋予了大学生社会实践活动所具有的综合性特征。首先，大学生社会实践应该实现德、智、体、美、劳的有机结合，完成全方位育人的目标，强化社会实践内容的全面性；其次，大学生社会实践应该实现自我教育、学校教育和社会教育的有机结合，突出社会实践形式的多样性；最后，大学生社会实践应该实现主观与客观、理论与实践的有机结合，彰显社会实践理念的包容性。

（二）主体性

大学生社会实践突出实践性，即主体本身的积极性、主动性和创造性，是以主体的全面发展为目的，通过生动活泼的活动来影响主体的观念和行为的。因此，相对于传统思想政治教育强调以学科知识体系为中心、以教师为中心，现代思想政治教育实践教学更应当充分尊重学生的积极性、主动性和创造性，发挥学生自教自律的功能，培养学生的主动性和创造力。首先，实践教学以培养、提升学生的主体性为目的，而不是单纯地灌输政治观念和理论知识；其次，现代思想政治教育实践教学在整个过程中都注重学生的主动参与和亲身体验，学生在活动中处于主体地位。无论是实践课题的选定、材料的搜集或者具体实践活动的选择和开展，还是实践活动结束后的总结与升华，都离不开学生积极性、主动性的发挥，可以说，强调学生的主体性是实践教学的本质特征之一。

（三）预演性

从严格意义上来说，大学生社会实践行为本身，在很大程度上依然属于"校园行为"。对于大学生而言，这种活动是一种有意义的起点，未来的知识储备、能力释放、生命体验、生活展演、事业开拓，都必须借助于大学阶段的教育和相应的社会实践活动奠定良好的基础。所以，社会实践活动是大学生对未来社会生活、工作方式与学习方式的一种预演，可以对大学生产生积极作用，有利于培养成人感受和社会性情感，锻炼自理能力，培养日常生活、工作技能；有利于他们尽快融入社会，加快他们的社会化进程，尽早成才。具体而言，这种预演性特征有三个方面：一是思维的预演性；二是行为的演练性；三是环境的仿真性。

（四）创造性

创造是人类实践活动独有的特征。建设创新型国家，提高自主创新能力，是我国现代化建设的时代要求。因此，培养具有创新精神与实践能力的高素质人才，是高等教育肩负的历史使命。大学生作为继往开来的年青一代，在社会实践活动中同样要完成学习继承的历史任务，更要勇于面向未来、开拓创新。这就要求大学生社会实践活动必须具有创造性特征，这种创造性特征具体表现为以下方面：首先，大学生在社会实践教育活动中活学活用知识的应用性特点；其次，大学生在社会实践活动中追求新知、探求未知的探索性特点；最后，大学生在社会实践活动中实现从思到行、综合集成、拓展深化的创新性特点。显然，这种创新性的社会实践活动,有助于大学生处理继承与创新、平庸与卓越、失败与成功的相互关系,为创造性实践引领方向。

二、大学生社会实践的重要作用

当代大学生社会实践活动是一种学习性、成长性和社会化实践,它在大学生的成长中起着重要的作用,主要表现在以下三个方面。

(一)有利于对知识的掌握、应用和创新

这是社会实践的首要功能,在社会实践活动这个实践的、整体的和开放的综合教育平台上,大学生可以获取知识,体验情感,发展个性,提升全面发展的能力。

1. 掌握知识

知识就是力量。知识主要有陈述性知识和程序性知识两种,前者是说明"是什么"的知识,后者是关于"怎样做"的知识。如果说学生通过课程学习获得的是陈述性知识,那么,社会实践无疑有利于大学生程序性知识的掌握和陈述性知识的理解。当今的大学教育过于强调以学习的准则为基础,重视对知识的模仿与继承。相反,社会实践则强调学生的知识获得遵循"从现实中学、从实验中学、从研究中学"的路径,突出大学生对知识的概括、提炼和领会,重视大学生读书学习的最终目的是运用知识解决问题,因此,社会实践是大学生求取新知识的导航器、知识掌握情况的检测器、知识巩固和知识领会的助推器。

2. 应用知识

对于大学生来说,不仅仅是领会和巩固知识,更重要的是学会对知识的灵活应用。社会实践活动是大学生"学以致用"的舞台,它以满足需要和解决问题为核心,强调大学生积极探究所面对的世界,注重大学生在活动中学会发现知识、学会践行知识。通过这种实践活动,大学生不仅可以了解知识、把握现实社会,还可以在活动中体验感悟、创设情境、主动探究,从而使他们的知识与能力得到完美连接和释放。

（二）有利于大学生全面成长成才

促进大学生全面成长成才这一功能主要表现在以下三个方面。

1. 提升大学生的综合素质

当今世界，国家间的竞争说到底是人才的竞争，人才综合素质的高低决定人才对社会贡献率的大小。我国高等教育的重要任务主要有两个方面，即不仅要提升大学生的专业知识和技能，也需要他们具有较高的思想道德素质、科学文化素质、艺术审美素质、劳动素质和身心素质。因而，大学生必须从社会实践中学习，从群众中学习，坚定社会主义信念，强化各种知识和技能的学习，注重身心健康，追求科学发展，全力把自己培养成为社会主义建设的"四有"新人，用所学的知识服务社会和人民。

2. 锻炼大学生的实践能力

大学生的实践能力就是指大学生解决问题的能力。大学生学到的知识可以在社会实践中得到证实，从而强化他们知识与技能的针对性应用和训练，帮助他们了解、熟悉社会各种行业、职业资格认定标准和角色活动领域以及所需的各种专项技能，并将这些要求作为培养与提高自己实践能力的参照指标。同时，社会实践活动还能有效锻造大学生的分析判断能力、监控评价能力、决策执行能力等情景实践能力，全面推动大学生积极追求综合实践能力匹配。

3. 完善大学生的人格

健康的人格对一个人的成长成才和社会来说都有积极的意义，处于"成人早期"的大学生，虽然人格还具有较强的可塑性，但社会实践能极强地促进大学生准确定位自身价值，培育他们具有远大的奋斗目标和强烈的道德责任感，推动他们提高自我意识，形成良好的情绪自控能力，构建良好的社会适应能力与和谐的人际关系，讲究合作、自律，具备乐观向上的生活态度和崇高的审美情趣，塑造健康的人格。

（三）有利于推动大学生社会服务

社会实践活动推动着校外现实生活与高等教育之间的有效对接，凸显着自身面向时代、服务社会的功能。

1. 推动大学生与生产劳动的结合

与生产劳动相结合是马克思主义教育思想的重要指针,社会实践连接着高等教育与社会生产活动,能有效推动大学生走进社会、适应社会需求、承担社会责任。

(1)与生产劳动相结合可以磨炼大学生的立业心智。大学生完成学业后,必然以普通劳动者的身份进入社会选择职业。现实带给他们的立业压力是全方位的,如高校扩招、用人单位要求高、就业单位薪酬偏低、工作环境较差以及创业过程中市场、资金、技术、设备等方面带来的压力等。现实和准现实的多层压力加在当代大学生肩上,理想的目标和预期与现实的满足程度反差明显,立业间的现实矛盾更加突出,大学生的立业心理出现极大波动。因此,通过社会实践活动,大学生可以对用人单位的人才需求信息和趋势有一定的了解,认识到来自社会职业竞争的压力,调整自身的立业目标以适应社会,矫正心态,转变观念,抓住机会,以"先就业后择业再创业"的方式学会生存和立业。实践已经证明,机遇垂青有准备的头脑,心智的磨炼是成功的开始。

(2)与生产劳动相结合是对大学生立业素质与能力的一次综合试行,在社会实践活动中,大学生应当努力提高自身的综合素质和劳动技能。通过社会实践活动,大学生一方面会增加工作经验和社会阅历;另一方面积极参与社会实践活动,发现自身的不足,调整课程选择,明确职业目标,自主规划学习生涯,合理安排时间,恰当利用学习空间,完善知识结构,强化专业技能训练,实现知识向能力的转化、由学业意识向职业意识的转化,拓宽大学生职业选择的渠道,综合试行大学生服务社会的本领,当然,在实际生活中,大学生以多种方式与生产劳动相结合,如主体上的大学生个体与群体,方式上的实习、实训、勤工俭学、挂职锻炼等,时间上的假期与平时,空间上的乡村与城市等。

2. 推动大学生与人民群众的结合

坚定不移地走与人民群众相结合的道路是我国有志青年团结进步、奋发成长的必由之路,"与人民群众相结合"的思想,是马克思主义"与生产劳动相结合"思想的深化和具体展开,规划并演练青年大学生成长成才的正确方向和精神境界,青年学生只有与人民群众相结合,才能成长为坚定的马克思主义者、社会主义事业的可靠接班人和合格的建设者。大学生不仅要从书本上、课堂里系统地学习,接受马克思主义理论和中国特色社会主义理论体系,还必须从当代中国的实践中去学,学会运用马克思主义的立场、观点和方法去分析、研究和解决现实问题。走与人民群众相结合的道路,实质是坚定地走与马克思主义相结合的道路。社会实践活动既是对大学生政治觉悟、精神境界的检验,也是对大学生政治觉悟和精神境界的锤练，同时，只有与人民群众相结合，大学生的知识体系和能力体系才能得到充实、检验与锤练，在校大学生的知识体系和能力体系并不完整，只有同人民群众相结合，才能做到书本知识和实践知识相结合、能力发展与社会需求相统一。因此，社会实践有利于推动大学生与人民群众的结合。

3. 推动大学生学会生存

社会实践活动既包含对生存知识与能力的学习，也包含对生存意义的追寻和探求。社会实践活动可以有效地推动大学生更好更快地融入社会、立足社会、服务社会。因此，为正确引导学生克服和消除社会实践活动游戏化、炒作化、作秀化等不良倾向，学校应该广泛动员，认真组织，提高大学生参与社会实践活动的主动性与积极性，与此同时，还要给予大学生以恰当的指导，以多种方式强化挫折教育，磨炼他们的意志。此外，我们还应该营造良好的社会舆论环境，制定相应的实践活动细则，规范具体要求，以制度化、科学化的方式保障大学生提高社会化生存能力，从而使他们肩负起21世纪祖国发展所赋予的历史重任。

三、大学生社会实践建设路径

（一）加强和完善组织管理

1. 加强组织管理机制的规范化建设

社会实践的各项措施需要规范的组织管理机制来保证落实到位。建立这种机制就是要确定社会实践的目标，明确学校组织系统中各部门（如团委、宣传部、教务处、人事处、科研处、各院系等）在大学生社会实践中的职责。需要指出的是，校团组织不要怕失权和放权，一切有利于社会实践活动有效开展的，都应该大胆去尝试。在具体的实践活动中，要注意把活动的"点""线""面"相结合，既要重视社会实践的"点"和"线"，把某一类实践活动搞得有声有色，又要紧密关注面向学生个体的社会实践活动。对学生个体也应在社会实践主题的确定、实践方式的选择、具体实践活动的实施、实践报告的撰写等方面进行有效的指导，并明确提出实践的具体要求。

2. 丰富大学生社会实践的形式和内容

社会实践要形成自身的特色和品牌，既有利于实践活动的稳定发展，又不断迈向新台阶。要充分考虑地方的需要，大力开展多种人民群众迫切需要的服务活动,如支教、送医疗和科技知识下乡、送文艺活动、法律援助活动等。可以采取不同的活动形式,比如社会调查、生产劳动、志愿服务、公益活动等。但一定要深入下去,不能浅尝辄止,做表面文章,要有不怕吃苦的精神,比如搞农村社会调查,事实上完全可以到田间地头访问,采写实实在在的数据,了解劳动者真正的心声,掌握第一手资料,而不是找几个村干部拿点现成的数据,说几句无关痛痒的话,写一篇应付式的调查报告。只有沉得下去,才能切实感受到社会最真实最有用的东西,才能真正获得提高。

3. 完善大学生社会实践的监督、考核评价机制

高校社会实践的对象是全体学生。因此,要建立真正对广大学生起激励作用的实践考核评价机制,把社会实践成绩记入学分。另外,可考虑建立社会实践资信证书制度,把参与社会实践的质量与学生将来的就业挂钩,以此来提高学生参加社会实践的积极性。

(二)推进大学生社会实践、科技实践和创业实践基地建设

1. 社会实践基地建设

一方面,大学生可以充分结合区校、村校、校企共建服务活动,在区县、农村、企业建设基地;另一方面,大学生还可以以班级、院系、社团等组织为单位,就近建立实践基地。各实践队伍与各实践对象可以建立长期的合作关系。同时,不同年级的学生还可以采取以老带新的方式组团开展活动,增强实践基地的传承,为更多大学生经常性地参与社会实践活动提供机会和渠道。这种校外结合专业特点、自身优势参加社会调查、实际生产、企业管理的形式,不仅能为社会和企业提供服务,也可以帮助大学生通过社会实践提升专业技能,锻炼适应社会的能力。

2. 科技实践基地建设

高校通过开展诸如全国"挑战杯"科技竞赛、国家大学生创新性实验计划等活动,并结合科学商店项目(大学生科普志愿者进社区)在校内建立大学生科创中心,作为科技实践基地。同时,高校可以开展各项科技文化活动为巩固科技实践基地奠定基础,提高学生参与科技实践基地的积极性。鼓励完成一定创新实践并取得成果的大学生,如可由学校组织专家审核认定后,奖励一定的学分。从科技创新的角度承认大学生的科技成果,这样学生科技创新能力的提高反过来会激发学生进一步学好科学文化知识和积极参与科技实践基地建设的兴趣,形成良性循环。

3. 创业实践基地建设

学校不仅要满足学生创业实践的基本要求，还要通过开展系统的创业教育，选修课程和个别指导对学生进行创业知识培训，鼓励学生把自己的所学所思运用到创业活动中去。不仅如此，在学校统一指导下，学校相关部门与社会相关企业建立创业实践基地，学生就可以将在创业计划竞赛、大学生课外科技作品竞赛等各种竞赛中的作品和创意应用到创业实践中去，从而提高理论与实践结合的主动意识，增强学生创业的积极性。

第四节 网络建设中的思想政治教育

现代网络环境的迅速形成与发展，为学校思想政治工作网络化的开拓与创新提供了条件。大学生思想政治教育工作者要对各方面的力量进行整合，深入研究学校网络思想教育，不断创新大学生思想政治教育工作的方式和途径。

一、现代网络的特征

（一）虚拟性

网络的虚拟性就是把人的实践活动转移到以网络为基础的比特空间。网络是一个比特空间，它是用户交流信息的一个虚拟空间，在这个虚拟空间里，人的网络行为其实也是虚拟的，只不过是由于技术的原因，让人感觉身临其境。而且人们往往按自己的喜好来设计自己在网络中的形象、语言，其身份通常是不真实的。

（二）创新性

创新是网络的生命力所在，创新性成就了网络的现在，网络的创新性源自网络的平等、开放与自由。网络巨大的潜力给每个国家、每个组织、每个个人提供了全新的机会。加上网络本身充满着无数不确定因素，充满着无限的可能性，因而，在竞争激烈的网络世界，每个国家、每个组织、每个个人在网络方面都可能成功，也都可能失败，关键在于有没有创新性。

（三）平等性

平等性主要是指网络用户之间的关系是平等的，每个用户既是信息的接受者，也是信息的传递者。在网络世界中，不受地域和国界的限制，信息在网络中可以自由传播，到达世界上任何一个联网的终端。在网络中，无论是谁，无论任何思想、言论、话题都有一个表达的地方。和其他的交流手段相比较，在网络中，信息的交流受到的束缚和影响比较小。在网络中，人们是平等的，没有身份、地位的约束，只要有上网设备，就可以在网络中获取你想要的信息。可以说，在网络中，实现了用户人人平等。

二、学校网络思想政治教育的特征

（一）教育信息具有共享性

网络思想政治教育信息的共享性是由网络的开放性决定的。网络使用的是一种网状的互联式结构，其信息交流方式采用的是全通道型。这种交流方式可以保证网上的每一个节点都可以通过多种路径与另一个节点联系起来，并且所有的节点又都可以无限制地向外扩充，这样就可以呈现出一种点点都是中心，而又没有一个绝对的中心的网络结构。网络的这种无限拓展特性使网络思想政治教育信息具有无限的开放性。这里的开放性主要是指学校网络思想政治教育内容、方法、手段、主客体相互关系、教育资料、教育时空和教育思维训练的共享。

（二）教育环境具有开放性

社会主义的本质以及网络所具有的开放性，使得网络思想政治教育环境具有了强大的包容性，创新被充分提倡，只要是符合社会主义本质、有助于社会主义现代化建设的思想都成为网络思想政治教育内容的一部分。学生不仅可以在课堂教学中获得思想政治教育，并且在课后以及生活中的时时处处都可以利用网络获取自己需要的信息。学校加强校园网络及相关硬件设施建设，这些行为又拓展了大学生思想政治教育的途径，提高了学校网络思想政治教育的活跃性。

（三）教育主体具有平等性

网络思想政治教育主体的平等性可以从两个方面体现出来。

1. 主体地位的平等

网络交往具有一定的隐蔽性，这就消除了传统人际关系中所存在的"社会的藩篱"，教育者与受教育者无论是身份、年龄，还是性别等因素都将不会成为交流的障碍。在网络空间里，没有权威，没有明星，没有富翁，没有乞丐，一句话，没有高低、长幼、贵贱之分，每个人的地位都是平等的。

2. 主客体的不确定性

在互联网迅速发展的情况下，传统的金字塔式的知识等级结构已经土崩瓦解。在互联网上，成年人的反应往往比青少年迟钝，一些教师不能够熟练地使用计算机，因而堵塞了通过互联网获取知识与信息的渠道，相反，青少年在网上却轻车熟路，来去自如，通过互联网获取大量的知识和信息。很多时候，青少年反而成了成年人的电脑启蒙者。

三、学校网络思想政治教育的原则

在网络思想政治教育中，要遵循以下几个原则。

（一）主体性原则

主体性原则是当前教育者和受教育者新型的主客体关系在网络思想政治教育中的反映。在新型主客体关系中，教育者是主动施教的主体，受教育者是受教的主体，在教育活动中，教育者主要起到辅助、服务的作用，受教育者主动构建自我教育。在网络思想政治教育中，必须坚持主体性原则，尊重大学生主体性的发展特点，提升大学生的主体意识，满足大学生成长成才的教育需求。

（二）渗透性原则

网络思想政治教育的渗透性原则主要是和当代大学生的特点相关的市场经济、经济全球化发展，科学技术的进步，网络文化、大众文化，政治民主等的刺激使得当前的大学生的自主意识、参与意识、平等意识与之前相比都有了一个相当大的进步和发展，这使得网络思想政治教育必须把渗透性原则放在重要的位置。

贯彻渗透性原则可以从以下两个方面入手。

第一，在网络思想政治教育中要注重价值观念的渗透。网络信息是一个海洋，在这之中，要教会大学生明辨是非，选择自己正确的立场和原则，形成自己的观点，帮助大学生树立正确的价值观。

第二，要注重教育理念在校园网络文化中的渗透。

（三）实践性原则

实践是人的活动的本质之一，也是思想政治教育的本质特性之一，网络思想政治教育坚持实践性原则就是要把大学生思想政治教育以网络实践为立足点，针对在学校网络思想政治教育实践中出现的问题不断进行深入研究和创新。实践性原则要求思想政治教育工作者要不断学习，提高自身的综合素质，在网络实践中提高思想政治教育的有效性。

四、学校网络思想政治教育中存在的问题

当前，从网络平台的建设、管理和发挥作用的情况看，大学生思想政治教育中存在着以下几个方面的问题。

（一）网络信息技术手段有待提高

大学生正处于生理的特殊时期，刚刚步入成年，无论是在生理还是心理上都不够成熟，是培养正确的世界观、人生观、价值观的重要阶段。当代大学生被称为"网络一代"，通过网络，他们能够更加自主地进行社会观察，能独立自主表达自己的思想和观点。他们思维的思辨性强，对于理论观点，往往具有较强的批判性，因此需要更多的交流、沟通，甚至是辩论，但是学校网络思想政治教育类网站平台突出了较强的政治理论性，在形式上往往中规中矩，你说我听，缺乏互动交流。

（二）大学生对思想政治教育网站关注度低

目前，大学生应用网络的时间、范围和程度都有了日新月异的变化，学校思想政治教育网络平台成为重要的教育阵地。学校网络思想政治教育网站以马列主义、毛泽东思想、邓小平理论、习近平新时代中国特色社会主义思想为指导，以积极发展、充分运用、加强管理、趋利避害为工作方针，大力传播和弘扬科学理

论、先进文化及健康信息，不断健全和完善"教书育人、管理育人、服务育人"体系，面对信息社会的严峻挑战，有的教育网站内容空泛，采用单纯的图片、理论文章作为网站内容主体，虽然内容较为可观，但往往重说教轻引导，让人感觉枯燥无味，缺乏对大学生的吸引力，点击率不高，进而使得网络教育缺乏针对性和有效性。

（三）缺少具有综合能力的管理人员

在网络平台发展初期，网站设置栏目少，基本以信息资源展示为主，信息发布成为主要功能。因此，大多数学校并未配置专门的工作人员，一般由党委宣传部、团委的教师开展相关的工作。但是，随着信息技术的不断进步，学校网络思想政治教育网络平台建设、管理和维护对管理人员的理论水平、知识技能提出了更高的要求，无论是管理人员数量还是素质都有待提高。

五、学校网络思想政治教育的完善

（一）加强学校网络道德教育

1.使大学生网民学会选择信息，提高大学生的道德判断力

传统的道德教育在本质上是一种"教会顺从"的教育，受教育者要无条件地吸纳和认同既定的道德价值、道德规范和道德理想，因而，也谈不上对大学生进行选择、判断与辨别能力的培养。但是，随着网络社会的到来，过去那种信息匮乏的时代一去不复返了，青年大学生一下子有了很多选择的机会和可能，这本身是一件好事，但选择的时代无疑需要一定的选择能力。

（1）重在培养学生的选择能力。青年大学生的世界观、人生观、价值观尚未成熟，抵御力较差。在面对着网络上海量的信息时，一些学生会产生选择困难症，因此，培养学生的选择能力具有重要的意义。复杂多样的网络信息对学生来说利弊兼备，虽然为学生提供了全面的公开信息，满足了学生对信息的需求，同时，浩瀚的信息海洋又增加了学生的选择困难和信息压力。

（2）培养网德，促使大学生养成良好的网络行为习惯。在加强网络道德教育中，其重点是要注重培养大学生的网络道德品质，或称为网络德行，形成良好的用网习惯。

2. 提升大学生网民主体的道德自律，强化网络道德责任意识

网络道德建设的关键是网民自身道德素养的提高。网络上的信息多种多样，好坏共存，令人难以分辨，网络思想政治教育对象，尤其是青少年，他们的思想、观点很容易受到不良信息的影响，从而对学生产生严重的负面影响，因此，要不断加强对网络道德的宣传和教育，引导网民树立正确的网络伦理道德观念，提高网民对不良网络信息的识别力和免疫力，净化网络环境。

学校网络思想政治工作者要教育网络受众注重"慎独"，在网络受众中形成以下三种意识：第一，"慎独"是"为己"。即做到慎独不是为了他人的评论，而是为了自己内心的安定。第二，"慎独"之时，既要重视"大过"，也要重视"小节"，养成"勿以恶小而为之，勿以善小而不为"的道德认知。第三，"慎独"要注意"克己"。

（二）以社会主义核心价值体系引领学校网络思想政治教育建设

1. 遵循主流文化发展大方向

校园网络基地建设首要的一条就是要坚持正确的政治方向。学校网络教育基地在建设中必须以社会主义核心价值观理论为基础，为此需要做好以下两点。

第一，要把好资料来源关，对搜集的资料进行严格审核，将不符合核心价值体系的内容予以坚决抵制。

第二，要把好舆论关，营造核心价值体系教育的浓烈的氛围，使其对学生发挥潜移默化的影响，使学生在思想上接受核心价值体系并且逐渐内化为自我价值取向。

2. 提高大学生思想政治教育网站的吸引力

为适应大学生思想政治教育的新形势，网络平台建设首先要在内容和形式上下功夫，使网络思想政治教育的内容更加具有实用性，提高教育工作的吸引力和感染力，满足学生需求的变化，实现学校大学生的全面发展。

第一，要充分认识网络平台在思想政治教育中的作用，明确教育目标。

第二，网络平台的教育内容要在马克思主义指导下，充分反映中国特色社会主义理论成果，结合学校实际，体现时代精神和创新精神，弘扬社会主义荣辱观。

第三，应恰当选择网络平台的教育方式，并使其具有针对性、多样性和灵活性，网络平台要设置施用更广、涉猎更深的栏目，符合学生需要，能够解疑释惑。

（三）加快网络法制进程，建设有序的网络教育环境

随着互联网技术的迅速发展，其对人们生活的影响也日益加深，被誉为网络信息时代的虚拟社会。在这个虚拟世界中，信息含量巨大，不仅存在着对人们的生活、工作、学习都有帮助的信息，同时不可避免地还存在着一些落后的、负面的信息，例如犯罪、赌博、色情等方面的垃圾信息。这些垃圾信息的存在会对人们的思想和生活产生严重的影响，加强对互联网使用的监管和立法势在必行。要不断完善网络方面所涉及的法律制度，推进网络法制进程，通过法律的强制力来对人们的网络行为进行约束，剔除网络环境中垃圾信息，净化网络环境，为了优化网络教育环境，实现网络思想政治教育的可持续发展。国家有关部门应该提高执法能力，加大执法力度，推进网络法制进程，净化网络空间，建设有序的网络教育环境。

（四）推进网络思想政治教育工作团队建设

人力资源是当代网络思想政治教育模式中的主体性资源，在我国网络思想政治教育团队中，学校的教育团队是一大亮点。

参与大学生思想政治教育工作的人员都应当受到应有的重视，在尊重学生客观需求的基础上组建高效率的教师和管理团队。通过开展学校内部以及学校之间的活动，广泛实施学校网络思想政治教育。肯定人，重视人，积极为师生提供发挥才能的广阔空间，合理利用校园网络，促进大学生综合素养的根本性提升。

党组织是学校网络思想政治教育模式中的核心力量。在学生群体中不断发展和培养入党积极分子，发挥学生党员的带头示范作用。积极展开学习讨论，对使用互联网过程中学生群体存在的各种问题做到及时跟进，有效解决。用马列主义、毛泽东思想、邓小平理论、"三个代表"重要思想、科学发展观、习近平新时代中国特色社会主义思想武装头脑，使学校网络思想政治教育始终朝着正确的目标迈进。

各院系辅导员是大学生思想政治教育队伍的重要组成部分。无论在课堂教学中，还是在学生日常学习生活中，辅导员都起着重要的引导作用，他们除了在专业领域教授课程外，还要关注学生日常生活，配合任课教师高效率完成专业课以及思想政治教育方面的教学目标。

（五）提高学校网络思想政治工作的安全防范能力

互联网上这种宏观的大环境是指整个网络世界，具体就是指计算机网络技术平台所构建的整个网络信息体系，这是学校网络思想政治教育的不可控部分。因此首先就要提高警惕性，加强网络防御能力。通过不断提高信息科学和网络技术的理论知识和方法，建立健全互联网信息内容安全管理机构，配备必要的技术人员，采取技术措施，增强屏蔽能力，提高对网上反动信息、淫秽信息、有害电子邮件等各种有害信息的检测、监控和封堵能力。网络宏观环境的不可控性，要求我们必须在教育实践中要熟练驾驭网络技术，成为网络信息传播和网络群体发展中的主导者，使网络成为实现学校学生健康成长的积极因素，这是当前网络思想政治教育工作中所面临的一个重要问题。

第五节 职业生涯指导中的思想政治教育

每个大学生都要面对择业、就业，甚至创业问题。大学生在择业就业过程中，对待就业、择业、创业的态度，即他们的择业观、就业观和创业观，是他们人生观和价值观的体现。加强大学生就业指导和职业生涯教育，培养正确的择业观、就业观、创业观，既是大学生顺利择业、就业的需要，也是大学生学习提高的过程。

一、帮助学生树立正确的择业、就业和创业思想

职业的含义，按照中国人的理解，"职"有"社会责任""权利与义务"的含义，"业"则是以某种特殊的技能"从事某种业务""完成某种事业"。在《新华词典》中将其定义为"个人在社会中从事的能取得一定的经济收入，作为主要生活来源的工作"。美国学者舒尔茨（Schultz）将职业理解为一个为了不断取得个人收入而连续从事的、具有市场价值的、能体现其社会地位的特殊活动。职业生涯则是指一个人一生中职业、社会与人际关系的总和，一个人的职业生涯是一个人所有职位的整体历程。

就业，指获得一份工作。我们通常说的大学生就业，主要是指大学生毕业前夕寻找一份职业的整个过程。在就业过程中，必然要选择适合自己的职业，这就是择业。择业过程既可发生在从事职业过程之前，也可发生在就业过程之中，也

就是说，在开始从事某一职业之前，大学生需要择业，在从事职业之后，也可以重新择业。

加强对大学生就业指导和职业教育，首要的是帮助大学生树立正确的择业观、就业观、创业观。马克思曾经专门就青年就业择业问题进行了论述。他指出，青年在选择自己的职业时首先应认真考虑到感情、幻想、各种欲念、社会关系、自身体质和工作能力等各个方面，把择业行为建立在"正确的思想"和"最深刻的信念"之上，不要"被感情欺骗，受幻想蒙蔽"，为虚荣心和名利等各种欲念所迷惑而丧失理智。其次还应考虑到自己在社会上的关系、自身的体质和能力。"如果我们选择了力不胜任的职业，那么我们决不能把它做好，我们很快就会自愧无能，感到比外界指责更为可怕的痛苦。"最后，马克思强调指出青年选择职业时应考虑社会利益的原则，"在选择职业时，我们应该遵循的主要指针是人类的幸福和我们自身的完美"。"人们只有为同时代人的完美、为他们的幸福而工作，才能使自己也达到完美。"由此可见，马克思为青年选择职业提出了正确的思想，对我们今天进行大学生就业教育仍然具有重要的指导意义

大学生在树立择业观、就业观和创业观时，应该注意处理好以下几个方面的关系。

1. 职业理想与社会现实相结合

大学生的职业理想应建立在社会现实基础上，与社会现实完全脱节的职业理想只能是空想。目前，我国仍然处于社会主义初级阶段，生产力不发达，而且发展不平衡，不同地区、不同行业、不同社会群体之间的经济发展、经济收入存在差距。一方面，大城市和沿海地区经济发达，但是人才济济，竞争激烈；另一方面，广大农村、中小城镇、边远地区和西部等地区经济落后，急需人才。这就是目前我国大学毕业生面临的就业现实。大学生应该根据社会现实，正确定位自己的职业取向，将自己的职业理想与人才现实需求相结合，将个人需要与国家需要相结合，服从社会需要，实现自己的人生价值。

2. 发挥特长与自我满足相统一

大学生在择业就业过程中，一方面，要考虑自己的特长，发挥自己的专业技能；另一方面，也要考虑自己的各种需要，尤其是经济收入、职业发展，乃至今后成家立业等实际问题，如果只是为了追求经济收入而不顾主客观条件，甚至放弃自己的特长和专业而盲目择业，其结果不仅特长得不到充分发挥，很难有成就感，甚至使自己陷入痛苦，同时也给用人单位造成损失，对国家而言则是人才浪

费。当然，如果择业就业时完全不考虑自己今后的实际问题，也会影响工作。所以，大学生应该正确处理好发挥专业技能与满足自己实际需要两者之间的关系。

3. 张扬个性与遵守共性相协调

在择业、就业和创业的时候，大学生应该尽量发挥自己的主体性，根据自己的实际情况，在就业地点、从事职位、是否创业等方面，要有自己的主张，不要攀比或盲从，比如说，有些学生的性格、能力明显不适合做公务员，但还是加入公务员考试大潮中去；有的学生可到西部家乡更利于今后的发展，却一定要留在沿海或发达城市，做一份自己不喜欢做的工作，这些就是盲从的表现。不过，我们强调大学生在张扬个性的同时，又强调必须遵守共性。所谓共性，其实就是指大学生在择业就业时必须遵守的伦理道德、社会规范、社会习俗等。不能在择业、就业和创业时不找手段，违背法规与道德规范。

4. 个人发展与社会发展相一致

大学生择业就业必须符合社会需要，大学生的个人发展必须与社会发展相一致，社会需要、他人需要，是一个人实现自我价值的基础，从这个意义上讲，越是社会需要的地方，就越能发挥个人的聪明才智，越容易实现人生的价值。因此，当个人需要与社会需要发生矛盾时，要善于寻找个人与社会需要的结合点。当前，大学生支援西部、到西部就业、到基层就业，是我国社会的需要，也能够使大学生施展才华，要将自己的发展与社会发展、自己的需要与社会需要结合起来，统一协调起来。

二、引导学生正确对待和处理就业压力

心理压力是当外界要求超过个体能力或在个体付出努力的情况下仍然难以应付时产生的生理、心理反应。大学生就业心理压力是指大学生在面临就业问题时产生的难以适应的生理、心理反应。产生心理压力的原因，无外乎两个方面：一是客观上就业形势严峻，大学毕业生逐年增加，就业压力逐年增大；二是大学生自身就业期望值过高，而自身实际能力受限，不能在就业竞争中处于有利地位。

大学生就业心理压力并不是完全没有积极作用。按照心理学的叶克斯·多德逊法则，当学习比较容易的课题时，行为效率会因动机强度的增强而提高；当学习比较困难的课题时，行为效率会因动机的增强而下降，在一定的范围内，动机增强有利于行为效率的提高，特别是在学习力所能及的课题时，其效率提高更为明显。因此，适当的就业压力对于大学生而言是必要的，具有积极作用，一定的

就业压力可以转变为学习、自我教育的动力。但是，就业心理压力也容易产生紧张、焦虑、抑郁等不良情绪，进而影响身心健康甚至出现心理疾病。当然，从大学生整体来看，就业心理压力的积极作用大于消极作用，但是就某些个体看，可能消极作用大于积极作用，比如，有的大学生在就业心理压力下，常常表现为焦虑、恐惧、自负、抑郁等不良心理，具体而言，有如下几种情况。

（1）焦虑。产生失败感和消极情绪，希望谋求到理想职业，又担心被拒绝，担心择业失误造成终身遗憾，进而导致心理应激水平高，心理冲突增大，造成精神上紧张不安，心神不宁，忧心忡忡，烦躁不安，意志消沉，反应迟钝，手忙脚乱等。

（2）恐惧。不能正视就业形势，尤其是遇到失败时，感到失常，产生心理恐慌，甚至一蹶不振，自暴、自弃、逃离，有的甚至产生就业恐惧症。

（3）自负。对自己估计过高，自认为高人一等，自我欣赏，在择业过程中好高骛远，看不上这个单位，瞧不起那个单位，甚至产生英雄无用武之地的感叹。一旦真没有如愿，则会立即情绪低落，进而产生失落、孤独、烦躁、抑郁等情绪。

（4）抑郁。受到挫折时，失去信心，失落、抑郁、不思进取、情绪低落、意志消沉，常常放弃努力，听天由命，严重时还会对外界漠然，不愿与人交往，进而引发抑郁症状。

（5）嫉妒。因为自己失败而愤世嫉俗，产生对学校、社会的不满和埋怨情绪，有的甚至把自己的不成功归结于同寝室或同班同学，并热衷于说风凉话，贬抑、挖苦、造谣、中伤、打击别人，更有甚者，抓住同学的某些不足或失误向用人单位打小报告，弄得两败俱伤，个别毕业生甚至发展到行凶、闹事等严重地步。

引导大学生正确对待和处理就业心理压力，主要有如下几种方法。

1. 要引导大学生具有大众化的就业观念

从精英教育到大众化教育的转变，不仅是一种教育形式的转变，更是一种观念的转变，高等教育大众化发展，就有高校学生大众化就业。在科学技术快速发展，专业人才成批涌现的情况下，需要树立新的职业观念，大学生不再像过去那样是少之又少的"精英"，大多被"安排"在大中城市、国家重点部门、重点企业等单位，而是需要自己设计职业生涯，形成开放的职业观念，到农村去，到基层去，到社区去，到西部边远地区，自主创业。

2. 要引导大学生正确对待挫折，自我调适不良情绪

人生之中充满各种挫折，没有经历过挫折的人难以成大器。古人云："故天将降大任于斯人也，必先苦其心志，劳其筋骨，饿其体肤，空乏其身，行拂其乱所为，所以动心忍性，增益其所不能。"问题不在于有没有挫折，而在于如何对待挫折，要把挫折当作锻炼意志的机会。一个立志成才的大学生要善于从困难、挫折、逆境中吸取经验教训，善于从失败中寻找成功的智慧。

3. 要帮助大学生树立自信，培养竞争意识和风险意识

可以通过平时举行毕业生模拟招聘、模拟面试、简历比赛等活动，让大学生预先进入求职角色，增强自信心，培养竞争意识，提高学生的求职心理承受力。

4. 要教育学生掌握自我调适的方法

如自我转移法、适度宣泄法、降低感受度、自我慰藉、松弛练习、广交朋友法等。实践证明，这些方法对缓解大学生心理压力，具有一定效果。而对于心理问题比较严重的学生，则要及时进行心理咨询和危机干预，对于更严重的心理障碍者，必须进行治疗。

第六节 日常管理中的思想政治教育

大学生思想政治教育离不开日常管理，教育与管理应相结合。既要坚持管理育人，把思想政治教育与大学生日常的学习生活管理结合起来，用学校的规章制度和管理规范来引导、约束学生的行为，又要把学校的思想政治工作制度化，使思想政治教育得到制度的规范、保障和支持。这样，才能把解决学生的思想认识问题和行为养成问题、解决学生的思想问题与解决学生的实际问题结合起来。

一、解决学生实际问题过程中的思想政治教育

大学生存在许多实际问题。比如，一些家庭贫困的学生存在着经济问题；有些学生学习基础差，存在着学习困难问题；有的学生存在着适应环境方面的困难；有的学生与同学之间的人际关系紧张或个人情感出现问题；有的学生在就业时存在困难；还有学生存在心理障碍，等等。这些都是大学生存在的实际问题。思想政治教育，一定要将大学生的思想问题与实际问题结合起来解决，只有这样，才能满足学生需要，把教育做到实处。

既要解决大学生的思想问题，又要解决大学生的实际问题，将解决思想问题与解决实际问题结合起来，这不仅是思想政治教育以人为本的直接体现，而且是

思想政治教育针对性与实效性的要求，是党的思想政治工作的传统。毛泽东说过，要关心群众生活，注意工作方法，不要以为群众的柴米油盐是小事而不关心。邓小平也说过，如果只讲空话，思想政治工作必然软弱无力。只有关心群众，才能更好地教育群众和引导群众。

之所以要把解决思想问题与解决实际问题结合起来，原因有如下几点：其一，大学生的许多思想问题往往来自实际问题，学生的实际问题没有解决好，容易转变成为思想问题，比如，一些高校的饮食不卫生、饭菜质量差，住宿条件不好，体育设施老化且严重不足，图书资料缺乏，校园周边环境差等，都容易引起学生思想上有想法，情绪上有牢骚，滋生对学校和社会的不满，从而转化为思想问题。其二，解决实际问题能为解决思想问题提供条件。事实是具有说服力的。随着实际问题的解决，学生面对实实在在的客观事实，心情就会变得舒畅，态度就可能转变，对教育者的意见和建议就更容易接受。这样，教育者就有亲和力与说服力，被教育者就有接受力和承受力，学生的种种思想问题也就容易迎刃而解。其三，解决思想问题，最终目的还是要解决实际问题，脱离实际问题而谈思想问题，往往陷于空谈，学生不但难以接受，反而反感，使得学生与教育者拉开距离，增大隔膜，甚至有损思想政治教育形象。

诚然，我们在解决学生的实际问题时，也不要只限于解决一两个具体问题，以解决问题替代思想教育，更不能为了讨好学生，一味地迎合学生需要，甚至置原则于不顾，回避教育。有时对于一些严重的思想问题，是需要耐心细致地进行思想教育的，是需要严肃批评的，否则，错误思想无法克服，错误行为无法制止。比如，对于一些贫困大学生，我们需要给予经济上的资助，解决他们的实际困难。目前高校设立许多勤工俭学岗位，正是解决这些实际问题的举措。但是，极少数贫困生为了能够获得更多的劳动报酬，有时采取弄虚作假的手法，多报工作时间，骗取勤工俭学费用；还有一些贫困生获得别人的资助后，不是用在学习和必要的生活上，而是住酒店，买奢侈品，对捐赠人没有丝毫感激之情。面对这些错误行为，就不能采取姑息的态度。

总之，要把解决实际问题与思想教育结合起来，解决实际问题既是做好思想教育的目的，也是做好思想教育的途径。解决思想问题，为解决实际问题奠定思想基础，并实现对现实认识水平的超越。如果只限于解决实际问题，而没有解决思想问题，类似的问题还会出现，小的思想问题可能还会积累成为大的思想问题。

二、做好深入细致的个别工作

思想政治教育既要面向全体学生，准确把握一些普遍性的问题、热点和焦点问题，做好群体思想工作，又要注意处理好一些个别的、特殊的、突发的思想问题或学生事件，做到点面结合。只有这样，才能将学生思想政治教育做得既深入又全面，既有面的带动又有点的突破。

个别工作主要是针对一些"特殊"学生而言，比如，一些经济贫困学生、学习成绩差的学生、受情感困扰的学生、违纪学生、心理问题学生、就业困难学生等，或者针对一些突发事件。当然，个别工作也包括一些优秀学生的骄傲自满问题，以及一些先进学生的进一步引导帮助问题等，做好个别工作，既有利于全局的稳定与发展，也有利于工作深化、突破、积累经验，推动全局发展。因而，要把一般教育与个别教育结合起来。

做个别工作时应遵循以下原则。

（1）要以人为本。从关心、爱护的前提出发，真心帮助学生，设身处地为学生着想，实实在在地解决他们的实际问题，耐心细致地解决他们的思想问题，不要歧视他们，也不要刺激他们。既要严格要求，又要讲究方法，尊重学生人格，平等对待每位学生。

（2）要因地制宜。因人而异，根据实际情况，采取切实有效的教育方法和帮助手段，增强针对性，提高实效性。既然是个别工作，那么就需要用个别工作方法，如个别谈心、讨论、咨询等。

（3）要注意保护学生隐私。为了做好个别工作，辅导员需要同学生进行深入的思想交流和心灵对话，此时学生可能将自己的内心深处的真实思想、内在观念甚至个人隐私信息都全部顺吐出来，老师应该为学生保守秘密，尊重学生隐私。

（4）要注意个别指导与一般号召相结合。按照学生需要共同遵循的准则，提出教育与管理要求是必要的，同时要加强个别辅导，做好个别工作，不仅有利于满足不同学生的特殊需要，而且对其他学生也具有启示、警示作用。

第六章 思想政治教育的发展趋势

第一节 思想政治教育的人本化趋势

一、人本化趋势的成因

大学生思想政治教育人本化趋势，就是指大学生思想政治教育愈来愈注重以人为本，把大学生作为思想政治教育的中心和根本。大学生思想政治教育人本化发展趋势的出现有着深刻的原因。人本化是以人为本的科学发展观的本质要求。进入21世纪，党中央根据我国社会发展的现实状况和客观需要，提出了科学发展观，即坚持以人为本，树立全面、协调、可持续的发展观。促进经济社会和人的全面发展科学发展观的核心是以人为本，也就是要以人作为发展的根本，既依靠人民促进发展，又为了人民促进发展，注重用经济社会发展的成果来满足人民的需要，使人民群众成为发展的主体和发展的根本目的。对于大学生思想政治教育来说，坚持以人为本，就是要坚持以学生为本，让思想政治教育始终以学生为中心，更好地关心学生、爱护学生、服务学生，促进学生的成长和发展。人本化是全面建设小康社会的内在要求。全面建成小康社会，就是要在科学发展观的指导下，促进我国社会全面、协调、可持续发展，实现我国社会由温饱型向小康型转变，满足人民群众日益增长的物质文化生活需要，既提高人民群众的物质生活质量，又提高人民群众的精神生活质量，进而全面提高人民群众的生活质量。全面建成小康社会，实际上要把满足人民群众的需要，提高人民群众的生活质量摆在第一位。它也要求大学生思想政治教育把满足学生的需要、提高人才的培养质量放在第一位。人本化是人的全面发展的必然要求。促进人的全面发展，既是党的教育方针的根本要求，是高等学校人才培养的根本目标，也是大学生思想政治教育的根本任务。对于大学来说，思想政治教育促进人的全面发展，就是要促进学生的德、智、体、美、劳诸方面都得到全面发展，学校的一切工作包括思想政治教育，都要有利于促进学生的全面发展和健康成长，这是检验高校工作包括思想政治教育是否以人为本的重要标准。

二、人本化趋势的凸显

大学生思想政治教育以人为本的人本化趋势，随着科学发展观在高等教育中的深入贯彻与实践，日益凸显为以学生为本，主要表现在以下几个方面。

1. **大学生是实践的主体，大学生思想政治教育以人为本首先体现为以大学生为实践之本**

大学生的主要任务是学习，这是大学生在校期间作为实践主体的主要活动形式。大学生是学习的主体。大学生思想政治教育越来越注重寓思想政治教育于大学生学习活动之中，引导大学生明确学习目的和科学知识的价值；不断调动大学生学习的积极性、主动性和创造性，激发大学生刻苦学习、严谨治学的精神动力；激励他们勤奋学习和系统掌握人类创造的全部科学文化成果，提高创新精神和实践能力，培养与所学专业密切相关的职业道德和职业精神；全面提升思想道德素质，为大学生的全面发展和毕业以后走向社会，推动社会实践活动奠定重要的思想基础。大学生思想政治教育还更加注重引导在校大学生积极参与社会实践活动，运用学习掌握的科学理论知识指导和推进社会实践活动，自觉走与实践、与工农相结合的青年知识分子成长道路，在社会实践中受教育、做贡献、长才干。

2. **大学生是价值的主体，大学生思想政治教育以人为本还体现为以大学生为价值之本**

大学生思想政治教育更加注重引导大学生正确认识和满足自身的需要，实现自身的价值。价值涉及主体的需要及其满足。马克思认为，"'价值'这个普遍的概念是从人们对待满足他们需要的外界物的关系中产生的"。在价值关系中，价值主体是其需要获得满足者，价值客体是提供满足者。在大学生思想政治教育的价值关系中，大学生是价值主体，大学生思想政治教育是价值客体，大学生思想政治教育越来越注重千方百计地引导大学生正确认识和满足自己的需要，实现自身的利益，实现大学生的价值，并在这一过程中实现大学生思想政治教育自身的价值。大学生的需要和大学生的利益密切相关，需要是一种潜在利益，需要的满足是一种现实利益。大学生的需要主要表现为物质需要和精神需要。大学生思想政治教育更加重视加强与大学生有关的政策和制度教育，引导大学生协调和处理好各种与自己相关的物质利益关系，维护自身的权益。除此之外，还更加注重引导大学生认识和满足自身的精神需要，包括加强理想信念教育、引导和帮助大学生树立正确的人生理想、把握人生发展的正确方向、选择和走好人生发展的正确道路、满足大学生树立和实现人生远大志向的需要；加强道德教育，增强大学生的道德意识，提高大学生的道德判断能力、道德选择能力和道德践履能力，满足大学生的道德发展需要；加强情感教育，引导大学生正确认识和处理好交友、恋爱、婚姻等各种关系，形成高尚的情操，满足大学生情感发展的需要；加强心理健康教育，开展心理咨询活动，帮助大学生克服心理障碍，形成健全的人格，满足大学生的心理健康发展需要；还要开展各种丰富多彩的校园文化体育活动，满足大学生日益增长的精神文化需要。

3. 大学生是发展的主体，大学生思想政治教育以人为本，还体现为以大学生为发展之本

促进大学生的全面发展和健康成长，是大学生思想政治教育的根本目标，也是大学生的根本利益。大学生思想政治教育越来越自觉为大学生的全面发展和健康成长服务，一是重视教育和引导大学生正确认识和处理好自发发展和自觉发展的关系：大学生的发展呈现出自发发展和自觉发展两种形态。自发发展往往缺乏发展的自觉意识，缺乏对大学生成长发展规律的科学认识，在成长、发展过程中存在很大的自发性、盲目性，走了很多弯路，影响了发展的质量和成效。自觉发展则是具有发展的自觉意识，形成了发展的规律性认识，并能自觉运用这种规律性认识、指导和促进自己的成长与发展。大学生思想政治教育十分重视引导大学生克服发展的盲目性，增强发展的自觉性，掌握和遵循人才成长发展的规律，不断健康成长。二是重视教育和引导大学生正确认识和处理好片面发展与全面发展的关系。大学生的综合素质包括思想道德素质、科学文化素质、身心健康素质。大学生的全面发展，就是思想道德素质、科学文化素质、身心健康素质都得到发展。实现大学生德、智、体、美、劳诸方面素质的全面发展，是党的教育方针的根本要求，也是大学生成长的客观规律和发展的内在动力。大学生思想政治教育更加重视针对大学生德、智、体、美、劳素质发展失衡的现象，引导大学生克服发展的片面性，增强发展的全面性与协调性，实现健康发展。三是重视教育和引导大学生正确认识和处理好现实发展与持续发展的关系。大学生的可持续发展，是实现大学生人生发展最大价值的前提,大学生的可持续发展,就是要发现和挖掘大学生发展的巨大潜力,增强大学生自我持续发展的意识和能力,建立大学生发展的长效机制。大学生思想政治教育要更加重视引导大学生正确认识和处理现实发展与长远发展的关系,把现实发展和长远的、可持续的发展结合起来,克服发展的短期行为,始终根据社会和科学发展的需要,适应学习型社会和学习型组织的要求,不断充实和更新自身的知识结构,增强持续发展的坚定意志,克服发展中面临的种种困难和障碍,实现自身的可持续发展。

三、坚持以学生为本

大学生思想政治教育既然要以大学生为中心和根本,那么,开展大学生思想政治教育,就要一切为了大学生,一切依靠大学生,一切服务大学生。要注重尊重大学生,理解大学生,关心大学生。要把大学生作为成长发展的主体,并作为大学生思想政治教育的主体,注重引导大学生掌握和遵循人才成长的规律,调动大学生学习科学文化知识、加强思想道德修养的积极性、主动性、创造性,发挥自我教育的主体性,促进大学生的健康成长。要把是否有利于大学生的全面发展和健康成长作为检验大学生思想政治教育成效的根本标准。注重了解大学生学习、生活和成长发展中的实际需要、困难和问题,改善大学生的学习生活条件,开展丰富多彩的校园文化活动,发展校园网络文化,加强心理咨询活动,帮助大学生排忧解难,全面满足大学生的物质需要和精神需要。教育和引导大学生为促进自己的成长、实现人生的价值而奋斗。要适应知识经济发展的要求,遵循因材施教的规律,保护大学生的鲜明个性。改革和创新思想政治教育,深化社会实践,强化激励机制,加强比较和竞争,创造有利于拔尖人才脱颖而出的氛围与环境。培养和发展大学生的创新意识和创新能力,把当代大学生培养成具有创新精神和创新能力的优秀人才。要改进思想政治教育方法,注重人情味,体现情感性。用尊重人的尊严、人格、情感的方法做深入细致的工作。坚持以理服人、以情感人、以行导人。倡导隐性教育,探索虚拟教育,做到"随风潜入夜,润物细无声",切忌用以势压人的方法开展思想政治教育。

第二节 思想政治教育的民主化趋势

一、民主化趋势的成因

大学生思想政治教育民主化是大学生思想政治教育的又一重要趋势，大学生思想政治教育的过程更加民主，民主的程度越来越高，民主的方法运用得越来越广。

（一）社会主义民主的本质要求

社会主义民主的本质是人民群众当家做主。人民群众是社会主义国家的主人，在社会主义国家，就人民群众而言，人与人之间的社会地位是平等的，解决人民内部的矛盾，只能用民主的方法，解决人民内部的思想矛盾，更是只能用民主的方法。毛泽东指出，"凡属于思想性质的问题，凡属于人民内部的争论问题，只能用民主的方法去解决，只能用讨论的方法、批评的方法、说服教育的方法去解决，而不能用强制的、压服的方法去解决"。解决人民内部精神世界的问题和思想性质的矛盾，不能用压服的方法，只能用说服的方法去解决。今天，我国在建设中国特色社会主义伟大事业的历史进程中，社会主义民主不断发展，人民群众的民主权利不断扩大，民主意识和民主诉求不断提高，也日益要求在思想政治教育中充分发扬民主，运用民主的方法来教育人民群众，加强平等基础上的思想交流与沟通，解决人民内部的思想矛盾问题。大学生是我国社会成员中文化程度较高的青年群体，他们的民主意识、维权意识和理论素养远高于社会一般人员，因而对于运用民主方法开展思想政治教育的要求也远高于社会一般人员。

（二）社会主义市场经济发展的必然产物

随着社会主义市场经济的发展，我国社会出现了经济成分、组织形式、就业方式、分配方式、生活方式的多样化，它必然导致利益主体、行为方式和价值取向的多样化。我国社会的深刻变革对高等教育产生了重大而深远的影响，必然导致大学生思想政治教育的民主化。我国在校大学生已超过2000万人，是我国社会特殊的重要群体，也是我国社会特殊的利益主体。大学生来自不同的地区、不同的阶层、不同的家庭,社会经济发展的多样化趋势必然导致大学生学习方式、行为方式、生活方式、就业方式的多样化,导致大学生群体结构和价值取向的新变化。大学生中既有较富裕家庭的子女,也有较贫困家庭的子女;既有独生子女,也有非独生子女。大学生中也出现了不同的利益主体,不同的价值取向,不同的利益主体有不同的利益诉求,需要有利益表达的渠道和机会,以维护自身的权益;不同的价值取向有不同的思想成因,需要有思想交流的渠道和机会。而从大学生思想政治教育来说,就需要提供这种利益表达和思想交流的渠道和机会,使不同的利益诉求受到重视和体现,使不同的价值取向在社会主义核心价值体系的引导下凝聚成共同的价值选择,这也是大学生思想政治教育民主化的过程。

（三）现代信息科学技术发展的产物

以现代计算机技术为核心、以互联网和通信高科技为代表的现代信息科学技术的发展,使人与人之间信息交流的方式发生了革命性的变革,纵向传递为主正向横向传递为主转变,历时传递为主正向共时传递为主转变,人们获取信息的方式更加迅捷,获取信息的机会更加均等,这一切对思想政治教育包括大学生思想政治教育产生了重大的影响。在大学生思想政治教育中,过去教育者享有思想信息获取的优先权和垄断权,现在思想信息获取的机会日益均等,受教育者可与教育者一样甚至可能比教育者更早地获取思想信息,教育者在进行思想政治教育时应更加谦虚、民主,自觉地以学习者的身份通过互联网获取思想信息,并主动地向大学生了解最新的网络动态和思想信息,了解大学生的见解、想法和感受,在平等的基础上与大学生进行信息交流和思想沟通,以加深理解,形成共识。

二、民主化趋势的呈现

大学生思想政治教育民主化趋势,主要呈现为大学生思想政治教育主客体关系日趋平等、民主,大学生思想政治教育日益体现为平等基础上的思想互动,民主方法在大学生思想政治教育中得到日益广泛和充分的运用。

（一）大学生思想政治教育民主化首先体现为主客体关系的平等化

思想政治教育主体和客体的关系是贯穿大学生思想政治教育全过程的基本关系。过去这一关系往往体现为主客体之间的某种程度的不平等关系,教育者和受教育者之间往往是我说你听,教育者似乎总是高于受教育者,往往处于教育权威地位。现在，随着社会的进步和现代科学技术的发展，教育者和受教育者的社会地位日益平等，教育主体和教育客体的角色、地位再不是一成不变、不可移易的，而是可以相互转化的。两者的相互关系日益平等，教育者和受教育者获取信息的机会日益均等，教育者和受教育者进行和接受思想政治教育的权利义务日益平等，这些都意味着大学生思想政治教育主客体关系的更加平等，也意味着大学生思想政治教育的日趋民主。

（二）大学生思想政治教育民主化还体现为思想政治教育过程的双向化

过去大学生思想政治教育主要体现为教育主体对教育客体进行的单向度教育，主体总是处于教育的地位，客体总是处于接受教育的地位，主体通过思想政治教育单方面作用于思想政治教育客体，思想政治教育客体在教育过程中只是接受主体的教育，主体与客体的关系是单向度的传播与接受的关系。现在，在大学生思想政治教育过程中，主体和客体之间的关系已经成为一种双向互动的关系，不仅教育主体可以作用于教育客体，教育客体也可以作用于教育主体。教育主体可对教育客体进行思想政治教育，也必然与此同时要受到教育客体思想上的启发与影响，教育客体可以主动地接受思想政治教育，也必然反过来影响教育主体的教育活动，教育客体还可以在一定条件下转化为教育主体，主动进行思想政治教育，特别是自我教育活动。在大学生思想政治教育中，主体可以客体化，客体也可以主体化，大学生思想政治教育的过程实质上已转变为教育主体与教育客体双向互动、教学相长、优势互补、互相转化、共同发展的关系。

（三）大学生思想政治教育民主化还体现为思想政治教育方法的民主化

大学生思想政治教育方法的民主化，就是大学生思想政治教育要充分发扬民主，广泛运用民主的方法开展教育活动。大学生思想政治教育方法的民主化主要表现在以下方面。

1.教育与自我教育相结合

大学生思想政治教育既是教育者进行教育的过程，又是受教育者进行自我教育的过程。教育是以思想政治教育者为主体进行的教育，自我教育是以大学生自身为主体自主进行的教育活动。教育以自我教育为目的，不断引导大学生增强自我教育的自觉性、主动性、创造性，逐步达到"教是为了不教"的最高教育境界。自我教育以教育为指导，既为教育提供重要的基础，又可减少自我教育的偶发性、盲目性，提高自我教育的成效。教育与自我教育相结合的实质是把教育者的主导作用和受教育者的主动作用在平等的基础上结合起来，实现教育和自我教育的相互渗透、相互促进、相互转化。

2. 教会接受与学会选择相结合

大学生思想政治教育既要运用多种方法传播正确的思想理论，教育和引导大学生学会接受和内化正确的思想理论，又要引导大学生适应开放条件下思想信息和价值取向多样化的社会环境，学会运用马克思主义的辩证法对多种思想信息和价值取向进行分析、比较、鉴别，去伪存真，去粗取精，获取和吸收正确的思想信息，选择和坚持正确的价值取向，引导大学生在价值取向多样化的开放环境中进行价值选择，充分体现广大学生在思想政治教育中的主体性。这也是大学生思想政治教育民主方法的重要体现。

3. 自律与他律相结合

大学生思想道德发展的规律表明，人的一生思想道德素质的形成和发展总是遵循由无律、他律走向自律的客观规律与趋势，大学生思想道德素质的发展也是这样。在大学生思想道德素质培养中，必须把他律和自律结合起来。他律主要是法律、纪律、制度等对大学生自身形成的外在约束，他律具有强制性。自律主要是内化的道德规范对大学生自身形成的内在约束，自律具有自觉性。自觉的内在的自我约束是大学生自主自愿的约束，突出了大学生的主体地位和思想觉悟。自律和他律相互结合、相互促进，是大学生思想政治教育方法日益民主的重要体现。

三、坚持民主育人

大学生思想政治教育民主化趋势必然要求民主育人，把民主的观念与方法充分运用于大学生思想政治教育实践中。具体说来，就是在大学生思想政治教育中，努力做到以下方面。

（一）平等相待

大学生思想政治教育的过程实质上是平等基础上主客体双方思想互动的过程。无论是教育者还是受教育者，在思想政治教育中都是平等的，都要互相尊重对方，尊重对方的人格，尊重对方发表意见的权利，尊重对方的意见和看法，坦诚地交流与沟通，加深理解，寻求共识。

（二）重在疏导

大学生在成长发展过程中存在很多思想困惑和心理障碍，这些思想困惑和心理障碍与自身所处的环境、成长的经历及认知的能力等有着密切的联系，对这些思想困惑和心理障碍，既不能视而不见，也不能盲目指责，更不能一味压制，而应具体分析其成因与特点，有针对性地做好思想沟通与心理疏导工作，广开言路、理顺情绪、因势利导。

（三）换位思考

换位思考是思想政治教育发扬民主的重要方法。在大学生思想政治教育中，教育者和受教育者要经常进行换位思考，教育者要常常站在受教育者的位置上观察思考思想政治教育问题，看看思想政治教育的目的、内容和方法是否能缩短同受教育界的差距，很好地满足受教育者的需要。受教育者也要常常站在教育者的位置上观察思考思想政治教育的教育目的、意图和要求，理解教育者从事思想政治教育的美好愿望和良苦用心，理解教育者所付出的辛勤劳动与价值，更好地配合教育者进行思想政治教育，共同提高思想政治教育的效果。

（四）比较选择

毛泽东指出："有比较才能鉴别。有鉴别，有斗争，才能发展。"真理总是在同谬误的比较、鉴别和斗争中发展起来的，正确思想总是在同错误思想的比较、鉴别和斗争中发展起来的。目前我国正处在扩大对外开放和经济全球化的时代环境之中，各种社会思潮和价值观念在我国社会以复杂多样的形态呈现出来，影响大学生的思想发展。在这种情况下，必须以大学生为主体，以马克思主义为指导，教育引导大学生加强开放环境下多种思想信息和价值观念的比较和鉴别，并在此基础上选择和内化正确的思想观点和价值观念。这种以大学生为主体，进行体验、比较、鉴别、选择的方法，本身就是大学生思想政治教育民主方法的重要体现。

（五）民主参与

大学生既是思想政治教育的对象，又是思想政治教育的主体，要充分尊重和发挥大学生思想政治教育的主体作用，引导大学生积极参与思想政治教育过程。同时还要引导大学生参与学校的民主管理，特别是参与与大学生学习、生活和切身利益密切相关的学校学生事务管理,并在这一过程中提高民主参与、民主管理的意识和能力,不断提高自身的民主素质。

第三节　思想政治教育的信息化趋势

一、信息化趋势的成因

思想政治教育信息化是大学生思想政治教育发展的重要趋势之一,它的产生有着重要的原因。

（一）社会信息化的必然产物

现代社会科学技术获得了迅猛的发展,其重要标志之一是现代信息科学技术特别是互联网技术的发展。现代科学技术特别是互联网技术的发展,使信息的传播方式发生了革命性的变革,交互式、大容量、实时、多媒体的信息传播方式代替了过去传统的信息传播方式,它必然深刻影响大学生思想政治教育的信息传播方式,呼唤大学生思想政治教育信息传播方式的现代化,导致大学生思想政治教育的信息化。

（二）大学生信息素质不断提高的客观需要

大学生是现代信息社会中学习、掌握、运用现代信息科学技术的主体。随着现代社会信息科学技术的发展,大学生自觉掌握和运用现代科学技术的意识越来越强,人数越来越多。对青少年学生尤其是大学生网民来说,互联网扮演的角色越来越重要,网络日益成为他们的信息渠道、沟通工具、娱乐工具和生活助手,大学生上网人数、时间的增加和网络应用功能的拓展,表明广大学生的网络应用能力和信息素质在不断提高。随着大学生信息意识、能力和素质的提高,大学生越来越需要和期盼把现代信息科学技术手段运用到思想政治教育中,实现大学生思想政治教育方式的根本变革,大学生思想政治教育应自觉适应和满足大学生的客观需要,着力推进大学生思想政治教育的信息化。

(三)提高思想政治教育有效性的迫切要求

思想政治教育的有效性不仅与思想政治教育的内容有关,而且与思想政治教育的形式、方式、手段有关,与思想政治教育的信息化程度有关。过去,思想政治教育信息传递的方式比较注重历时传递,忽视共时传递;注重单向传递,忽视交互传递;注重垂直传递,忽视横向传递;注重直接传递,忽视间接传递;注重单媒体传递,忽视多媒体传递,这些都严重滞后于现代社会信息化发展的要求,影响了思想政治教育信息传播的效果。为了增强思想政治教育的有效性,迫切需要克服传统的思想政治教育信息传播方式的局限性,把传统方法和现代方法结合起来,在继续发挥传统方法应有作用的同时,不断创新和广泛运用各种现代化的信息传播方法,开展大学生思想政治教育,克服思想信息传递过程中的时间差、空间差、信息差,克服传统方法和现代方法之间的落差,增强大学生思想政治教育的吸引力、说服力和影响力,进一步提高大学生思想政治教育的有效性。

二、信息化趋势的显现与适应

大学生思想政治教育信息化趋势主要体现为现代信息科学技术理论、方法、手段在大学生思想政治教育中的运用和发展,大学生思想政治教育是一个运用现代信息技术手段迅速获取、分析、处理、传递、反馈思想政治教育信息的过程。科学理解和主动适应大学生思想政治教育的信息化趋势,必须把握好以下几点。

(一)大学生思想政治教育信息观念的确立

从现代信息科学理论和信息科学技术的角度来看,开展大学生思想政治教育的过程实际上就是运用一定的思想信息影响大学生思想和行为的过程,既然如此,大学生思想政治教育的过程也就是思想信息的输入与输出的过程。必须增强思想政治教育信息意识,确立思想政治教育信息化的工作理念和思路,提高大学生思想政治教育者信息处理的能力,自觉运用现代信息技术手段获取、分析、处理各种思想信息,把正确的思想信息传输给大学生,引导大学生在复杂多样的信息环境中接收、判断、选择、内化正确的思想信息,识别和抵御各种错误的思想信息的干扰。处理大学生思想政治教育的相关思想信息,不仅要注意提高思想信息输入与输出的能力,而且要根据思想政治教育信息输出的效果,即思想政治教育输出的结果是否达到预定的目标,是否产生预期的效果,来加强思想政治教育的反馈、调节，通过把实际效果和预期目标之间的反差再输入思想政治教育信息系统，从而对思想政治教育信息的再输出产生影响，加以调控，直至达到思想政治教育的预期目标和效果。

（二）大学生思想政治教育信息内容的扩充

大学生思想政治教育要注意改变过去信息容量过小、内容过于单一、视野过于狭窄的状况，注重在开放的环境中进行思想政治教育。扩大思想信息传播的范围和类别，增大大学生思想政治教育的信息容量。大学生求知欲强、知识丰富、视野开阔、思想活跃，能通过各种渠道方便快捷地获取思想信息，因此，在对大学生进行思想政治教育时，一定要注意克服思想政治教育信息陈旧、空洞的弊端，不断扩充信息容量，既要注重国内信息的传递与解读，又要加强国际信息的介绍与分析；既要了解经济、政治信息，又要了解科技、文化、教育信息；既要了解学习成才的信息，又要了解就业成功的信息；既要了解历史信息，更要了解现实和未来的信息；既要了解积极的信息，又要了解消极的信息，以便于大学生在全面了解和把握各种思想信息的基础上独立思考，做出正确的判断和选择。只有不断扩充思想政治教育的信息容量，才能提高大学生在复杂多变的开放的信息环境中正确应对和处理各种思想信息的能力，不断提高大学生的信息素质。

（三）大学生思想政治教育信息传播手段的更新

过去，在大学生思想政治教育中，通过会议、报告、课堂教学，利用口头语言传播思想政治教育信息的方式比较普遍存在，在思想政治教育中，这种方式依然不可缺少。但要看到这种方式在传播思想政治教育信息方面存在着局限性，需要根据社会信息化的发展趋势和客观要求，充分运用数字化、网络化、多媒体等多种现代信息手段，进行思想政治教育，包括创建红色网站，把具有思想政治教育价值的理论成果、实践成就、先进典型、经典小说、影视作品等作为红色网站教育的重要内容；研制具有丰富思想政治教育信息的软件；制作具有思想政治教育价值的网络游戏；利用电视和互联网制作播出紧密联系实际的电视政论片，加强教育的思想性和艺术性，提高思想政治教育的吸引力。要把思想政治教育的信息手段和方法同传统的思想政治教育方法结合起来，运用现代信息手段和方法改造传统的思想政治教育方法，实现传统思想政治教育方法的现代发展与创新，赋予传统思想政治教育方法新的活力与效能。

（四）大学生思想政治教育信息教育方法的运用

要大力发展网络思想政治教育，在网络中把教育引导和严格监管结合起来，积极传播有益信息，及时删除有害信息，营造良好的网络信息环境，防止黄赌毒信息对大学生的腐蚀与侵害。把正面灌输和比较选择结合起来，通过组建网络评论员队伍，针对网上传播的各种信息，及时进行分析和评论，加强大学生的选择教育，引导大学生在开放的网络环境中，比较、辨别多种信息，选择、内化正确信息，增强大学生自主选择信息的意识和能力，使他们能够自觉抵制不良信息的诱惑和污染，防止信息爆炸形成的信息异化和自我迷失。要把大众传媒传递信息和人际传递信息结合起来，转变信息传播方式，坚持实行信息两步传递，既要注重通过大众传媒迅速广泛地传播信息，又要注重通过人际传播渠道深入解读、理解和内化正确的信息，不断提高正确思想信息传播、选择、教育的效果。

第四节　思想政治教育的社会化趋势

一、社会化趋势的成因

大学生思想政治教育社会化是大学生思想政治教育的又一重要趋势。大学生思想政治教育社会化趋势主要体现为大学生思想政治教育日益走向开放、走向社会、走向实践，思想政治教育的社会化程度不断提高，思想政治教育的社会合力不断增强。

（一）人的社会化的客观要求

马克思指出："人的本质不是单个人所固有的抽象物，在其现实性上，它是一切社会关系的总和。"人总是生活在一定的现实社会关系中的。人的社会化，就是认识、选择和体现一定现实社会关系的根本要求，内化一定的社会规范，形成人的社会本质，提高人的社会化程度，实现从自然人向社会人的转变，把人培养成一定社会所需要的合格的社会成员的过程。实现人的社会化，对于大学生来说，就是要教育和引导大学生在开放的社会环境中，把自身塑造成为具有社会主义社会新型社会本质的合格的社会成员，也就是说，把自己培养成为"有理想、有道德、有文化、有纪律"的社会主义新人。大学生是生活在现实社会关系中的大学生,促进大学生的社会化,既要发挥大学生思想政治教育在大学生成长成才中的重要作用,更要发挥全社会在培养社会主义"四有"新人中的重要作用,努力形成大学生思想政治教育的社会合力。这也就是说,促进大学生的社会化,客观上要求大学生思想政治教育的社会化,否则,很难把大学生培养成为中国特色社会主义事业所需要的合格建设者和可靠接班人。

(二)我国改革开放的必然产物

随着改革开放和社会主义市场经济的发展,高等教育发生了深刻的变革,正在由精英教育向大众教育转变。高等教育的大众化使高等学校与社会的联系更加紧密,高等学校的教育环境和社会环境更加开放,社会发展对高等教育的影响也日益深刻,高校和社会的互动日益频繁和深化,大学是社会的晴雨表,社会是大学的影响源。大学总是折射着社会的发展变化,社会的每一深刻变化也总是会在大学中有所反映,尤其是在大学生的思想行为上必然有所反映。解决大学生的思想认识问题,规范大学生的社会行为,仅在学校内部是难以真正做到的,必须置于开放的社会环境中加以分析、研究和解决。当代大学生承担着建设中国特色社会主义事业,实现社会主义现代化,振兴中华的历史使命,只有让大学生在开放的社会环境中,同各种不同的思想信息和价值观念进行接触、比较和选择,才能使其在教育、引导和独立思考的基础上把握和坚持正确的政治方向和价值取向,坚定不移地走中国特色社会主义道路,把自己培养成建设中国特色社会主义事业的栋梁之材。因此,必须实现大学生思想政治教育社会化,使大学生的思想政治教育同社会的发展变化更加紧密地联系在一起,引导大学生走向社会、走向实践,在开放的社会环境和伟大的社会变革中认识和解决自身的思想认识问题,仅仅在封闭的大学校园中是无论如何也做不好大学生思想政治教育的。

(三)全党、全社会更加重视思想政治教育,努力增强思想政治教育的社会合力的必然结果

现在,我国在社会主义现代化进程中,已经提出和正在实施"科教兴国"和"人才强国"战略,我国的社会主义现代化建设能否取得成功,越来越取决于科技教育同经济建设的紧密结合,取决于科学技术第一生产力的发展和人才第一资源的开发,取决于高等学校能否培养一批又一批社会主义事业的合格建设者和可

靠接班人。高等学校的人才培养不仅是高等学校的根本任务,而且是全党全社会的共同任务,是社会主义现代化事业能否取得成功的关键。高等学校的人才培养不仅要注重教育引导学生掌握科学文化知识,提高学生的科学文化素质,而且要教育引导学生掌握和内化社会的道德、法律规范,提高学生的思想道德素质,这不仅要依靠学校的力量做好思想政治教育工作,更要依靠全党、全社会的力量来共同做好思想政治教育工作。要把学校教育、社会教育和家庭教育结合起来,协调教育目标,整合教育力量,优化教育资源,不断增强大学生思想政治教育的社会合力,提高大学生思想政治教育的整体效益。大学生思想政治教育社会合作程度的提高和社会合力的增强,必然会强有力地推进大学生思想政治教育社会化。

二、社会化趋势的体现

(一)大学生思想政治教育理念的社会化

大学生思想政治教育要把大学生看作社会的人,大学生不仅是学校的一员,更是社会的一员。大学生思想道德素质的形成发展不仅受到学校的影响,更会受到社会的影响。因此,要树立开放育人、实践育人、协同育人的理念,不能只在相对封闭的校园环境中育人,而要注重在开放的社会环境中育人,运用各种社会因素积极提高大学生的思想道德素质,促进大学生的全面发展。不能只注重引导大学生通过课堂学习思想理论知识,更要注重引导大学生在社会实践中提高分析、解决思想问题和实际问题的能力。不能只依靠某一方面的力量分散育人,而要把校内的教育力量与家庭、社会的教育力量结合起来,分工合作,内外结合,优势互补,协同育人。

(二)大学生思想政治教育主体的社会化

毛泽东曾经指出,思想政治工作,共产党应该管,共青团应该管,学校的校长、教师更应该管。从学校内部来说,无论是教师、干部、服务人员还是学生骨干,在进行大学生思想政治教育时,不仅要加强相互之间的协助与配合,更要加强校际之间的协调与配合,尤其要加强与主管部门和社会其他力量之间的协调与配合。要组织、联合社会各方面的教育力量包括党团组织、新闻媒体、学术机构、社会团体以及家庭等各方面的力量,共同做好大学生思想政治教育工作。同时要注重加强社会力量和学校力量的结合,提高思想政治教育主体社会合作程度,增强思想政治教育的社会合力。一个学校的教育力量是单薄的、有限的，只有把单个学校的教育力量与其他学校的教育力量乃至整个社会的教育力量有机结合起来，才能构建"大德育"格局，形成大于单个学校教育力量之和的新的教育力量，进而形成整体大于局部之和的教育效应。

（三）大学生思想政治教育内容的社会化

人们的思想意识在任何时候都是被意识到的社会存在，人们的思想意识是社会存在的客观反映，要帮助人们形成正确的思想意识，就要立足于社会实践，把社会实践基础上形成的社会的发展变化作为思想政治教育的内容，实现思想政治教育内容的社会化，引导人们正确认识社会的发展变化，形成正确反映社会发展变化的思想意识。在现实社会中，大学生思想政治教育必须坚持把当代社会发展、变化的内容作为教育的内容，总结社会发展成就，分析社会发展形势，了解社会生活意义，把握社会发展趋势，增强社会适应能力，提高人的社会化程度，努力培育合格的社会成员和国家公民。大学生思想政治教育要注重根据社会实践的深化和社会的发展变化，不断拓展思想政治教育的覆盖面，充实和更新思想政治教育的内容，优化思想政治教育的内容结构。现在，时代发展发生了深刻的变化，改革开放和社会主义市场经济不断发展，经济全球化、社会信息化、文化多样化提出了很多新的重大社会课题，大学生面临着一些新的现实问题和思想困惑，思想行为受到极大的影响。必须引导他们直面现实，消除困惑，把握机遇，迎接挑战。因此，在大学生思想政治教育内容方面，要注重以科学发展观为指导，根据全面建成小康社会的需要和人的全面发展的需要，加强价值教育、生存教育、生命教育、发展教育、心理教育、和谐教育、诚信教育、挫折教育、选择教育、安全教育等等，这些都是现实的社会内容的折射。只有根据实践的深化和社会的发展，不断充实、更新和拓展大学生思想政治教育的社会内容，才能更好地贯彻理论联系实际的方针，加强对大学生学习、生活和择业的指导，提高大学生思想政治教育的实效性，促进大学生的全面发展和健康成长。

三、坚持开放育人

大学生思想政治教育社会化的发展趋势客观上要求大学生思想政治教育运用社会化的途径、方法来开展思想政治教育，坚持在开放的环境中育人。具体说来，要做到以下几点。

（一）要坚持正确的政策导向

大学生的思想行为不仅受到学校的规章制度的影响，更受到国家的方针、政策和制度的影响，尤其是受到与大学生相关的教育方针、政策和制度的影响。因此，政府有关部门在制定高等教育的方针、政策、制度时，要考虑这些方针、政策、制度对大学生思想行为的综合影响，注意把政策导向与思想导向统一起来，寓思想导向于方针、政策和制度的制定之中。通过方针、政策、制度的制定来解决大学生的思想问题和实际问题，引导大学生坚持正确的政治方向与价值取向，形成大学生思想政治教育中政策导向与思想导向的合力。

（二）营造良好的舆论氛围

在现代社会，大众传媒对社会发展的作用和对大学生的影响越来越大。大众传媒既可以通过舆论引导来影响人们的思想和行为，促进社会的发展与大学生的发展，又可以通过氛围营造来促进社会的和谐与大学生的成长。大学生的思想行为与社会大众传媒的影响息息相关，社会传媒已经成为现代社会大学生思想政治教育的重要载体。大众传媒的受众面广，信息量大，实效性强，在社会化的大学生思想政治教育中具有独特的优势，发挥着不可替代的作用。大学生思想政治教育要适应社会化的发展趋势，注重运用大众传媒开展思想政治教育，提高舆论引导能力，营造良好社会氛围，为大学生的健康成长和全面发展创造良好的思想舆论环境。

（三）参与社会实践

大学生的成长成才离不开在高等学府的系统理论学习，更离不开社会实践的锻炼与教育。理论是实践的科学总结与抽象，实践是理论的不竭源泉与动力。社会是个大课堂，实践是门大学问。社会实践为青年学生提供了成长成才的重要平台，青年知识分子要把学习科学理论和投身社会实践紧密结合起来，自觉走与实践、与工农相结合的成长道路，走向社会，投身实践，贴近现实，了解国情，融入群众，把学到的理论知识运用于实践，通过社会实践检验和发展理论，在社会实践中受教育，做贡献，长才干，不断提高自己的能力与素质，促进自己的发展与进步。

（四）优化社会环境

大学总是处于一定的社会环境之中，大学和社会环境发生着重要的交互作用，大学生的思想无时无刻不反映着社会环境的变化，折射着社会环境的影响。大学生思想政治教育的社会化，要求我们不断优化社会环境，充分发挥社会环境在大学生思想政治教育中的重要功能。为此，在大学生思想政治教育中要做到适应环境与优化环境相统一，既要引导大学生适应社会环境的新情况、新变化、新要求，又要注重引导大学生正确分析社会环境，在适应的基础上为不断优化社会环境做出努力，进而通过优化社会环境来提升社会环境的育人功能。要做到优化大环境与优化小环境相统一，大环境就是国内外的政治、经济、文化等发展变化的形势，它们对大学生的思想行为的变化有着重要的影响，小环境就是指高校内部的教育环境，包括影响大学生思想政治教育的体制、机制、制度、政策、措施，影响大学生思想政治教育的智育、体育因素，教书育人、管理育人、服务育人的氛围，以及学校的自然环境与人文底蕴的和谐统一。大学生思想政治教育要致力于改善小环境，通过改善和优化小环境来推动大环境的改善与优化，要做到优化硬环境和优化软环境相统一。大学生思想政治教育所处的环境，不仅包括经济、政治、技术发展所形成的物质条件、生活设施等硬环境，而且包括社会舆论、社会风气、文化氛围、规章制度等形成的软环境。硬环境是软环境的基础，软环境是硬环境的灵魂，没有硬环境，环境育人就失去了重要的物质保障；没有软环境，环境育人就会丧失应有的育人功能。因此，在大学生思想政治教育中，要把优化硬环境与优化软环境结合起来，"软""硬"兼施，统筹协调。全面优化要做到优化现实环境与优化虚拟环境相统一。我们生活的现实社会和大学校园，构成了大学生思想政治教育的现实环境，而互联网技术的发展创造了一个与现实世界完全不同的虚拟世界，大学生可以通过虚拟的方式以虚拟的身份进入虚拟世界进行虚拟交往。在网络的虚拟世界中，交往主体可以隐藏自己的真实身份和真实情感，进行相互沟通和交流，这种交流具有很强的隐匿性，它为大学生在虚拟世界中展现与现实生活中不同的自我、宣泄自己的情感、表达自己的诉求提供了方便和可能，但也为在网上发表不负责任的言论，甚至为在网上进行诈骗活动以及传播"黄、赌、毒"的违法犯罪行为提供了可能。它容易导致现实主体与虚拟主体的分离，进而导致网络主体的双重人格和心理扭曲。因此，要把优化现实环境和虚拟环境统一起来，加强网上的教育引导和监督管理，提升网络主体的道德素质，规范网络主体的道德行为，优化网络世界的虚拟环境，使虚拟环境成为大学生思想政治教育的重要阵地。要做到建设积极环境与治理消极环境相统一。大学生思想政治教育的环境，不仅可分为大环境和小环境、硬环境和软环境、现实环境和虚拟环境，还可分为积极环境和消极环境，积极环境就是对大学生思想行为产生积极影响的校内外因素，消极环境就是对大学生思想行为产生消极影响的校内外因素。对于大学生和大学生思想政治教育来说，这些因素都是外在的因素，都会对大学生思想行为和大学生思想政治教育产生重要的影响。有所不同的是，这些因素产生影响的性质和作用有所不同。比如，校园周边环境的好坏，对大学生思想行为有着重要的影响，校园周边环境好，可以产生重要而积极的影响，校园周边环境差，可能产生严重而消极的影响。因此，在大力建设积极环境的同时，要注重加大对存在"脏、乱、差""黄、赌、毒"现象的消极环境，特别是校园周边的消极环境的治理力度。这是综合治理育人环境的根本要求，也是大学生思想政治教育社会化发展趋势的必然要求。

第五节 思想政治教育的综合化趋势

一、综合化趋势的成因

（一）是大学生思想政治教育的重要趋势之一

思想政治教育综合化趋势主要体现为整体育德、综合育人。大学生思想政治教育综合化首先是适应大学生的需求多样化的必然产物。高等学校的根本任务是培养人才，而培养人才的根本任务是根据大学生多样化的发展需要和党的教育方针的基本要求，促进大学生的全面发展，把大学生培养成德智体美劳等各方面都得到发展的社会主义建设事业的优秀人才。大学生的根本利益在于促进自身的健康成长与发展。大学生的健康成长与发展不仅体现为学习、掌握科学文化知识，提高科学文化素质，加强体育锻炼，增强身体素质，更重要地体现为加强思想道德修养，加强心理健康教育，提高思想道德素质和心理素质，全面优化和提升自身的素质结构，促进自身全面发展。大学生发展需要的多样化必然要求大学生思想政治教育的综合化。

（二）是适应德育功能全面化的必然产物

大学德育的功能，有教育引导大学生坚持正确政治方向和价值取向的导向功能；有提升大学生素质，促进大学生全面发展的发展功能；有养成大学生文明素养、规范大学生日常行为的规范功能；有调动大学生的积极性、主动性、创造性，增强大学生学习的精神动力，激励大学生奋发成才的激励功能；有帮助大学生解决学习、成才、择业中的各种困难，为大学生健康成长和发展服务的服务功能；有维护高校和社会稳定，为大学生健康成长创造必要条件的保障功能。全面实现这些功能必然要求综合地开展大学生思想政治教育，推进大学生思想政治教育综合化。

（三）是适应德育资源配置集约化的现实需要

在社会主义市场经济条件下和高等教育改革与发展的进程中，高等学校的办学资源既相对紧缺，又十分分散，而大学生思想政治教育的任务却日趋繁重，如何把相对紧缺的办学资源，特别是德育资源加以融合与调整，实现德育资源的合理配置，使有限的资源在日益繁重的大学生思想政治教育中发挥更大的作用，成为大学生思想政治教育面临的重大课题和紧迫任务。而把分散的、紧缺的教育资源通过有效整合实现合理配置，保证大学生思想政治教育重大课题和紧迫任务的完成，也需要深入推进大学生思想政治教育综合化。

二、综合化趋势的呈现

（一）思想政治教育内容的系统化

大学生思想政治教育的根本任务是提高大学生的思想道德素质，促进大学生的全面发展，进而促进社会的全面发展。大学生思想政治教育的内容结构与大学生的思想道德素质结构有着内在联系。大学生的思想道德素质包括思想素质、政治素质、道德素质、心理素质，大学生思想政治教育也应包括思想教育、政治教育、道德教育、心理教育，等等。通过加强大学生的思想教育、政治教育、道德教育、心理教育，可相应提高大学生的思想素质、政治素质、道德素质、心理素质，优化大学生的思想道德素质结构，提高大学生的整体素质。中共中央、国务院《关于进一步加强和改进大学生思想政治教育的意见》明确指出，在大学生思想政治教育中，要坚持以理想信念教育为核心，以爱国主义教育为重点，以公民道德教育为基础，以促进人的全面发展为目标。这体现了思想政治教育内容的系统化与整体化，它是全面提高大学生思想道德素质和综合素质的内在需要。大学生整体素质的结构优化需要系统开展思想政治教育，优化大学生思想政治教育内容体系，建立与大学生思想道德素质结构相对应的思想政治教育结构。大学生思想道德素质的结构优化决定了大学生思想政治教育的结构优化，大学生思想道德素质的综合化决定了大学生思想政治教育的综合化。

（二）思想政治教育方法的多样化

思想问题的性质不同，解决思想问题的方法也不同。大学生的思想问题与大学生所处的环境有密切的关系。今天，大学生所处的时代环境比以前复杂得多，由此产生的大学生思想问题也比以前复杂得多，许多思想认识问题同政治问题、道德问题、心理问题交织在一起，解决这些思想问题不是某种单一的方法所能奏效的，必须同时运用多种方法才能加以解决。在这一过程中，尤其要注重多样化思想政治教育方法的组合运用，以不断提高思想政治教育整体效果。例如大学生的心理健康问题，既与大学生自身的心理素质有关，也与大学生对社会现实的认识有关，还与复杂环境中自身利益的维护与实现有关。因此，解决心理问题，就必须把心理咨询同思想教育、利益引导等有机结合起来。对大学生开展理想信念教育也是这样，理想信念教育既是个理论问题，又是个实践问题，既要通过加强理论教育引导大学生认识人类社会发展的客观规律和必然趋势，坚定共产主义和社会主义的理想信念，又要通过加强实践教育尤其是改革开放40多年来我国社会主义现代化建设取得巨大成就的教育，引导大学生从大量的事实中得出正确的结论，坚定走中国特色社会主义道路的政治信念。这也就是说，只有把理论教育法与实践教育法结合起来才能更好地深化理想信念教育，帮助大学生牢固确立正确的理想信念。另外，只有注重把思想政治教育的显性教育法和隐性教育法、主导教育法与自主选择法、传统教育法和现代教育法等结合起来综合运用，才能更好地解决大学生的思想问题，进一步增强大学生思想政治教育的实效性。

（三）思想政治教育力量的综合化

要整合教育力量，优化资源配置，不断增强思想政治教育的合力。具体来讲，从全社会来看，就是要促进家庭教育、学校教育、社会教育相结合，不断增强大学生思想政治教育的社会合力。家庭教育、学校教育、社会教育在大学生思想政治教育中具有不同的职能和各自的优势。家庭教育是以血缘亲情为基础进行的教育，教育的主体是父母及其他家庭成员，教育的主要方式是以行导人、以情感人，潜移默化地进行教育。学校教育是有组织有计划地按照党的教育方针对大学生进行思想政治教育，促进大学生全面发展的主要阵地，并对协调社会力量和家庭力量，开展大学生思想政治教育发挥着主导作用。社会教育主要是依靠社会各方面的力量，通过各种社会途径对大学生进行的思想政治教育。只有把家庭教育、学校教育、社会教育的力量加以整合，才能有效增强大学生思想政治教育的社会合力，提高大学生思想政治教育的整体效益。从高校来看，就是要促进教书育人、管理育人、服务育人相结合，不断提高大学生思想政治教育的教育合力。高校的根本任务是培养人才，无论是教师、干部还是职工，都在大学生思想政治教育中扮演着重要的角色，担负着特殊的使命，并且具有不同的教育优势，只有把教书育人、管理育人、服务育人结合起来，才能营造良好的育人环境，切实增强大学生思想政治教育的合力，促进大学生的全面发展和健康成长。

三、坚持综合育人

大学生思想政治教育综合化趋势的基本要求就是要坚持综合育人，形成整体大于部分之和的育人效应，也就是要增强大学生思想政治教育的综合效应、整体效应。具体说来，就是要做到全面育人，既要提高大学生的思想道德素质，也要提高大学生的科学文化素质，还要提高大学生的身心健康素质，促进全体大学生的全面发展。全员育人，既要依靠学校党的工作者和学生辅导员开展大学生思想政治教育，使他们成为大学生思想政治教育的中坚力量，又要依靠和发挥广大教师、行政干部和后勤职工的育人作用，使他们成为大学生思想政治教育的重要力量，只有全校的所有人员都来关心、重视、支持和参与大学生思想政治教育，才能形成浓厚的育人氛围，凝聚育人的强大力量，从根本上加强和改进大学生思想政治教育。全程育人，就是要使大学生思想政治教育贯穿教学、管理和服务工作的全过程，使教学、管理、服务过程的每个阶段、每个环节都体现育人的功能和要求。如要把大学生思想政治教育贯穿到科学文化知识传授的备课、授课、实验实习、考试、评阅等各个环节，通过良好的教风培养学生严谨治学的学风，加强学习诚信教育，形成良好的学术道德，增强创新精神和创新能力。只有做到全面育人、全员育人、全程育人，才能真正做到育人为本、德育为先、整体育德，使大学生思想政治教育的整体效应不断增强。

第七章　思想政治教育的未来发展创新路径

第一节　强化思想政治教育师资建设

随着经济全球化的发展，我国与世界经济和贸易往来更加频繁，同时西方思想观念的渗透也日趋严重，特别是在网络信息化的今天，更是给思想渗透的预防工作增加了不可预测性。面临这种复杂的形势，做好公民的思想政治教育，特别是高校学生的思想政治工作，对保障社会主义事业建设具有极其重要的作用。因此，很多的学者提出创新，即依托信息化技术，实现对学生思想政治理论和实践运作方式的创新。但是在创新的同时，却忽视了一个非常严重的问题，那就是在目前思想政治教育中，在教育主体与教育个体方面存在的矛盾，制约着高校思想政治教育的深入推进。而解决这个问题的关键，还是在于高校思想政治教育队伍的建设。因此，结合经济学原理，如何从师资队伍方面进行改善，对提升思想政治教育效果具有重要的意义。

一、思想政治教育中引入经济学的必要性分析

在不同学科发展的今天，任何的学科都不是单独存在的，而是相互关联的。思想政治教育和经济学也一样，存在着很大的关联。而将经济学引入到思想政治教育的探索中，早在1996年的时候就开始被触及，如通过边际效用递减理论对思想政治教育进行分析，又或者将成本—效益理论引入到思想政治教育中。通过这些理论的引入，拓宽了对传统思想政治教育的分析视野，特别是在思政教育矛盾日益突出的今天显得尤为重要。

第一，从学科的角度来看，随着学科之间的不断融合，使得学科之间的联系越来越紧密。一个学科要吸收另外一个学科的优势，这样才能拓宽自身学科发展

的视野和辐射幅度，增强自身学科的影响力。而思想政治教育作为社会科学的一个重要组成部分，必然要吸取其他学科的优势，促进思想政治教育理论的发展和创新。

第二，从历史的维度来看，思想政治教育是许多学科融合发展起来的，同其他学科在方法和内容方面都存在很大的联系。因此，不断吸取和借鉴其他学科的研究成果，并移植其他学科发展的方法和理论，成为思想政治不断发展的动力和方法。

第三，从现实的挑战来看。随着全球经济一体化的深入，以及我国新常态经济的发展，我国思想政治工作形势面临严峻挑战。在信息化社会下，各种多元化的意识形态通过网络渗透到高校校园，在丰富高校学生思想意识形态的同时，也淡化了我国主流意识形态，从而使得我国高校思想教育面临严峻的挑战。而随着信息化的深化，现代大学生对思想意识教育的内容和方式的需求也出现了很大的改变。因此，在传统心理学、伦理学等基础上，将融入更多的如传播学等内容。

第四，通过经济学对思想政治教育的分析，可更加有利于给广大的思想政治教育工作者提供决策参考。这主要是借助经济学中的方法和工具，让思想教育工作者如何通过最小的代价取得思想教育工作的最大成效，从而将原始的思想教育问题转换为了一个经济学问题。通过这种分析方法，也创新了思想政治教育的途径和方式，给未来的思政教育带来很强的启迪作用。

二、经济学视域下的思想政治教育面临的主要矛盾

从经济学的角度来讲，高校思想教育主要存在以下几方面的矛盾。

第一，应试教育和素质教育之间的矛盾。我国是一个教育大国，并且随着与国际社会的接轨，我国开始全面推行素质教育，从而提高国民整体的素质。但是，受历史发展因素的影响，无论是在中学、小学还是在大学，应试教育仍然在我国教育界中占据主导地位，且越演越烈。这种应试教育的思维，很难在短时间转变。在应试教育背景下，教学模式单一、教学内容枯燥、教学目标非常狭隘，使得我们培养出来的学生在独立思考和创新能力方面与国外的学生相比存在很大的差距。如一味地以课堂讲授为主，不仅不能培养学生的独立思考能力，还会让学生产生厌学情绪，甚至不能培养学生的创造和创新能力。又如单一的教学方式和手段，不利于对学生个性化的培养，从而让中国教育被贴上了"中国制造"的标签，完全属于流程化的培养方式。归根结底，其本质就是素质教育和应试教育之

间的博弈，即我国人才的培养究竟是以得分的高低作为根本的标准，还是以培养学生主观能动性和创新能力为主的问题。从供给理论来讲，以目前的这种教学手段和方式已经不能满足学生对知识学习的需求。因此，对于思政教师队伍来讲，转变目前的思想政治教育教学方式，成为思想政治教育工作者急切思考的问题。

第二，现实与理论之间差异的矛盾。现实和理论之间往往存在很大的差异，这是各种客观因素综合作用的结果。一方面，对于刚刚进入校园的大学生来讲，他们面对的是开放的空间环境、文化传播和社会交流，信息来源更加广泛。通过这种广泛的接触后，让学生对现实社会有了更多的了解。而通过理论知识的学习，理论和现实本身存在着差异。而如果两者一致，那么这些理论可以让学生信服，但理论和现实相差太大，将降低学生对思想政治理论的可信度。另一方面，面对一些社会出现的问题，如腐败、贫富差距过大、失业、分配不公等，以马克思主义理论进行解释则存在很大的差距。因此，高校思想教师应深入考虑如何通过有效的方式缩小学生对现实认识与理论之间的差异，从而培养学生正确看待问题的能力。

三、经济学视域下的思想政治教育师资队伍建设策略

针对上述存在的矛盾问题，笔者认为，还是必须要依托经济学原理，从供给和需求出发，根据目前大学生的"需求"，进行相应的"供给"和引导，才能解决目前存在的矛盾和问题，这也是当前高校思想政治教育的关键。因此，从高校思想教育队伍建设的角度来讲，应该从以下几点入手。

第一，转变思想，加强培训。笔者认为，应试教育和素质教育之间的矛盾由来已久，造成这个矛盾的突出问题在于人们过分注重成绩，而淡化对素质教育重要性的认识，从而使得教育变得功利化，即教师为了成绩而成绩，忽视了学生的个性化和自主化的发展。因此，转变师资队伍的思想认识是解决目前思政教育困境的第一步。只有改变过去应试教育思维，才能解放出来，为素质教育奠定坚实的基础。同时，加强对高校师资队伍的培训是转变思想的必要手段。首先，只有通过不断的培训，才能够拓宽思政教师的视野，转变传统的教学思维；其次，通过培训，了解目前思想政治教育存在的困境，从而更好地提出解决方案；最后，通过培训，还可以进一步坚定思想教师的思想意识，坚定社会主义事业的信念，为学生树立典范。

第二，创新思想政治教育教学方式。我们强调学生的个体需求，其目的就是要借助现有的学生喜欢的传播方式对学生进行思想政治教育，如借助校园网的作

用,让学生了解更多党的历史;借助漫画、卡通等更加轻松的方式,让学生在潜移默化中明白一个道理或者走出某种思维误区;教师可以通过不同制度的对比,让学生了解不同制度存在的区别、优势和劣势,以及可能暴露出的问题,从而让学生更加客观地看待目前的社会问题。由此,通过这些方式上的创新,而摒弃以往的单一的灌输方式,从而让学生在接受多元化思想的同时,也逐步接受和明白社会主义的核心价值观。另外,借助互联网和社交工具,构建校园讨论群,并针对学生们关心的话题进行科学性的引导,让人们能够走出狭隘的思维误区;借助目前的智能算法、数据挖掘、大数据等对学生的上网行为、偏好等进行分析,以此了解当前学生的主流需求,从而更好地通过"需求"对话题进行"供给",更好地引导整个校园氛围,并在校园中形成助人为乐、追求文明、抑恶扬善等良好氛围。

第三,加强思政队伍管理。思政教育工作的进步离不开对思政队伍的管理,这是提升思政教学质量的有力武器。因此,一方面,高校管理部门还是要提高思政教师队伍的门槛,如必须为中共党员,学历层次必须为硕士及其以上。由此通过这样的方式,可提升师资水平,也使得思政师资队伍更具有较强的业务水平和理论水平。另一方面,加强对思政教师队伍的考核。考核不是目的,而是手段。通过考核这个机制,更好地引导教师加强对学生思想教育,并提升思政教育的效果。

总之,对高校师资队伍建设来讲,只有找到思想政治教育中的"供给",才能更好地提供"需求",而只有不断地创新"需求",才能更好地引导学生的思想意识,做好目前复杂形势下高校思想政治教育工作,为促进学生的全面发展奠定基础。

第二节 开展多样化的社会实践活动

就大学生参与的各类社会实践活动来说,学校在大学生参与的各项社会实践活动中仍起着决定性作用。高校组织的社会实践活动不仅能促使学生理论知识与实践的结合,更为其提供了与企业、社会接触的平台。作为进入社会的预演活动,高校社会实践在重视理论知识实践化的基础上,更应该关注心理层面的提升,为大学生进入社会做好准备。

大学生在进入社会初始阶段，问题集中在角色意识不足导致的适应问题。笔者认为，基于此现状，借助高校社会实践活动，如何提前帮助大学生培养社会角色意识，从而减弱大学生进入社会时所面临的适应问题，就是一个有实践价值的探讨方向。

一、培养社会角色意识的意义

（一）培养社会角色意识对高校的意义

在高校实践活动中，关注对学生社会角色意识的培养，对高校的意义主要有以下两个方面：①在实践活动中添加"心理层面"因素，与高校德智体美劳全面发展的目标保持一致；②在实践中关注意识的培养，对高校社会活动的设计、目标提供了方向指导，促使实践活动不流于形式，最大限度提高实践活动的效果。

（二）培养社会角色意识对学生的意义

在高校实践活动中，关注对学生社会角色意识的培养，意义主要有以下两个方面：①有助于激发学生进行积极的自我思考，增加社会层面的自我评价，提前体验社会化过程中的冲突，从而内化调整认知，为社会化做好准备；②在实践活动中提前预演"学生角色"向社会"职业角色"的转变，有助于学生提前思考切合实际的职业规划，减少择业期的迷茫、焦虑，有效提升其社会适应能力。

二、大学生缺乏的五种社会角色意识

笔者通过访谈、文献查阅和经验总结，认为在步入社会初始阶段的大学生出现一系列适应问题的根源，在于缺乏以下几种社会角色。

（一）服务者角色

服务者是我们对从事服务性工作的个体的称呼，而大学生则很少选择服务者这一角色，究其原因有以下两点：在家庭中被长辈娇宠，扮演着享受者；在学校中，活动是以学习为中心的，成为被服务者。由于惯有角色的固着，大学生形成了自我中心、过度依赖的心理和行为，缺乏服务者的角色意识。

而职场需要的是具有服务精神的个体，要求其员工不仅完成分内工作，同时积极主动地为客户提供热情的服务。如果大学生具备了服务者的角色，并不期望有所回报时，便有助于他们在社会适应过程中更快赢得认可，在社会中有立足之地。

（二）学习者角色

用人单位对大学生的评价显示，大学生容易成为社会的"愤青"，其原因在于社会适应过程中缺乏学习精神，不能以一种虚心的态度去理解、学习社会规则。当出现意见与他人不一致、在单位不被重用时，往往伴随极端情绪和行为——指责单位的不公平对待、谩骂领导的保守死板、批判规章制度的不合理等，却不能意识到自身所存在的问题。

在社会工作中，企业要求大学生有创新思维，但也要求其尊重并学习企业的规章制度，迅速把"大学生"角色转换为"部门职员"。这就要求毕业生在面对工作期望与现实差距时，客观分析原因，以学习者的角色去要求自己，用工作成绩去证明自己的能力。

（三）独立者角色

独立者对人生有良好规划，做事情有内驱力，在困难面前可以依靠自己解决问题，愿意为结果承担责任。大学生之所以缺乏这种角色，是因为他们在学习、生活中习惯于接受他人的安排，缺乏清晰的自我规划，同时责任感的缺乏也使得大学生不愿意独立去面对事情。

但在社会工作中，往往要求员工在工作中保持独立性。一方面要求员工在工作的重要程度、时间限制等方面做好规划，保证工作顺利完成；另一方面同时建立责任意识，能独立承担责任。

（四）不足者角色

大学生的完美主义倾向来源于长期积累的自我优越感，往往对自己、他人、环境有过高的要求，阻碍着其心理成熟。而进入社会后，由于现实所带来的心理落差，容易因无法适时调整评价标准，而出现一系列的社会适应问题。

这就要求大学生改变以往"虚构"的标准，以发展的眼光看待自己，认识到不足，接受不足者这一角色，同时不甘于不足，不断鞭策自我进步。

（五）配角、群角

配角、群角是相对于主角而言，大学生缺乏配角、群角意识的缘由有两点：一方面受"成者为王，败者为寇"主流文化意识影响，大学生的主角意识逐渐形成，同时主角地位的附加利益也强化了主角意识；另一方面大学生作为一个备受社会关注的群体，在自我优越性、自我欲望膨胀的情况下，希望在社会舞台上扮演"主角"。

但是，刚毕业的大学生由于自身职场经验、能力的欠缺，往往在企业、团队中处于"配角"地位，这就要求大学生能在职场中找到合适的角色定位，在追求主角地位时，能暂时接受配角、群角角色。

三、社会角色意识培养的途径

调查结果显示，高校社会实践活动存在的缺陷主要有以下两点：①流于形式，缺乏以实用主义为指导思想的实践模式；②在社会实践过程中缺乏专业指导和社会实践活动的细化铺垫。基于此，笔者认为在高校实践活动中引入社会角色意识的培养非常必要，具体可以从以下两个方面着手。

①为高校社会实践活动配备心理教师，在原有活动基础上增加团体心理分享。通过设置适当的分享话题，引导学生讨论社会角色意识在工作中的意义，以及如何在实践中将意识转化为行为，同时挑选表现优异的学生分享内心想法、总结经验，为其他学生提供借鉴。②在实践中增加角色扮演活动，让学生体验不同岗位的职责，从而习得社会角色行为，改变社会角色意识。从操作层面上可以这样进行：首先对学生进行分组，按照人数分为2～3组，每组相当于一个公司团队；其次每组制定相应的规章制度，小组成员分配角色，在实践活动中按照分配的角色进行扮演，然后在一定阶段进行角色轮换，确保每个学生能体验不同的岗位。总之，高校社会实践活动作为一个平台，应该发挥更大的价值，在帮助学生专业技能获得提升的同时，更应该关注学生社会适应性的培养，从而在一定程度上缓解未来角色转变带来的困惑，为学生步入社会工作做好准备。

第三节　拓宽思想政治教育载体渠道

思想政治教育载体是指在实施思想政治教育过程中，能够承载、传递思想政治教育因素的一种思想政治教育活动形式，其特点是以满足思想政治教育主客体的价值关系为基点，以解决社会关切和人的精神需要为中心，适应时代交往方式的新发展，旨在增强思想政治教育解题力和认同力，从而在高校思想政治教育中发挥促进教育形式多样性发展、营造良好教育氛围的作用。

我国学术界在思想政治教育载体建设问题的研究可以分为三个阶段。第一阶段，20世纪90年代初，普遍接受的载体有两种形式：校外实践教育活动和课余时间开展多种多样的主题活动。此阶段研究是我国思想政治教育载体研究的开端，虽然具有一定理论深度，但是与实践结合不够。第二阶段，21世纪初开始强调理论与实践相结合，探讨高校思想政治教育形式、实施过程的多样化。此阶段研究注重理论和实践的结合，贯彻知行合一的理念，把理论融入教书育人全过程，但是随着时代的进步，学生的思想发生很大变化，高校思想政治教育难以吸引学生的兴趣。第三阶段，近几年，高校思想政治教育载体建设从物质形态方面的载体，扩展到活动方式方面的载体，比如，以文化建设、理论知识学习、大众传媒为主要方式的载体形式。此阶段研究更注重以人为本理念，注重学生的心理行为变化，尊重个体特征。这些研究为我国高校思想政治教育载体的拓展奠定了坚实的基础。

西方发达国家关于高校思想政治教育载体的建设远早于我国，尤其是在最近几年，相关研究数量增速较快，很多文献研究中所提的观点能为我国高校思想政治教育载体的拓展起到帮助作用。

一、我国高校思想政治教育载体建设存在的问题

（一）教育载体建设的针对性不足

就目前来看，我国高校思想政治教育载体建设依然以理论教学为依托，主要针对"第二课堂"建设为主体，校园活动很难在高校思想政治教育中起到应有的作用，这就导致学生无论是在理论教学中，还是在"第二课堂"学习中都处于被

动接受知识的状态，理论与实践相结合的教育理念难以落实，教育载体建设的针对性存在明显的不足。

（二）教育载体运用效果不够理想

从我国高校思想政治教育载体的建设现状中可以看出，虽然新媒体技术已经成为教育载体的组成部分，然而在运用方面还存在很多问题。如校园网站、微信微博以及QQ等群众应用较广的社交平台并没有运用到教学活动中，大众传媒途径在教育载体应用方面的作用并未凸显。

（三）文化环境优化重视程度不高

校园文化建设是高校思想政治教育中"无形的载体"，为高校学生思想道德建设、个人信念与价值观塑造发挥了有力的环境熏陶作用。当前，我国高校思想政治教育载体建设在这一方面并没有显著加强，因而环境育人还不能成为高校思想政治教育的主要育人形式。

二、高校思想政治教育载体的拓展路径

（一）注重校园活动载体的开发

在高校思想政治教育载体的拓展路径中，注重校园活动载体的开发应成为主要的组成部分，能够更好地解决教育载体建设针对性不足这一问题。原因很简单，校园活动载体的建设包括两个方面，既要有校园内部活动，也要有社会实践活动，在活动中引导学生树立正确的世界观、人生观和价值观，并提高学生基本道德素质，更好地改变思想政治教育载体单一这一基本现状。目前，人们对这种载体的认识不全面、研究不透彻，这就势必会影响其有效推进。

在校园内部活动载体的开发方面，要将学校图书馆作为主要的教育载体开发对象，为学生提供更多的智力支持。在以往的高校思想政治教育载体的建设中，由于广大高校学生缺乏实践经验，知识能力存在明显不足，校园活动主要集中围绕在校内开展知识竞赛、立德树人教育讲座等方面。活动方式还是以竞赛、说教等方式开展，教育载体发挥的作用并没有带动学生主动参与到学习过程中，学生也很难从海量的信息中挑选自己感兴趣的知识内容，学生参与校园活动往往处于被动的状态下。因此，校园内部活动载体的开发要将学校图书馆作为重要的开发

对象，不断完善学校图书馆的内部馆藏资料，尤其是加强学生思想道德建设、德育教育、社会舆论导向作用方面的书籍和资料。学校图书馆应定期举办"游馆会"，鼓励学生从海量书籍、资料中寻找自身所感兴趣的阅读内容。教师则为学生提供相应的指导，确保学生能够客观认识事物的发展，从而在培养学生思想道德素质以及坚定的理想信念方面发挥出明显的作用。

社会实践活动主要是由学校统一组织，以学习、实践、探索为目的的校外活动。在组织这些社会实践活动的过程中，学校要充当"组织者"的角色，学生则以实践者的身份投身于实践活动中，社会团体、组织、机构和机关单位要担任引导者的角色，为学生提供实践引导作用。通过亲身经历，学生能够感受到自身思想道德素质存在的不足，从而践行自身的道德情怀，更加清楚地认识到自身所要承担的责任及义务，从思想、心理上约束自身的行为举止，达到以社会实践活动引导学生体验和感受"社会美"和"心灵美"的目的，更好地发挥出校园活动载体在高校思想政治教育中应有的作用。这是高校思想政治教育载体拓展路径的首要环节，不仅解决了思想政治教育载体缺乏针对性这一问题，还在很大程度上丰富了高校思想政治教育形式，为学生思想道德品质方面不断升华，提供了重要的指导作用。

（二）加强大众传媒载体的建设与应用

大众传媒载体在高校学生群体中所具有的影响力越来越大，特别是在新媒体的冲击下，大众传媒载体在高校思想政治教育中的作用愈发强大。然而在高校思想政治教育中，这一教育载体还未引起足够的重视，无论是网站制作，还是在"微信""微博"互动平台的建设方面都没有受到高度的关注。为此，加强大众传媒载体的建设与应用，无疑是高校思想政治教育载体拓展路径中至关重要的一部分。在建设与应用方面需要做到三点，发挥出大众传媒载体在高校思想政治教育的服务作用。

其一，做好网络监督工作。大众传媒载体的建设，是将公众日常使用的传播媒介作为高校思想政治教育信息传播的媒介。随着网络技术的快速发展，微信、微博、网站、电子邮件已经成为大众传媒的主要途径，网络信息已经成为人们了解和关注社会的重要渠道。高校思想政治教育不仅要紧抓这些信息传播渠道，还要做好网络监督工作。原因在于随着信息传播途径的增加，不良社会思潮势必会乘虚而入，如不加强这一方面的监督和防范，学生思想和信念就会受到相应的冲击，不仅不能帮助高校思想政治教育拓展教育形式，还会在高校学生思想健康发展方面造成危害。这也是大众传媒载体建设与应用的首要环节。

其二，提高广大学生的信息素质。提高广大高校学生的信息素质，目的在于增强学生鉴别网络信息的能力，评判网络信息中所存在的消极思想，确保网上言行符合法律、法规和社会公德要求。在思想政治教育活动中，通过书评、影评、剧评、文化知识讲座、社会思潮讨论等形式，不断增强学生政治鉴别能力和艺术鉴赏能力，从影视资讯、戏剧作品、知识讲座以及社会舆论中，分辨出内在的"美"与"丑"、"善"与"恶"，增强"学生自主过滤不利于社会和谐发展，以及不利于营造健康思想培育氛围等相关信息"的能力，最大限度地发挥大众传媒载体在高校思想政治教育中的服务作用。这既是大众传媒载体建设的中坚环节，也是教育载体实现有效应用的前提条件。

其三，改变思想政治教育的传播方式，综合运用多种大众传媒。基于上述两点，网络传媒介质在高校思想政治教育中的广泛应用，不仅可以增加大众传媒在教育活动中的应用渠道，还可以推动思想政治教育与网络信息时代背景紧密结合。众所周知，互联网技术已经在社会各个领域中得以全面应用，各领域信息都通过网络途径散播开来。高校思想政治教育在加强大众传媒载体应用建设方面，要紧密结合互联网终端设备，将微信、微博、QQ、电子邮箱等社交平台应用到思想政治教育活动中，以不定时发布信息的形式，开展师生间、生生间的互动，帮助学生以最快的速度掌握时事新闻及社会热点话题、公众舆论导向，提高学生的信息感知力和辨析力，从而实现高校学生"碎片化"学习的目的，这也是大众传媒载体建设与应用的最终环节。

（三）将校园文化载体作为载体拓展的重要部分

文化是思想政治教育的重要维度，以文化人、以文育人是思想政治教育的重要使命。校园文化建设在我国高校发展中受到的重视程度越来越高，每所高校都或多或少地拥有各自的校风、教风、学风。因此，在思想政治教育载体的拓展路径中，应该将校园文化载体作为重要的组成部分，用于解决当前我国思想政治教育载体建设中，文化环境优化受重视程度不高这一突出问题。所谓校园文化，是指以课外文化活动为主要内容，以学生为主体，以校园为主要空间，涵盖院校领导、教职工在内，以校园精神为主要特征的一种群体文化。校园文化建设有助于学生价值观念、个人信念、思想意识的塑造。校园文化载体建设需要对以下三个方面高度重视。

首先,加大文化设施建设、经费投入力度。校园文化设施、场馆建设既是校园文化建设的前提条件,也是高校思想政治教育校园文化载体建设的基本保证,这其中包括图书馆、展览馆、科技馆、大礼堂、报刊亭等基础场馆建设,还要加大对校园网、广播电视网站等文化传播媒介的相关设施建设。高校通过财政部门申请、审批,加大场馆设施的投资力度,要合理调配教育经费,加大其投资力度,助力红色文化等相关资源走入思想政治教育活动中。

其次,要促成齐抓共管新局面。校园文化载体的建设是一项复杂而又烦琐的工程,在高校加大文化设施建设、经费投入力度的基础上,学校各部门还要进行协调管理,明确各部门在校园文化载体建设方面所要承担的责任和义务,最大限度地发挥出管理职能。在校园周边环境的管理中,学校相关主管部门要配合公安机关,整治"黑网吧""黑歌厅"等休闲娱乐场所,为校园文化建设打下坚实的基础。在校园内部文化场馆、设施方面,学校有关主管部门还要肩负起自身的职责,建立相关管理制度、监管措施以及惩治办法,从行为上要求学生做到"克己复礼",营造出融文化性、艺术性、个性化为一体的校园文化环境,保障高校思想政治教育校园文化载体建设能够落到实处。

最后,强调校风、学风建设。校风、学风既是校园文化建设成果的重要象征,也是校园精神文明的集中体现,发挥着熏陶、陶冶学生情操的作用。在高校思想政治教育文化载体的建设中,校风与学风建设作为最终环节,要求教师和学校领导班子能够做到行为示范、身体力行,为学生思想道德素质、坚定个人信念、培育价值观念服务。在学风建设方面,做到明确学生学习的目的,指导学生建立正确的个人信念,培养学生具备严谨、勤奋、刻苦、求实、进取的治学精神。校园文化建设为思想政治教育的发展提供了良好的环境熏陶,在学生价值观念养成、个人信念塑造、思想道德素质提升方面,起到了外部环境促进的作用。

随着时代的发展,高校思想政治教育载体的拓展还应进行更为深入的探索,将一切有利于服务、指导学生思想教育的方式作为教育载体的主要组成部分。在此期间,广大学者、高校思想政治教育工作者还应付出不懈的努力,从各个方面进行积极探索,进而为丰富高校思想政治教育活动形式、营造良好的思想政治教育氛围打下坚实的基础。

第四节 创建"三全育人"新格局

随着互联网的广泛应用，我们的生活环境和工作方式正在发生深刻的变化。习近平总书记在全国高校思想政治工作会议上强调，要运用新媒体新技术使工作活起来，推动思想政治工作传统优势同信息技术高度融合，增强时代感和吸引力。因此，在互联网时代背景下，构建高校"三全育人"新格局显得尤为必要和迫切。

一、"三全育人"的内涵及时代特征

（一）"三全育人"的内涵

"三全育人"理念的首次提出应该追溯到2005年1月17日。胡锦涛同志在全国加强和改进大学生思想政治教育工作会议上明确指出："加强和改进大学生思想政治教育是一项涉及方方面面的系统工程，各高校要努力形成党委统一领导，党政群团齐抓共管，全体教职员工全员育人、全方位育人、全过程育人的工作机制。"2017年中共中央、国务院印发了《关于加强和改进新形势下高校思想政治工作的意见》（以下简称《意见》）。《意见》中进一步提出坚持全员全过程全方位育人，强调要把思想价值引领贯穿教育教学全过程和各环节。可见，我们经常讲的"三全育人"就是"全员育人、全程育人、全方位育人"的简称，也就是要全体动员、全方位出发将思想政治教育贯穿高校教育教学的全过程，形成育人合力。

1. 全员育人

全员育人是指由学校、家庭、社会和学生组成"四位一体"育人机制。它强调高校思想政治教育的全覆盖，全体教职员工都要有德育意识，立足本职工作，挖掘思政教育元素，相互配合，组成同向同行的育人团队。同时，还要充分发挥学生中先进分子的模范带头作用，激发学生家庭以及社会实践活动在德育教育中的重要作用。

2. 全程育人

就是说学生一进入大学校门就要开始系统地接受思想政治教育，思想政治教育要贯穿大学学习期间的始终，并且对不同阶段和不同心理的大学生开展有针对性的分类指导和思想教育，帮助学生形成正确的"三观"，促进学生健康发展

3. 全方位育人

全方位育人是指要将思政教育的思想价值引领工作贯穿到教育教学各个环节中。充分运用各种教育载体和教学资源进行思想政治教育，达到润物细无声的效果。

（二）"三全育人"的时代特征

1. 净化网络空间，重视网络育人

"三全育人"理念首先讲的是全员育人。在互联网时代，学生接受知识的方式已经不仅仅局限于老师的教，更多地来自自学和感悟。爆炸式的信息大部分是通过网络传送进行推广。因此，"全员育人"突破了由学校、家庭、社会和学生组成的"四位一体"育人机制，网络逐渐成为不可忽略的"一员"，并越来越占据更主要的地位。所以，我们必须高度重视网络在育人中的作用，注重发挥其价值。

2. 利用网络载体，创新教学方式

"三全育人"要求全程育人。网络对当代大学生的影响贯穿其人生始终，那么如何通过网络途径育人？这是网络时代值得我们深思的一个问题，也是不可回避、跨越的一个问题。我们应该顺应网络发展潮流，积极利用网络载体，为思想政治教育教学工作提供新思路、新方法和新路径，不断丰富和创新思政教育教学方式，拉近思政工作者与学生之间的距离，了解学生思想实际，有针对性地开展工作，使全程育人真正实现全覆盖、无缺位。

3. 占领网络阵地，传播社会正能量

互联网时代，网络已经成为舆论发声的主阵地，谁先抢占了网络的主动权，谁就会拥有更多的话语权。"三全育人"讲全方位育人，各个层面都要参与，网络空间的育人也就必然成为主要发力点。主动占领网络阵地，正确引导网络舆论导向，积极传播社会正能量，这是网络时代赋予思想政治教育工作者的使命和任务，也是网络时代思想政治教育的鲜明特征。

二、互联网时代高校"三全育人"面临的机遇与挑战

互联网时代的到来为高校"三全育人"工作既带来了机遇,也遭遇了前所未有的挑战,机遇与挑战并存。

（一）面临的机遇

1. 互联网时代信息资源的生动性和多样性,丰富了育人资源,提升了教学感染力

传统的思政教育大多是通过枯燥的理论说教和灌输等方式进行,受教育者的获得感和认可度较低,实际效果较差。伴随着互联网的快速发展,网络平台提供的音像资源具有形象生动、直观的特征,更具说服力和感染力。这为高校"三全育人"工作拓宽了信息获取的渠道,同时也提供了丰富的育人资源,提升了思政教育的实效性。

2. 互联网时代信息传递的便捷性和广泛性,增强了学生学习的主动性和求知欲

传统的思政教育局限于课堂教学和校园生活,被学生认为是枯燥乏味、可有可无的教育,不能很好地彰显其应有的价值。互联网时代信息传播的广泛性和便捷性,使得学生突破了学校生活的局限,真实地感知到社会这个复杂的人群关系网。在不断的困惑与思考的过程中,学生会逐渐认识到正确思想的引导和正确价值观塑造的重要性,学生带着人生困惑主动去学习和接受教育,寻找真知,这就为高校"三全育人"工作的开展创造了良好的思想前提。

3. 互联网打破了时空限制,真正实现"时时处处"育人,提升了育人的实效性

互联网打破了思政教育的时空限制,通过新媒体和自媒体,我们可以随时随地开展教育。通过一个社会热点事件、一篇有深度的文章,抑或是一个短视频的形式,我们都可以传递社会正能量,达到育人的目的。真正实现了"时时处处"育人,也就是我们讲的全员、全过程、全方位育人,拓展和延伸了高校"三全育人"的新领域。

（二）面临的挑战

1. 网络信息良莠不齐容易对学生造成误导,加大了育人难度

网络时代是一个信息大爆炸的时代,与之前信息匮乏时代有着鲜明对比。互

联网时代人人都可以通过各种新媒介获取来自各个方面的知识和信息,其中不乏低俗的、错误的、与核心价值观相左的信息。面对大量信息的冲击,处在人生观、价值观塑造时期的大学生很容易被洗脑或受到不良信息的蛊惑,从而偏离人生正轨。这就使得高校"三全育人"工作面临着前所未有的挑战,给高校思政工作者增加了育人的难度和不可预测性。

2. 网络具有的隐蔽性和信息不对称性增加了很多未知挑战

网络信息传播具有隐蔽性。网络舆论的多元化、开放性等特点,使得人们的心理放松了道德的自我约束,致使网络犯罪、网络暴力时有发生,这就势必会对青年大学生的人生观、价值观的形成产生不良影响,给高校"三全育人"工作带来很多不确定性的风险和挑战。

三、互联网时代高校"三全育人"新格局的实践路径

(一)探索创新网络育人保障机制,实现全方位育人

互联网时代,网络已成为各种舆论和思想抢占的主阵地,谁占有网络主动权,谁就拥有话语权。高校"三全育人"工作必须将网络育人作为重点工作来抓。网络教育能打破时空的限制,利用碎片化的时间来宣传和教育,所以备受教育者们的青睐。但是我们也要看到网络教育的弊端和问题:教育效果不能及时反馈;教育结果的真实性需要甄别;师生的情感交流形式受到限制,等等。所以我们应该积极探索和创新网络育人保障体系机制,协同各方力量,以保障网络教育的效果,强化网络育人功能,真正实现全方位育人。

(二)推进网络课程改革,形成网络育人的协同效应

网络教学要传道、授业、解惑兼顾。教育是一项伴随学生成长的工作,任何形式的育人功能都不能缺位。近年来,伴随着"互联网+时代"的深入推进,网络教学一时间呈现风靡之势。但这些课程大多短小精悍,只注重知识的传授而减弱了传道解惑的育人功能。网络课堂不应该仅仅是系统知识的集合,还应该成为有情感、有温度的课堂。每门课程都应该深入挖掘"思政元素",将其融入网络教学中,真正实现全程育人、全员育人,达到润物细无声的效果。

只有坚守教育的初心,肩负起教育的使命,兼顾传道授业解惑的教育本真,才能使得网络教学在顺应时代潮流的同时真正发挥其作用,形成网络育人的协同效应。

（三）围绕教书育人规律，提升网络育人能力

"立德树人"是高校教育的根本任务。把育人工作贯穿于学生学习成长的始终，实现全过程育人，有计划、有步骤、分阶段、有针对性地来开展大学生思想政治工作。这就需要对网络育人的主体进行有计划的学习培训，提升网络育人的能力。针对不同阶段、不同工作领域和知识背景的教育主体开展不同层次的学习、培训，在用好网络思政课堂主渠道的同时，其他网络教育教学主体都要守好一段渠、种好责任田，与思想政治理论课同向同行，形成协同效应。

第五节 完善思想政治教育评估机制

评估是高校思想政治教育中不可或缺的必要环节，教育过程离不开检测和评估，否则就无法正确地实施调节和控制。高校思想政治教育的评估可以有效地监测和推动教育的正向前行，有利于增强学生的责任感，调动学生的积极性、创造性，争取更好的成效。

一、高校思想政治教育评估的内涵

思想政治教育评估就是根据社会对思想政治教育的要求以及思想政治教育评估对象的实际，确立指标体系，运用测评和统计等方法，对思想政治教育的实际效果进行价值判断的过程。思想政治教育评估就是教育主管部门或高校根据学生思想政治教育的目标、要求以及学生的思想实际，确立指标体系，运用测量和统计等方法，对思想政治教育的保障机制、实施过程及实际效果等进行价值判断的过程。它为考核教育者的工作绩效和制定科学的思想政治教育决策提供重要依据。

思想政治教育评估的首要内容是对思想政治教育是否实现了预期目标进行评估。思想政治教育的根本目标在于提高学生的思想政治素质，思想政治教育的一切活动都必须围绕这个根本目标，促进这个目标的实现。如果通过实施日常思想政治教育，学生的思想素质、政治素质、道德素质、理论素质都得到了较大幅度的提高，这说明思想政治教育取得了良好的实际效果。否则，说明思想政治教育的效果还不够好，没有实现学生思想政治素质教育的目标。

二、高校思想政治教育评估的内容

（一）思想政治教育目标、内容设定的评估

思想政治教育是否有效，同思想政治教育的目标、内容的设定有着密切联系，如果设定的思想政治教育的目标和内容太高、太空、太远，甚至太抽象，即严重地脱离思想政治教育对象的思想政治的实际，那么要想取得思想政治教育的良好效果，则是不可能的。如果设定的思想政治教育的目标和内容太低、太宽泛，那么要想取得思想政治教育的良好效果也是不可能的。因此，思想政治教育目标的设定、内容的确定，必须从思想政治教育对象的实际出发。

（二）思想政治教育效果的评估

思想政治教育究竟是否有效是思想政治教育评估的最主要的内容。从效果上看，思想政治教育达到了预期的目的。达到预期目的也是有层次的，它可分为有效、比较有效、基本有效和非常有效等不同的层次；从效益上看，教育对象的思想政治朝着设定的目标、施加影响内容方向转化，产生了有利于社会发展的效益；从效率上看，教育对象的思想政治在时间上发生或快或慢的变化。要对思想政治教育是否有效做出正确的评估，必须注意思想政治教育有效性的复杂表现形式：一是精神效果和物质效果。二是暂时的、具体的效果和长久的、根本的效果。三是直接的、现实的效果和潜在的、间接效果。

（三）思想政治教育实施的途径和方法的评估

思想政治教育是否有效同实施它的途径和方法密切相联系，即使思想政治教育的目标设定和内容选择得当，符合教育对象的实际，但是，如果思想政治教育实施的途径和方法选择不当，同样达不到预期的效果。生动活泼、丰富多彩的寓教于乐的方法，把思想性、知识性和趣味性融为一体，潜移默化地感染人的方法，往往能使思想政治教育取得良好的效果。而那些简单的说教的方法、空洞无物的高喊口号的工作方法、通过行政手段强制人接受的方法，常常使教育对象产生逆反心理。

（四）对思想政治教育者和教育对象的评估

评估教育对象的素质及其受思想政治教育影响后的效果，也就构成了思想政治教育评估的重要内容。思想政治教育的效果如何，在很大程度上取决于工作者的素质。工作效果的好坏，是否有效，不仅同工作者密切相关，而且取决于教育对象的思想道德素质和科学文化素质，如果教育对象的素质较高，理解力较强，那么他们就很容易接受思想政治教育所施加的影响；如果教育对象的素质很差，那么，要取得思想政治教育的良好效果就十分困难。

（五）对思想政治教育领导、管理部门的评估

一是领导的重视程度。评估领导部门对思想政治教育是否重视，是否能制定科学的思想政治教育的决策、规划，是否能提出科学的指导思想和合乎实际的工作内容。二是管理制度的实施情况。在思想政治教育过程中，领导和管理部门能否把握方向，切实地指导，组织领导是否有效，能否及时总结经验，不断提高思想政治教育的有效性。三是管理制度与监督机制。评估领导部门是否建立一套行之有效的管理和监督机制及奖惩分明的良好制度，是否建立一支强有力的高素质的思想政治教育队伍，并不断培养和提高这支队伍各方面的素质。四是相关领导的工作作风。领导部门及思想政治教育队伍的风气是否端正，是否有良好的工作作风，是否能抵制歪风邪气，工作是否深入，是否尽职尽责，等等。领导、管理部门的工作好坏，不仅直接关系到思想政治教育是否有效，而且关系到思想政治教育能否顺利进行，关系到思想政治教育的成败。

三、高校思想政治教育评估的功能

思想政治教育评估的基本功能就是开展评估活动，反馈评估结果，使思想政治教育工作的开展得到及时的、有效的控制和调整，进而优化思想政治教育的运行机制。思想政治评估的具体功能主要表现在以下几个方面。

（一）导向功能

主要表现在以下两个方面：一方面思想政治教育评估是对思想政治教育社会价值的实现做出价值判断的过程；另一方面，任何评估都会潜移默化地影响着评估对象思想观念、行为表现等发生变化。通过有目的、有计划的思想政治教育评

估，可以促使和引导学生的思想观念、行为表现等都能够遵循社会发展的要求，以实现其正确思想观念的内化和行为表现的外化。

（二）调控功能

在思想政治教育工作中，预期效果是否达到，提出的目标是否符合实际、具有可行性，现阶段目标实现后，是否还有向更高目标发展的空间等问题，都可以通过评估来掌握。掌握了这些信息，可以帮助人们对原定目标的实现程度有一个明确、清醒的认识，从而根据思想政治教育过程中的实际问题和当前的实际状况等，对原定目标加以调整，以保证思想政治教育目标更加符合实际、更具有操作性，确保思想政治教育的顺利、有效开展。

（三）比较功能

思想政治教育评估运用科学的评估方法对某一时间段或某一单位的思想政治教育工作的质与量进行分析、比较，从而帮助评估主体认识到评估对象之间的好坏、优劣等差异。通过评估还可以比较选拔出思想政治素质过硬的优秀个人和单位作为榜样、典型。

（四）考核评比功能

思想政治教育评估是按照评估指标，对学生思想政治的实际效果进行判定，其结果可以作为教育行政管理部门对高校或者高校对下属院（系）进行考核评比的重要依据。

（五）咨询功能

思想政治教育是一项复杂的系统工程，要使该工程顺利进行，思想政治教育领导部门的决策和管理成效十分重要。如果领导者不能及时准确地掌握大量真实可靠的信息，决策和管理成效就无从谈起。例如，开展思想政治教育评估时，评估主体所掌握的思想政治教育系统各个环节所取得的效果，可以作为领导者决策和管理的依据。领导者根据这些评估所得信息，考核原定目标，从而做出新的决策。因此，评估在思想政治教育管理中发挥着咨询的功能。

参考文献

[1] 杨波. 思想政治教育话语有效性研究 [M]. 沈阳：东北财经大学出版社，2022.09.

[2] 冯刚，吴成国，李海峰. 新时代高校思想政治教育前沿研究 [M]. 北京：人民出版社，2022.09.

[3] 谷正. 新时代背景下高校思想政治教育的理论与实践探析 [M]. 北京：经济科学出版社，2022.09.

[4] 臧国庆，李晶，徐静文. 高校青年学者文库 立德树人与高校思想政治教育 [M]. 北京：中国华侨出版社，2022.08.

[5] 王维. 新时代思想政治教育路径构建研究 [M]. 北京：线装书局，2022.08.

[6] 董扣艳. 全媒体时代思想政治教育过程论 [M]. 杭州：浙江大学出版社，2022.08.

[7] 何恩情. 思想政治教育方法论 [M]. 合肥：合肥工业大学出版社，2022.07.

[8] 康晋霞. 高校思想政治教育实践与创新 [M]. 北京：中国纺织出版社，2022.07.

[9] 卢岚. 思想政治教育的空间转向研究 [M]. 北京：学习出版社，2022.06.

[10] 林晓燕. 新时代高校思想政治理论课教学改革创新机制研究 [M]. 天津：天津人民出版社，2022.06.

[11] 裴孝金，宋晓宁. 思想政治教育创新研究 [M]. 长春：吉林大学出版社，2022.05.

[12] 于超. 大学生思想政治教育理论与实践创新研究 [M]. 长春：吉林大学出版社，2022.05.

[13] 万娟. 基于创新发展的高校思想政治教育研究 [M]. 长春：吉林大学出版社，2022.05.

[14] 高华，张艳亮. 高校大学生思想政治教育的多维探索 [M]. 长春：吉林大学出版社，2022.05.

[15] 李冰.新时代大学生思想政治教育概述[M].长春：吉林大学出版社，2022.05.

[16] 崔伟,陈娟.新时期高校大学生思想政治教育创新案例探究[M].长春：吉林大学出版社,2022.05.

[17] 杨威作.思想政治教育根源论[M].北京：社会科学文献出版社,2022.05.

[18] 乔靖文.新媒体时代思想政治教育话语的创新[M].北京：中国社会科学出版社,2022.05.

[19] 温雷雷.思想政治教育与创业教育协同育人研究[M].北京：冶金工业出版社,2022.05.

[20] 张小秋.新时代学生思想政治教育队伍建设研究[M].沈阳：沈阳出版社,2022.05.

[21] 冯刚编.思想政治教育学学科发展新论域[M].广州：中山大学出版社,2022.05.

[22] 周小月.关于行政单位思想政治教育建设的研究[J].中文科技期刊数据库(全文版)社会科学,2023(1):4.

[23] 钟世玲.大变局下思想政治教育话语创新研究[J].科学咨询,2023(7):217-219.

[24] 叶方兴.论"思想政治教育"概念分析中的关系向度[J].河海大学学报（哲学社会科学版）,2022,24(6):7.

[25] 曹银花.新时代高校思想政治教育工作[J].教育研究,2022.

[26] 应露晨,黎霞芳.高校体育专业学生思想政治教育实效性研究[J].2022(3).

[27] 潘心诚,孙明哲.公共卫生事件下青年思想政治教育路径研究[J].哈尔滨学院学报,2023,44(5):133-136.[28] 戴锐.学校思想政治教育一体化建设的基本理念[J].江苏教育研究,2023(6):3-8.

[29] 周瑞富.思想政治教育要突出思想性[J].政工学刊,2023(1):29-30.

[30] 王晓丽,程静."四史"思想政治教育价值由内而外的展现[J].中学政治教学参考,2023(11):3.

[31] 杨兴.接受理论对我国思想政治教育的启示[J].产业与科技论坛,2023,22(2):92-93.

[32] 陈清.高校思想政治教育质量提升的审美之维[J].黑龙江高教研究,2023,41(1):116-120.

[33] 章洪丽. 大数据与高校思想政治教育深度融合发展研究 [J]. 锦州医科大学学报：社会科学版, 2023, 21(2):1-5.

[34] 李淑超. 文化多元化下高校思想政治教育对策 [J]. 中文科技期刊数据库（全文版）教育科学, 2023(1):3.

[35] 陈爱琴. "00后"大学生思想政治教育的创新路径微探 [J]. 时代人物, 2023(8):0096-0098.

[36] 左小龙, 康景宜. 思想政治教育融入小学科学教学的策略研究 [J]. 教育信息化论坛, 2023(4):126-128.

[37] 李桂红, 张馨月. 新时代高校思想政治教育政策的特征与发展展望 [J]. 佛山科学技术学院学报：社会科学版, 2023, 41(3):5-12.

[38] 罗春雷. 高校创新创业教育与思想政治教育融合运行机制研究 [J]. 进展：教学与科研, 2023(5):9-11.

[39] 龚澍, 杨欢. 推进大学生思想政治教育与信息化结合框架 [J]. 信息系统工程, 2023(2):168-170.

[40] 刘晓峰. 高校思想政治教"部门方法论"：渊源, 构造与适用 [J]. 黑龙江高教研究, 2023, 41(3):130-135.